古典文獻研究輯刊

三六編

潘美月・杜潔祥 主編

第 15 冊

《經史雜記》探源（上）

司馬朝軍、王朋飛 著

國家圖書館出版品預行編目資料

《經史雜記》探源（上）／司馬朝軍、王朋飛 著--初版--
新北市：花木蘭文化事業有限公司，2023〔民112〕
目 8+232 面；19×26 公分
（古典文獻研究輯刊 三六編；第15冊）
ISBN 978-626-344-273-3（精裝）
1.CST：經史雜記 2.CST：研究考訂
011.08   111022053

ISBN-978-626-344-273-3

古典文獻研究輯刊
三六編　第十五冊　　　　　　　ISBN：978-626-344-273-3

《經史雜記》探源(上)

作　　者　司馬朝軍、王朋飛
主　　編　潘美月、杜潔祥
總 編 輯　杜潔祥
副總編輯　楊嘉樂
編輯主任　許郁翎
編　　輯　張雅淋、潘玟靜　美術編輯　陳逸婷
出　　版　花木蘭文化事業有限公司
發 行 人　高小娟
聯絡地址　235 新北市中和區中安街七二號十三樓
　　　　　電話：02-2923-1455／傳真：02-2923-1452
網　　址　http://www.huamulan.tw 信箱 service@huamulans.com
印　　刷　普羅文化出版廣告事業
初　　版　2023 年 3 月
定　　價　三六編 52 冊（精裝）新台幣 140,000 元

《經史雜記》探源(上)

司馬朝軍、王朋飛　著

作者簡介

　　司馬朝軍，祖籍湖北公安，生於湖南南縣。武漢大學管理學博士（古典文獻學方向，因學科點設在在信息管理學院），復旦大學中國語言文學博士後，武漢大學珞珈特聘教授。現任上海社會科學院歷史研究所研究員。曾任教育部人文社會科學重點研究基地武漢大學中國傳統文化研究中心專職研究員、武漢大學四庫學研究中心主任、國學院專職教授、歷史學院兼職教授、信息管理學院專職教授，擔任經學、專門史、文獻學三個方向博士生導師。擔任大型文化工程項目《文瀾閣四庫全書》總編纂。著有「四庫學」系列著作，即《四庫全書總目研究》《四庫全書總目編纂考》《四庫全書總目精華錄》《四庫提要精選精注》《四庫全書與中國文化》。另外還有辨偽學系列、目錄學系列、文獻學系列、國學系列著作。

　　王朋飛，哲學博士，山東師範大學齊魯文化研究院講師。研究方向為宋代文化史。

提　　要

　　清人王玉樹所撰《經史雜記》一書成於道光十年，近年收入《續修四庫全書》之中。《續修四庫全書總目提要》稱其徵引「浩博」。經過對全書 236 條的覆核，發現與他書皆有雷同。

　　《經史雜記》是一部拼湊而成的欺世之作，應該列於偽書之目。

目

次

王玉樹《經史雜記》真偽考（代前言）

提要：

　　清人王玉樹所撰《經史雜記》一書成於道光十年，近年收入《續修四庫全書》之中。《續修四庫全書總目提要》稱其徵引「浩博」。經過對全書236條的覆核，發現與他書皆有雷同。《經史雜記》是一部拼湊而成的欺世之作，應該列於偽書之目。

關鍵詞：王玉樹、《經史雜記》、《續修四庫全書》、偽書、辨偽

一、問題的提出

　　《經史雜記》八卷，清王玉樹撰。玉樹字廷楨，一字薌林，號松亭，晚號芳梣老人，陝西安康人。生於乾隆二十九年（1764），卒年不詳，道光十七年（1837）尚在世。乾隆五十四年（1789）拔貢生，分發廣東，歷任新安縣丞、高要知縣、羅定州同知、惠州與潮州府通判。宦海浮沉三十餘年，未嘗求聞達，而文望日隆。《薌林草堂詩抄自序》稱「少解聲病，喜作韻語。自辛亥（1791）出都返舍，考訂許氏《說文》，朝研夕摩，此事稍輟。迨乙卯（1795）需次羊城，輒復有詩」。喜著述，尤耽吟詠，與馮敏昌、劉彬華、宋湘、謝蘭生交善，時相唱和。又曾與南海曾釗（1793～1854）往復論學。著有《退思易話》八卷、《說文拈字》七卷、《薌林草堂詩抄》八卷、《薌林草堂文抄》四卷、《詩藪餘談》四卷、《詞藪餘談》二卷，有《芳梣堂叢書》行世。早年師從董詔，研治《說文》之學。晚年專力正學，復著《志學錄》及《存心淺說》。事蹟見《（嘉慶）安康縣志》卷七。

　　《經史雜記》有道光芳梣堂本，為王氏自刻。《續修四庫全書》列於子部

雜家類。全書共計 236 條，以經史辯證為主，旁涉天象、地理、人事、職官、曆法、制度、訓詁等。

書首有王玉樹道光庚寅自序，文曰：

> 劉向雜採群言以為《說苑》，列於儒家，此後世說部書所由作也。而其中之有裨經史者，則莫如宋洪容齋《隨筆》、王伯厚《困學紀聞》及國朝孫北海《藤陰箚記》、顧寧人《日知錄》，皆彪炳藝苑，鼓吹儒林，洵足啟迪後學，迥非《虞初》、《周說》之類所可比擬也。公餘讀書，每究尋經史。偶有所得，輒筆記之，間有他說，亦附益焉。日月既深，紙墨遂多，爰擇其有關考證者，薈萃成編，題曰《經史雜記》。惟是義鮮發明，語無詮次，緬彼前修，瞻望弗及焉爾。

可見，《經史雜記》為王氏自撰，成於道光十年（1830）。《續修四庫全書總目提要（稿本）》稱「蓋取《容齋隨筆》、《困學紀聞》、《藤陰箚記》、《日知錄》諸書之例，是書所錄，或雜採群說，或隨文發明，雖不及《日知錄》考證之精確，然徵引尚為浩博」。〔註1〕徐德明《清人學術筆記提要》亦謂其某些條目「論述精當」、「評論公允」。〔註2〕然而細考之下，本書內容竟與《四庫全書總目》、《尚書後案》、《廿二史箚記》、《經義雜記》、《韓門綴學》等存在諸多雷同之處。今本審慎態度對前人著作進行考證，論證此書係抄襲之作。

二、條目探源

表中所列《經史雜記》條目以原書順序排列，出處欄標明其抄襲出處，之後以 A、B、C 區分不同類別。其中，A 類表示此條僅來自某一部書：或來自某書某一條，或由同一部書多條拼湊而成；B 類表示此條由多部書拼湊而成；C 類表示此條全文見於多書，無法確認王書為抄襲其中哪一部而來，故單列一類。

序號	《經史雜記》條目名稱	抄襲他作的原始出處	類型
1	《論語》古本	清黃式三《論語後案》、清永瑢等《四庫全書總目》卷三十五《論語義疏》提要	B

〔註1〕 中國科學院圖書館整理：《續修四庫全書總目提要（稿本）》，齊魯書社，第 11 冊，第 685 頁。

〔註2〕 徐德明：《清人學術筆記》，學苑出版社，2004 年版，第 152 頁。

2	《論語》引《湯誓》	清王鳴盛《尚書後案》卷五《商書》	A
3	《釋文》廄夫子家廄也	清臧琳《經義雜記》卷六「民無德而稱焉」條、卷七「馬廄」條、卷十九「《經典釋文》」條	A
4	《論語》古今文	《經義雜記》卷二《論語》古文今文」條、卷七「吾不夢見周公」、卷十六「患不知也」條、卷十七「居不客」條	A
5	《論語》衍文	《經義雜記》卷六「朝服而立於阼」條、卷十七「雍也博學於文」條、「子曰義以為質」條、卷二十七「沒階趨進」條、清吳騫《皇氏論語義疏參訂》卷四「舜有臣五人章」、《四庫全書總目》卷三十六《四書通》提要	B
6	王充、高誘解《論語》	《經義雜記》卷五「父母唯其疾之憂」條、卷十二「死生有命說」條、卷十七「王充《論衡》」條	A
7	《論語》異解	《四庫全書總目》卷三十五《論語拾遺》提要、《論孟精義》提要、《論語集說》提要、《論語全解》提要、《論語意原》提要	A
8	《中庸》、《大學》注	《四庫全書總目》卷三十五《大學章句、論語章句、孟子章句、中庸章句》提要、《中庸輯略》提要、清汪師韓《韓門綴學》卷一「《中庸》、《大學》注」條	B
9	趙岐注《孟子》	《四庫全書總目》卷三十五《孟子正義》提要、《大學章句、論語章句、孟子章句、中庸章句》提要、《經義雜記》卷六「夫予之設科也」條、卷九《孟子》西夷北夷」條、卷二十四「萬子曰」條、卷三十「有攸不惟臣」條	B
10	《孟》疏甚淺陋	《四庫全書總目》卷三十五《孟子正義》提要	A
11	《孟子》訛字	《經義雜記》卷六「行者必以贐」條、卷七「二女媒」條、卷十「行者有裹囊」條、卷十七「貪夫廉」條、「而民勸樂之」條、卷十九「不若是恝」條	A
12	鄭氏《易》注	《四庫全書總目》卷一《新本鄭氏周易》提要、《周易鄭康成注》提要、《周易集解》提要、《經義雜記》卷十五「為宣發」條	B
13	《易》古本	《經義雜記》卷三「承天龍也」條、卷五「君子以經論」條、「終朝三扡之」條、卷九「即鹿無虞」條、卷十「乘馬般如」條、「其欲逡逡」條、卷十五「為宣發」條、清陳鱣《簡莊疏記》卷一《易》、《尚書後案》卷二十九《周書》	B
14	《子夏易傳》無真本	《四庫全書總目》卷一《子夏易傳》提要	A
15	《易數鉤隱圖》出道經	《四庫全書總目》卷二《易數鉤隱圖》提要	A

16	杜林解筮法	《韓門綴學》卷一「《左傳》筮法」條	A
17	張子《正蒙·動物篇》	《韓門綴學》卷一「本天親上本地親下」條	A
18	《詩序》不可廢	《四庫全書總目》卷十五《詩集傳》提要、《詩序》提要	A
19	《詩》傳作自毛亨	《四庫全書總目》卷十五《毛詩正義》提要	A
20	《毛傳》體例	《經義雜記》卷二十三「毛傳文例最古」條	A
21	鄭箋改字	《經義雜記》卷九「《毛詩》改從鄭箋」條、卷十「願言則違」條、卷十二「古之人無擇」條、卷十七「鄭箋改字有本」條、卷二十九「君子好仇」條	A
22	《韓詩》為今文	《經義雜記》卷二十一「《詩》古文今文」條	A
23	《毛詩》訛異	《四庫全書總目》卷十五《詩集傳》（朱子本）提要	A
24	《毛詩》訛字非《集傳》原本	《經義雜記》卷二十七「俗本《詩集傳》」條	A
25	逸詩不當補	《韓門綴學》卷一「補逸詩」條	A
26	《毛詩》古本	《經義雜記》卷四「乘我乘驕」條、卷五「碩人頎頎」條、卷十一「萬民所承」條、卷十二「維周之祺」條、「維石巖巖」條、卷十七「鄭箋改字有本」、卷二十七「好是家嗇」條、卷二十九「湜湜其止」條	A
27	逸書多亡於永嘉	《尚書後案》卷十《周書》、卷三十序、清閻若璩《尚書古文疏證》卷一第五、焦循《孟子正義》卷十八	B
28	伏女傳經	《尚書古文疏證》卷八第一百十五	A
29	納於大麓	《尚書後案》卷一《虞夏書》	A
30	鄭解《洪範》	《尚書後案》卷十二《周書》	A
31	偽孔改字	《尚書後案》卷二十五《周書》（又見《蛾術編》卷三十二說字十八「卷十四上考證」條）	C
32	《酒誥》古今文皆有	《尚書後案》卷十六《周書》	A
33	虞翻駁鄭	《尚書後案》卷二十五《周書》	A
34	《酒誥·成王若曰》	《經義雜記》卷二十一「成王若曰」條、《尚書後案》卷二十五《周書》	B
35	《孟子》引《書》	《尚書古文疏證》卷一第十四	A
36	柳谷有三義	《尚書後案》卷一《虞夏書》	A
37	《禹謨》十六字	《尚書古文疏證》卷二第三十一	A
38	平王文侯之命	《尚書後案》卷三十序	A
39	左丘明受經於孔子	《四庫全書總目》卷二十六《春秋左傳正義》提要	A
40	《左傳》衍文	《經義雜記》卷二十八「《左傳》衍文冊二」條	A

41	《左傳》引《商書》	《尚書後案》卷六《商書》	A
42	《公》、《穀》傳非高、赤自作	《四庫全書總目》卷二十六《春秋公羊傳注疏》提要、《春秋穀梁傳注疏》提要	A
43	《公》、《穀》經異同	《經義雜記》卷五「《穀梁》經召伯」條、「《公羊》經菑丘」條	A
44	三傳詳略不同處	《尚書後案》卷二十九《周書》	A
45	鄭康成《春秋》無注	《經義雜記》卷二十「鄭氏五經」條、《四庫全書總目》卷二十六《箴膏肓》、《起廢疾》、《發墨守》提要	B
46	《周禮》非偽託	《四庫全書總目》卷十九《周禮注疏》提要	A
47	安石《周禮》	《四庫全書總目》卷十九《周禮新義》提要、《廿二史劄記》卷二十六「青苗錢不始於王安石」、「王安石之得君」條。	B
48	陳澔《禮記》	《四庫全書總目》卷二十一《雲莊禮記集說》提要	A
49	盧植注《禮記》	《經義雜記》卷二十五「盧植《禮記》注」條、「盧植奏定石經」條	A
50	王肅改《禮記》	《經義雜記》卷十六「王肅改《玉藻記》」條	A
51	《孝經·閨門章》	《經義雜記》卷五「《孝經·閨門章》」條、《四庫全書總目》卷三十二《孝經正義》提要	B
52	經注引《蒼頡》	《經義雜記》卷十六「《孝經·庶人》章」條、卷二十六「漢注用《蒼頡篇》」條	A
53	《爾雅》列經部	《四庫全書總目》卷四十《爾雅注疏》提要	A
54	《爾雅》句讀	《經義雜記》卷四「誤讀《釋山》文」條、《四庫全書總目》卷四十《爾雅注疏》提要	B
55	西漢儒解經	《經義雜記》卷二十「董仲舒《孝經》解」條	A
56	古用「優賢揚歷」語	《尚書後案》卷六《商書》、卷十四《周書》	A
57	「蒼生」不作民解	《尚書後案》卷二《虞夏書》	A
58	有治人無治法	《尚書後案》卷十五《周書》	A
59	漢儒言性	《經義雜記》卷三「《說文》言性善」條、卷十八「董子言性」條、卷十九「韓子知命說」條	A
60	《周書·柴誓》	《尚書後案》卷三十序	A
61	《荀子》引經	《尚書後案》卷十二《周書》	A
62	《說文》古訓	《尚書後案》卷十二《周書》	A
63	《周書》非出汲冢	《四庫全書總目》卷五十《逸周書》提要	A
64	《說文》旁採諸說	清王鳴盛《蛾術編》卷十七說文三「引諸家言」條	A

65	《論語》改字	《經義雜記》卷七「施弛古通」條、卷八「李翱《論語筆解》」條、《論語筆解》纂」條、卷十七「《論語筆解》好改字」條	A
66	《洪範》改字	《尚書後案》卷十二《周書》	A
67	《史記》各本互異	《尚書後案》卷十二《周書》	A
68	《史記》紀年體例	《尚書古文疏證》卷四第五十四	A
69	《史記》有後人羼入者	清趙翼《廿二史劄記》卷一「《史記》有後人竄入處」條、《四庫全書總目》卷四十五《史記》提要	B
70	《史》、《漢》互異處	《廿二史劄記》卷一「《史》、《漢》不同處」條	A
71	《史》勝《漢》處	《廿二史劄記》卷一「漢王父母妻子」條、「《史》、《漢》互有得失」條、「《史》、《漢》不同處」條和《四庫全書總目》卷四十五《史記疑問》提要	B
72	《漢》勝《史》處	《廿二史劄記》卷一「《史》、《漢》不同處」條、「《史記》自相岐互處」條、「《史》、《漢》互有得失」條、卷二「《漢書》增傳」條、「《漢書》增事蹟」條、《四庫全書總目》卷四十五《漢書》提要	B
73	荀悅《漢紀》	《四庫全書總目》卷四十七《漢紀》提要	A
74	《史記》書金縢事	《尚書後案》卷十三《周書》	A
75	《後漢書》鋪敘有法	《廿二史劄記》卷四「《後漢書》編次訂正」條、「《後漢書》間有疏漏處」條、《四庫全書總目》卷四十五《後漢書》提要	B
76	《後漢書》與《三國志》書法不同處	《廿二史劄記》卷六「《後漢書》、《三國志》書法不同處」條	A
77	袁宏《後漢紀》	《四庫全書總目》卷四十七《漢紀》提要、《後漢紀》提要	A
78	《三國志》注徵引之博	《廿二史劄記》卷六「裴松之《三國志》注」條、《四庫全書總目》卷四十五《三國志》提要	B
79	《晉書》多舛漏	《廿二史劄記》卷七「《晉書》二」條、「《王導》、《陶侃》二傳褒貶失當」條、《四庫全書總目》卷四十五《晉書》提要	B
80	史家子孫附傳之例	《廿二史劄記》卷十「《南》、《北》史子孫附傳之例」條	A
81	《魏書》多黨齊毀魏	《廿二史劄記》卷十三「《魏書》多曲筆」條、《四庫全書總目》卷四十五《魏書》提要	B
82	《宋書》告成之速	《廿二史劄記》卷一「司馬遷作史年歲」條、卷九「《宋書》多徐爰舊本」條、《韓門綴學》卷二「裴子野《宋略》」	B

83	《北齊書》多殘闕	《四庫全書總目》卷四十五《北齊書》提要	A
84	史家類敘之法	《廿二史劄記》卷四「《後漢書》編次訂正」、卷九「《齊書》類敘法最善」條	A
85	《梁》、《南》二史得失	《四庫全書總目》卷四十六《北史》提要、《南史》提要、《梁書》提要、《廿二史劄記》卷十「《南史》增《梁書》有關係處」條、卷十一「《梁》、《南》二史岐互處」條	B
86	《陳》、《南》二史不同處	《廿二史劄記》卷十一「《南史》與《陳書》岐互處」條、《四庫全書總目》卷四十六《南史》提要	B
87	《周書》多取《北史》	《四庫全書總目》卷四十五《周書》提要	A
88	私史反多迴護	《廿二史劄記》卷十三「《北史》全用《隋書》」條	A
89	《宋書》帶敘之法	《廿二史劄記》卷九「《宋》、《齊》書帶敘法」條	A
90	《齊》、《南》二史得失	《廿二史劄記》卷十「《南史》與《齊書》互異處」條、「《南史》增《齊書》處」條、《四庫全書總目》卷四十五《南齊書》提要	B
91	《陳書》多曲筆	《四庫全書總目》卷四十五《陳書》提要、《梁書》提要、《廿二史劄記》卷九「蕭子顯、姚思廉皆為父作傳入正史」條、「《陳書》多避諱」條、卷十一「《南史》與《陳書》岐互處」條、「《南史》於《陳書》無甚增刪」條	B
92	《南史》於《陳書》無大增刪	《廿二史劄記》卷十一「《南史》於《陳書》無甚增刪」條	A
93	《隋書》十志	《四庫全書總目》卷四十五《隋書》提要	A
94	一人兩史	《廿二史劄記》卷七「一人二史各傳」條、《韓門綴學》卷二「一人兩史」條、《四庫全書總目》卷四十六《北史》提要	B
95	《新書》詳於《舊書》	《廿二史劄記》卷十六「《新唐書》」條、卷十七「《新書》增《舊書》有關係處」條、《四庫全書總目》卷四十六《新唐書》提要、《舊唐書》提要	B
96	唐修史避諱	《廿二史劄記》卷八「唐人避諱之法」條	A
97	唐人三禮之學	《廿二史劄記》卷二十「唐初三禮、《漢書》、《文選》之學」條	A
98	歐、薛二史得失	《四庫全書總目》卷四十六《舊五代史》提要、《新五代史記》提要	A
99	《宋史》列傳多失實	《廿二史劄記》卷二十三「《宋史》各傳迴護處」條、《四庫全書總目》卷四十六《宋史》提要	B
100	王偁《東都事略》	《四庫全書總目》卷五十《東都事略》提要	A

101	《遼史》最簡略	《廿二史劄記》卷二十七卷「《遼史》」條、「《遼史》疏漏處」條、「《遼史》立表最善」條、《四庫全書總目》卷四十六《遼史》提要	B
102	《金史》採錄詳覈	《四庫全書總目》卷四十六《金史》提要、《廿二史劄記》卷二十七「《金史》」條	B
103	《元史》多據實錄	《四庫全書總目》卷四十六《元史》提要、《廿二史劄記》卷二十九「《元史》」條	B
104	三史人名多雷同	《韓門綴學》卷二「一人兩史」條、卷二「三史姓氏」條	A
105	《明史》最完善	《四庫全書總目》卷四十六《明史》提要、《廿二史劄記》卷三十一「《明史》」條	B
106	《明史》立傳多斟酌	《廿二史劄記》卷三十一「《明史》立傳多存大體」條	A
107	《竹書紀年》非本書	《四庫全書總目》卷四十七《竹書紀年》提要、《經義雜記》卷二十五「《竹書紀年》」條	B
108	《家禮》非朱子之書	《四庫全書總目》卷二十二《家禮》提要	A
109	緯候圖讖之書	《韓門綴學》卷一「緯候圖讖」條	A
110	《南史》較《齊書》加詳	《廿二史劄記》卷十「《南史》增《齊書》處」條	A
111	《南史》增《梁書》最多	《廿二史劄記》卷十「《南史》刪《梁書》處」、「《南史》增《梁書》有關係處」條、卷十一「《南史》增《梁書》瑣言碎事」條	A
112	歷代紀年	《韓門綴學》卷三「年號」條	A
113	公主立傳	《韓門綴學》卷三「公主駙馬」條	A
114	《薛史》書法多隱諱	《廿二史劄記》卷二十一「《歐史》不專據《薛史》舊本」條、「《薛史》書法迴護處」條、「《薛史》亦有直筆」條、「薛居正《五代史》」條	A
115	康王冕服見群臣	《尚書後案》卷二十五《周書》	A
116	諒陰謂居廬	《尚書後案》卷二十一《周書》	A
117	祥禫不同月	《四庫全書總目》卷二十五《齊家寶要》提要、《禮記正義》卷六	B
118	喪服無定制	《廿二史劄記》卷三「兩漢喪服無定制」條、《日知錄》卷十五「期功喪去官」條	B
119	屬吏為長官持服	《廿二史劄記》卷三「長官喪服」條	A
120	弟子為師持服	《經義雜記》卷六「為師齊衰三月」條	A
121	魯公居喪即戎	《尚書後案》卷二十六《周書》	A

122	公劉非后稷曾孫	《四庫全書總目》卷三十五《論語集注考證·孟子集注考證》提要、《尚書古文疏證》卷四第五十七	B
123	父師、少師非疵、強	《尚書後案》卷九《商書》	A
124	太姒為文王繼妃	《韓門綴學》卷一「田間釋《關雎》詩義」條	A
125	文王十子序次	《尚書後案》卷十三《周書》	A
126	《左傳》繼室有二	《韓門綴學》卷一「娶妻先後」條	A
127	象刑非畫像	《尚書後案》卷一《虞夏書》	A
128	刑罰世輕世重	《尚書後案》卷二十七《周書》	A
129	漢除肉刑	《尚書後案》卷二十七《周書》	A
130	援經決獄	《廿二史劄記》卷二「漢時以經義斷事」條、《尚書後案》卷二十七《周書》	B
131	莽託《尚書》	《廿二史劄記》卷三「王莽引經義以文其奸」條、《尚書後案》卷十九《周書》	B
132	左右史得交相攝代	《尚書後案》卷十六《周書》	A
133	漢詔多天子自作	《廿二史劄記》卷四「漢帝多自作詔」條	A
134	漢定石經	《經義雜記》卷二十五「李巡奏定石經」條、《廿二史劄記》卷五「宦官亦有賢者」條	B
135	漢文帝始置五經博士	《經義雜記》卷六「文帝始置博士」條	A
136	經策尺度	《經義雜記》卷八「《左傳》錯簡」條、《尚書後案》卷十三《周書》	B
137	三族不得有異姓	《尚書後案》卷一《虞夏書》、《廿二史劄記》卷十四「後魏刑殺太過」條	B
138	漢重節義	《廿二史劄記》卷五「東漢尚名節」條	A
139	六朝世族	《廿二史劄記》卷十二「江左世族無功臣」條	A
140	朱陸異同	清鄭之僑《鵝湖講學會編》卷九「鵝湖詩說」	A
141	元尚風雅	《廿二史劄記》卷三十「元季風雅相尚」條	A
142	毛氏議禮之非	《四庫全書總目》卷二十四《曾子問講錄》提要、毛奇齡《四書改錯》卷二十二	B
143	袷大禘小之說	《尚書後案》卷六《商書》	A
144	有虞氏宗堯配天	《尚書後案》卷二《虞夏書》	A
145	昭穆原廟制	《四庫全書總目》卷二十五《廟制考議》提要、《儀禮通論》、《唐會要》	B
146	廟制三代不同	《尚書注疏》卷八、《蛾術編》卷六十八說制六「廟制」條	B

147	明堂之制	《尚書後案》卷十九《周書》、卷二十五《周書》、《四庫全書總目》卷十九《周禮傳》提要、卷二十五《明堂問》提要	B
148	祼禮有二	《尚書後案》卷十九《周書》	A
149	皇天上帝	《尚書後案》卷二十二《周書》	A
150	古今樂律	《韓門綴學》卷一「古今樂器樂聲」條	A
151	相墓非始於郭璞	《廿二史劄記》卷八「相墓」條	A
152	渾天儀傳自齊梁	《尚書後案》卷一《虞夏書》	A
153	唐古文非倡自昌黎	《廿二史劄記》卷二十「唐古文不始於韓柳」條	A
154	書院創自唐開元	《韓門綴學》卷二「四大書院」條	A
155	漢侍中多用宦官	《尚書後案》卷二十四《周書》	A
156	殷五官即六官	《尚書後案》卷二《虞夏書》、《四庫全書總目》卷三《朱文公易說》提要	B
157	六軍將皆用卿	《尚書後案》卷四《夏書》	A
158	兵車將居中	《尚書後案》卷四《夏書》	A
159	東漢功臣多儒將	《廿二史劄記》卷四「東漢功臣多近儒」條	A
160	宋初諸臣多習掌故	《廿二史劄記》卷二十四「宋初考古之學」條	A
161	因諱改諡	《韓門綴學》卷三「諡因諱改」條	A
162	名宦鄉賢立祠	《韓門綴學》卷二「名宦鄉賢祠」條	A
163	回授之典	《韓門綴學》卷三「移封」條	A
164	後世官制不師古	《尚書古文疏證》卷七第一百	A
165	逃官無禁	《廿二史劄記》卷五「擅去官者無禁」條	A
166	北齊官吏猥濫	《廿二史劄記》卷十五「北齊以廝役為縣令」條	A
167	晉人清談之習	《廿二史劄記》卷八「六朝清談之習」條	A
168	魏晉中正之弊	《廿二史劄記》卷八「九品中正」條	A
169	齊典籤之權	《廿二史劄記》卷十二「齊制典籤之權太重」條	A
170	齊梁臺使之弊	《廿二史劄記》卷十二「齊梁臺使之害」條	A
171	唐試士之法	《經義雜記》卷三「唐試士法」條	A
172	宋道學偽學之禁	《韓門綴學》卷二「道學之名」、「慶元偽學之禁」條	A
173	南宋文字之禍	《廿二史劄記》卷二十六「秦檜文字之禍」條	A
174	歷代科場之弊	《廿二史劄記》卷二十五「宋科場處分之輕」條、卷三十六「明代科場之弊」條	A

175	天子駕六馬	《經義雜記》卷十一「天子駕六馬」條	A
176	天子士皆用笏	《尚書後案》卷二《虞夏書》	A
177	戈戟之制	《尚書後案》卷十一《周書》	A
178	夷狄之數互異	《尚書後案》卷二《虞夏書》	A
179	古人名字相配	《尚書後案》卷二十八《周書》、《經義雜記》卷二十五「盧植《禮記》注」條	B
180	稽首禮最重	《尚書後案》卷一《虞夏書》	A
181	章服尊卑之制	《尚書後案》卷二《虞夏書》	A
182	韋弁非爵弁	《四庫全書總目》卷二十二《禮書》提要、卷二十三《儀禮釋例》提要	A
183	深衣之制	《四庫全書總目》卷二十一《深衣考誤》提要	A
184	周之九服	《尚書後案》卷二十四《周書》	A
185	井田溝洫不同制	《尚書後案》卷二《虞夏書》	A
186	呵引之制	《韓門綴學》續編「引喤」條	A
187	策簡長短之制	《尚書古文疏證》卷七第一百十一	A
188	古尺數、步數、畝數、里數	《尚書後案》卷二《虞夏書》	A
189	大斗重秤起於魏齊	《廿二史劄記》卷十五「魏齊斗秤」條	A
190	十萬為億	《尚書後案》卷十九《周書》	A
191	錢法權子母	《經義雜記》卷七「權子母輕重」條	A
192	合龠即兩龠	《蛾術編》卷七十二說制十「《書》疏言量之數與《漢志》異」條	A
193	古贖刑用銅	《尚書後案》卷一《虞夏書》	A
194	三代以貝玉為貨幣	《尚書後案》卷六《商書》	A
195	書契非起於伏羲	《蛾術編》卷十五說字一「六書原本八卦出非一時」條	A
196	曆家歲差之法	《尚書後案》卷一《虞夏書》	A
197	古曆家九道八行之說	《尚書後案》卷十二《周書》	A
198	晦朔弦望	《尚書後案》卷十五《周書》	A
199	古今宿度不同	《韓門綴學》卷四「宿度古今不同」條	A
200	曆數節氣之度	《尚書後案》卷十二《周書》	A
201	古今星象不同	《韓門綴學》卷四「星有古今不同」條	A
202	置閏	《尚書後案》卷一《虞夏書》	A

203	日食有晝食夜食之分	《韓門綴學》卷四「日食」條	A
204	求地中	《尚書後案》卷十二《周書》、卷十八《周書》	A
205	箕風畢雨	《尚書後案》卷十二《周書》	A
206	古宮室之制	《蛾術編》卷六十六說制四「西南其戶」條、「《顧命》宮室制度」條、《尚書後案》卷二十五《周書》、《四庫全書總目》卷二十《宮室考》提要、《儀禮圖及儀禮旁通圖》提要、《儀禮釋宮》提要、《儀禮釋宮增注》提要、卷二十二《參讀禮志疑》提要	B
207	天子諸侯朝門之制	《尚書後案》卷二十五《周書》（又見《蛾術編》卷六十九說制七「天子諸侯各有三朝」條）	C
208	外朝治朝無堂階	《蛾術編》卷六十九說制七「天子諸侯各有三朝」條、《尚書後案》卷二十五《周書》	B
209	門屏間謂之寧	《尚書後案》卷二十五《周書》	A
210	五行萬物之本	《尚書後案》卷十二《周書》	A
211	五行所生之次	《尚書後案》卷十二《周書》	A
212	五事配五行	《尚書後案》卷十二《周書》	A
213	董、劉《春秋》災異之說	《經義雜記》卷一「亳社災」條、「昭九年陳災」條、「西宮災」條、「宣謝火」條、「雉門及兩觀災」條、卷二「鼷鼠食郊牛角」條、「莊十一年宋大水」條、卷十「恒星不見」條、卷十三「莊十八年日食」條、卷十四「李梅實」條、「僖廿九年大雨雹」條、卷十五「僖十年大雨雪」條、「隕霜殺菽」條、「莊廿九年有蜚」條、卷十六「哀十二年螽」條、「雨螽於宋」條、卷十八「新宮災」條、卷二十「隱九年大雨」條、「桓宮僖宮災」條、卷二十二「隱三年日食」條、卷二十四「禦廩災」條、卷二十七「隕霜不殺草」條、《廿二史剳記》卷二「漢儒言災異」條	B
214	漢儒以災異規時政	《廿二史剳記》卷二「漢儒言災異」條	A
215	黑水無考	《尚書後案》卷三《虞夏書》	A
216	今三江與《漢志》、《水經》不合	《尚書後案》卷三《虞夏書》、清胡渭《禹貢錐指》卷六	B
217	《禹貢》九州	《尚書後案》卷一《虞夏書》、卷三《虞夏書》	A
218	九河遺跡	《尚書後案》卷三《虞夏書》	A
219	九江非湖漢九水	《尚書後案》卷三《虞夏書》、《蛾術編》卷四十五說地九「九江」條	B
220	太原六名	《尚書後案》卷三《虞夏書》	A

221	孟津在河北	《蛾術編》卷四十四說地八「孟津」條、《禹貢錐指》卷十三中之上	B
222	傅巖在虞虢之間	清董增齡《國語正義》卷十七《楚語》上	A
223	太湖非笠澤	《禹貢錐指》卷六	A
224	五湖即太湖	《禹貢錐指》卷六	A
225	塗山不得有二	《尚書後案》卷二《虞夏書》	A
226	河徙始末	《尚書後案》卷三《虞夏書》	A
227	漢水有二源	《尚書後案》卷三《虞夏書》	A
228	漢人用字不同	《尚書後案》卷十三《周書》	A
229	唐宋人不識采字	《尚書後案》卷一《虞夏書》	A
230	甄故有二音	明張自烈《正字通》卷七、元熊忠《古今韻會舉要》卷四平聲上	B
231	婦人識字	宋王明清《揮麈後錄》卷之七百三五	A
232	漢時俗字	《尚書後案》卷二《虞夏書》、卷七《商書》、卷二十一《周書》、《蛾術編》卷二十六、惠棟《九經古義》三	B
233	古字多假借	《四庫全書總目》卷三十三《九經古義》提要、《尚書後案》卷七《商書》、卷十一《周書》、卷十二《周書》、《經義雜記》卷十九「《儀禮》古文」條	B
234	古字多通用	《尚書後案》卷一《虞夏書》、卷十二《周書》、卷十三《周書》、卷二十《周書》、卷二十一《周書》、卷二十二《周書》、卷二十五《周書》、《四庫全書總目》卷十九《周官集傳》提要、卷三十三《九經古義》提要	B
235	古字音義相兼	《尚書後案》卷二《虞夏書》、卷十二《周書》、卷二十三《周書》、卷二十九《周書》、清桂馥《說文解字義證》卷三十九、《四庫全書總目》卷二十《儀禮小疏》提要	B
236	古人校書最精	《經義雜記》卷三「劉向校書」條	A

全書共計 236 條，其中：A 類 177 條，占總數的 75%；B 類 57 條，占總數的 24.15%；C 類 2 條，占總數的 0.85%。

三、分類舉例

A 類

此類每一條目出自同一本書，又可分為兩小類：

（1）摘自他書同一條目。如《經史雜記》卷四「唐修史避諱」條：

> 唐人修諸史，避祖諱。如「虎」字、「淵」字。或前人名有同之
> 者，有字則稱其字，如《晉書》公孫淵稱公孫文懿，劉淵稱劉元海，
> 褚淵稱褚彥回，石虎稱石季龍是也。否則竟刪去所犯之字，如《梁
> 書》蕭淵明、蕭淵藻，但稱蕭明、蕭藻，《陳書》韓擒虎但稱韓擒是
> 也。否則以文義改易其字，凡遇「虎」字皆稱猛獸，李叔虎稱李叔
> 彪，殷淵源稱殷深源，陶淵明稱陶泉明，魏廣陽王淵稱廣陽王深是
> 也。其後諱「世」為「代」，諱「民」為「人」，諱「治」為「理」之
> 類，皆從文義改換之法也。〔註3〕

對比趙翼《廿二史劄記》卷八「唐人避諱之法」：

> 唐人修諸史時，避祖諱之法有三：如「虎」字、「淵」字，或前
> 人名有同之者，有字則稱其字，如《晉書》公孫淵稱公孫文懿，劉
> 淵稱劉元海，褚淵稱褚彥回，石虎稱石季龍是也。否則竟刪去其所
> 犯之字，如《梁書》蕭淵明、蕭淵藻，但稱蕭明、蕭藻，《陳書》韓
> 擒虎但稱韓擒是也。否則以文義改易其字，凡遇「虎」字皆稱猛獸，
> 李叔虎稱李叔彪，殷淵源稱殷深源，陶淵明稱陶泉明，魏廣陽王淵
> 稱廣陽王深是也。其後諱「世」為「代」，諱「民」為「人」，諱「治」
> 為「理」之類，皆從立義改換之法。〔註4〕

通篇改動五字。除了首句改動，去「時」和「之法有三」外，其餘內容一字未易。此類作偽方法極為簡便，然而容易識破。

（2）組合同一書的不同條目。如《經史雜記》卷二「古用優賢揚歷語」
條：

> 案《文選‧魏都賦》劉淵林注，引《尚書‧般庚》：「優賢揚
> 歷」，裴松之注《三國志》亦引此語。《漢咸陽令唐扶頌》已云「優
> 賢揚歷」，載洪适《隸釋》。又《國三老袁良碑》云「優賢之寵」，謂
> 溥求賢者而優禮之，揚其所歷試也。鄭本《尚書》作「憂腎陽」，夏
> 侯等《書》誤以一憂字，分作心腹二字。「腎陽」當作「賢揚」，亦
> 以字形相似致誤。今本作「心腹腎腸」，歷字屬下古義遂微。亦猶

〔註3〕王玉樹：《經史雜記》卷四，《續修四庫全書》第1156冊，上海古籍出版社，
2002年版，第267頁。
〔註4〕趙翼著、王樹民校證：《廿二史劄記校證》卷八，中華書局，2005年版，第175
頁。

《大誥》：「不少延」為句，「洪」惟屬下讀，而毛氏奇齡據裴度《中和節賜百官尺》連用「延洪」字，以為唐人猶知古義。不知「延洪」之解出晚晉偽傳，古實無此義也。〔註5〕

對比以下兩條：

王鳴盛《尚書後案》卷六《商書》：

> 《文選·魏都賦》劉淵林注引《尚書·般庚》曰「優賢揚歷」，若依今本，則《盤庚》不見有此文，乃知鄭本作「憂腎陽」者，「憂」本「憂」字。夏侯等《書》以一憂字，誤分作心腹二字。「腎陽」者，當作「賢揚」，皆以字形相似而致誤。……而前此《漢成陽令唐扶頌》已云「優賢揚歷」，載洪适《隸釋》。《隸釋》又載《國三老袁良碑》有云「憂臥之寵」。〔註6〕

王鳴盛《尚書後案》卷十四《周書》：

> 據《釋文》及疏，鄭、馬、王皆「不少延」為句，惟偽孔傳以「延洪」連文。而毛氏奇齡據唐裴度《中和節賜百官尺》詩，連用「延洪」字，以為唐人猶知古義。然《翟義傳》亦以「洪」屬下句，則知「延洪」之解出晚晉偽傳，古無此訓也。〔註7〕

可知《經史雜記》前半段據《商書》櫽栝成文，並改換順序，又取《周書》，中間以「亦猶」作為連接，並不顯得突兀。

B 類

此類內容來自不同書籍，如《經史雜記》卷六「古人名字相配」條：

> 許氏《說文·扒部》：「扒，旌旗之游扒蹇之貌。古人名扒字子游。」又云：「施，旗貌。齊欒施字子旗，知施，旗也。」又《石部》云：「碻，屬石也。鄭公子〔註8〕碻，字子石。」又《黑部》：「黬，雖皙而黑也。古人名黬字子皙。」是名、字恒相配也。案盧植校定《禮記·檀弓下》：「子顯以致命於穆公。」鄭注：「使者，公子縶也。」盧氏曰：「古者名、字相配，『顯』當作『韅』。」今考《詩·白駒》：「縶之維之」傳：「縶，絆也。」《禮記·月令》則「縶騰駒」，

〔註5〕王玉樹：《經史雜記》卷二，《續修四庫全書》第1156冊，上海古籍出版社，2002年版，第341頁。

〔註6〕王鳴盛：《尚書後案》（上），北京大學出版社，2012年版，第259頁。

〔註7〕王鳴盛：《尚書後案》（上），北京大學出版社，2012年版，第376頁。

〔註8〕考《說文》當為「公孫」，王書誤。

是縶為維絆義。《說文·頁部》:「顯,頭明飾也。從頁,㬎聲。」與縶義無涉。《革部》:「鞙,著掖鞁也。從革,顯聲。」又《釋名·釋車》云:「鞙,維也。橫經其腹下也。」與「維絆」義合,故名縶字。子顯依《說文》當作鞙,盧氏校定作「鞙」者,漢人隸省也。〔註9〕

對比以下兩條:

《經義雜記》卷二十五「盧植《禮記》注」:

> 盧氏校定《禮記》今日雖亡,漢唐人偶有稱述,尚可得其略其一。《檀弓下》:「子顯以致命於穆公。」鄭注:「使者,公子縶也。」盧氏云:「古者名、字相配,『顯』當作『鞙』。」今考《詩·白駒》:「縶之維之」傳:「縶,絆也。」《禮記·月令》則「縶騰駒」,是縶為維絆義。《說文·頁部》:「顯,頭明飾也。從頁,㬎聲。」與縶義無涉。革部:「鞙,著掖鞁也,從革,顯聲。」又《釋名·釋車》云:「鞙,經也。橫經其腹下也。」(案杜注《左傳》僖廿八年云:「在背曰鞙」,非是)與維絆義合,故名縶字子鞙。依《說文》:「鞙」當作「鞙」。盧雲當作「鞙」者,漢人隸省。〔註10〕

王鳴盛《尚書後案》卷二十八《周書》:

> 古人名、字往往相配,如《說文·㫃部》云:「㫃,旌旗之遊㫃蹇之貌。古人名㫃字子游。」又云:「施,旗貌。齊欒施字子旗,知施者旗也。」又《石部》云:「碬,厲石也。鄭公孫碬,字子石。」又《黑部》云:「黝,雖皙而黑也。古人名黝字子皙。」是名、字恒相配。〔註11〕

《經史雜記》此條前部分取王鳴盛《尚書後案》:「如《說文》㫃部云」至「是名、字恒相配」,取臧琳《經義雜記》中的內容。連綴成文,可謂移花接木。

C 類

此類條目見於多書,如《經史雜記》卷二「偽孔改字」:

〔註 9〕王玉樹:《經史雜記》卷六,《續修四庫全書》第1156冊,上海古籍出版社,2002年版,第423頁。

〔註10〕臧琳:《經義雜記》卷二十五,《續修四庫全書》第172冊,上海古籍出版社,2002年版,第237頁。

〔註11〕王鳴盛:《尚書後案》(下),北京大學出版社,2012年版,第613頁。

《說文》金部「銳」注云：「侍臣所執兵也。《周書》曰：『一人冕執銳。』讀若允，余準切。」知《說文》所引皆真古文，鄭注必與之同。今《周書·顧命》，偽孔則改銳作銳。《說文》金部銳但云「芒也」。《左傳》成二年「銳司徒免乎」，杜注：「銳司徒，主銳兵者。」《漢書·高帝紀》：「朕親被堅執銳」，顏注：「謂利兵。」銳皆作虛字，無兵器解也。又《漢書·揚雄傳·長楊賦》有云：「兗鋋瘢者，金鏃淫夷者數十萬人。」臣沁按：「字書無兗字，今俗以為兗州字。」本作沇，此「兗鋋」合作「銳鋋」，《漢書》相承，誤為兗字。如淳乃云：「兗，括也。」師古又依孟康為「箭括」，愈無所據。且箭括非刃，豈能與鋋小矛同可傷夷人乎？考宋本《漢書》附此段於《雄傳》之末。所謂「臣沁」者，宋祁謂是張沁，江南人歸宋者。《說文》銳字與鋋字相次，則「臣沁」說是也。今偽孔妄改銳作銳，唐人不知檢察，且並鄭注亦改作銳矣。皆非也。〔註12〕

此條見於王鳴盛《尚書後案》卷二十五《周書》：

《說文》卷十四上《金部》銳字但云「芒也」，無兵器解。《左傳》成二年「銳司徒免乎」，杜注：「銳司徒，主銳兵者。」《漢書·高帝紀》「朕親被堅執銳」，顏注：「銳謂利兵。」銳皆作虛字，無兵器解也。金部銳字注云：「侍臣所執兵也。從金，允聲。《周書》曰：『一人冕執銳。』讀若允，余準切。」據此知當作銳。《說文》所引皆真古文，鄭必與之同。偽孔妄改銳，唐人不識字，並所引鄭注亦作銳矣，皆非也。《漢書·揚雄傳·長楊賦》有云：「兗鋋瘢者，金鏃淫夷者數十萬人。」臣似按：「字書無兗字，今俗以為兗州字。」兗州本作沇，此「兗鋋」合作「銳鋋」，《漢書》相承，誤為兗字。如淳乃云：「兗，括也。」師古又依孟康為「箭括」，愈無所據。且箭括非刃，豈與鋋小矛同可傷夷人乎？考宋本《漢書》附此段於《雄傳》之末。所謂「臣似」者，宋祁謂是張似，江南人歸宋者。《說文》銳字與鋋字相次，則「臣似」說是也。〔註13〕

又見王鳴盛《蛾術編》卷三十二說字十八，內容並無差別。

〔註12〕 王玉樹：《經史雜記》卷二，《續修四庫全書》第1156冊，上海古籍出版社，2002年版，第330頁。

〔註13〕 王鳴盛：《尚書後案》（下），北京大學出版社，2012年版，第555頁。

四、結論與餘論

　　由上可見，《經史雜記》與他書皆有雷同，或全文抄錄，或拼湊組合。其中全抄自一書的有 177 條，占總數的 75%，由多書拼湊而成的有 57 條，占總數的 24.15%，見於多書的 2 條，占總數的 0.85%。《經史雜記》在諸書成書以後，其抄襲作偽證據確鑿，不容置疑。下表反映出所抄襲各書在《經史雜記》中出現條目數。

書目名稱	涉及該書的《經史雜記》條目數 〔註 14〕
《尚書後案》	86
《四庫全書總目》	61
《廿二史劄記》	58
《經義雜記》	37
《韓門綴學》	22
《蛾術編》	11
《尚書古文疏證》	8
《禹貢錐指》	4
《簡莊疏記》	1
《國語正義》	1
《日知錄》	1
《說文解字義證》	1
《孟子正義》	1
《九經古義》	1
《揮麈後錄》	1
《皇氏論語義疏參訂》	1
《古今韻會舉要》	1
《正字通》	1
《禮記正義》	1
《鵝湖講學會編》	1
《四書改錯》	1
《儀禮通論》	1
《唐會要》	1
《論語後案》	1

〔註 14〕 有《經史雜記》一條對應多書者，各算一條。故總條目數多於《經史雜記》的 236 條。

另其抄襲前人著作，即使原書有誤，也不知考證，而是妄加猜測，師心自用。如《經史雜記》卷七「求地中」條：

> 鄭引鄭司農云：「土圭之長，尺有五寸。以夏至之日立八尺之表，其影適與土圭等，謂之地中。據中表之東表而言，於晝漏半中表景得正時，東表日已昳矣，是地與日為近。晝漏半已得正夕景，故云景夕多風。據中表之西表而言，是地與日為近。亦於晝漏半中表景得正時，西表日未中仍得朝時之景，故云日西則景朝多陰。據中表之南表而言，晝漏半，立八尺之表，表北得尺四寸景，不滿尺五寸，不與土圭等，是其日南，是地與日為近南，景短多暑。據中表之北表而言，亦晝漏半，表北得尺六寸，是地與日為近北，景長多寒也。」〔註15〕

對照王鳴盛《尚書後案》卷十八《周書》原文：

> 彼疏云：「據中表之東表而言，於晝漏半中表景得正時，東表日已昳矣，是地與日為近。晝漏半已得夕景，故云景夕多風。據中表之西表而言，是地與日為近西。亦於晝漏半中表景得正時，西表日未中仍得朝時之景，故云日西則景朝多陰。據中表之南表而言，晝漏半，立八尺之表，表北得尺四寸景，不滿尺五寸，不與土圭等，是其日南，是地於日為近南，景短多暑。據中表之北表而言，亦晝漏半，表北得尺六寸景，是地於日為近北，景長多寒也。」〔註16〕

《尚書後案》此處引自鄭玄《周禮疏》，於「東表日已昳矣，是地與日為近」後脫一「東」字，與後文不類。王玉樹不知據《周禮疏》以補足，為求上下一致，竟牽合文字，將《尚書後案》「中表之西表而言，是地與日為近西」中「西」字刪去，導致此段文字不知所云，殊為可笑。

如此之類，在《經史雜記》中還有頗多。如卷五「屬吏為長官持服」條：「《齊書·王儉傳》，皇太子妃薨，宮臣未知應服否，王儉議，宮僚本屬臣隸，存既盡敬，亡自應服。褚淵由司徒改司空，未拜而卒，司空掾屬疑應服與否，王儉議，依婦在途，聞夫家喪，改服而入之禮，其司空掾屬，宜居官持服。」〔註17〕

〔註15〕王玉樹：《經史雜記》卷七，《續修四庫全書》第1156冊，上海古籍出版社，2002年版，第440頁。

〔註16〕王鳴盛：《尚書後案》（下），北京大學出版社，2012年版，第437頁。

〔註17〕王玉樹：《經史雜記》卷五，《續修四庫全書》第1156冊，上海古籍出版社，2002年版，第388頁。

褚淵死後屬官持服之事，見於《南齊書‧褚淵傳》。《廿二史劄記》不審，誤以為出自《王儉傳》。此錯誤本極易避免，然而王玉樹抄襲時未加辨別，可謂疏忽至極。又如卷三「《宋書》帶敘之法」條：「如《宋書‧劉道規傳》，攻徐道覆時，使劉遵為將，攻破道覆，即帶敘遵淮西人，官至淮南太守，義熙十年卒，下文重敘道規事，以完本傳。」《宋書》原作「遵字慧明，臨淮海西人」。〔註18〕此又為沿襲《廿二史劄記》之誤。如此囫圇吞棗，不知省察，可見《經史雜記》絕非自我創見，是一部徹頭徹尾的偽書。

王玉樹晚年講學宗李顒，主「存心」之說，卻做出如此掠美之行徑，言行不一，令人匪夷所思。抄襲作偽，本為王氏一貫作風，考其所著《說文拈字》、《退思易話》等書，亦多掩襲。如晚清李慈銘早就揭發其《說文拈字》之偽：

> 其書大半稗販，凡《尚書》中所有之字，皆直錄王氏《後案》，《易》則多本惠氏《易述》，《詩》則多本陳氏《稽古》篇，而皆掩為己說，余亦不出《釋文》、《汗簡》、《六書故》、《復古編》、《丹鉛錄》諸書。其最可笑者，如枯字下襲《後案》引《釋文》載陸璣《疏》箋可以為笘箱，印本皆爛一箱字，《學海堂經解》本亦作一黑塊，《拈字》遂刪去箱字，不知檢《釋文》補之矣。橫字下言古黌舍字只作橫，因引《鮑昱傳》修起橫舍，又引《儒林傳》遊庠序橫塾，繼引《後漢書》、《儒林傳》更修黌宇云云，不知遊庠序橫塾即出《後漢書‧儒林傳論》，而《鮑昱傳》亦在《後漢書》也。其訂正文字，往往與段錢諸君合，疑已見諸家之書而並諱之。惟校附一卷，折衷是非，頗多可取，足與紐氏《新附考》毛氏《新附述誼》並傳耳。〔註19〕

由此觀之，王玉樹之作偽，前人已有辨及。然而《經史雜記》問世以來，無人揭其作偽事實。今論定其抄襲他書手法及內容，揭穿其作偽騙術，以免此書貽誤後世。

〔註18〕王玉樹：《經史雜記》卷三，《續修四庫全書》第1156冊，上海古籍出版社，2002年版，第361頁。

〔註19〕李慈銘：《越縵堂讀書記》，上海書店出版社，2000年版，第169頁。

《經史雜記》探源卷一

1.《論語》古本

【A】《論語・為政》篇:「子曰:『《書》云:孝乎惟孝,友于兄弟,施於有政。』」未知所引出《書》何篇。何晏《集解》載包咸注云:「孝乎惟孝,美大孝之辭。」則三句皆四字句。〔註1〕案:蔡邕石經《論語》本作「孝於惟孝」,其殘字載洪适《隸釋》。《太平御覽》載華嶠《後漢書》劉平、江革等傳序,班固《白虎通德論・五經》篇所引並同。日本山井鼎所引足利本《論語》正如此。(日本根伯修與神君彝俱遊下毛足利學,得其藏本,刻之平安,服元喬序。)惟《釋文》云:「孝於,一本作孝乎。」故晉夏侯湛《昆弟誥》、潘岳《閑居賦序》、梁元帝《劉孝綽墓誌銘》、唐李善注丘希範《與陳伯之書》、獨孤及《衢州司士參軍李府君墓誌銘》、王利貞《幽州石浮圖頌》皆用「孝乎惟孝」之句。後開成石經遂定作「乎」字,至宋儒且以《書》云孝乎」為句矣。豈知《論語》古本原以「孝於惟孝」為句,「於」字必不可為句絕,作「乎」者非也。

【B】案日本山井鼎等作《七經孟子考文》,其古本《論語》與今本多有異同。如「舉一隅」句下有「而示之」三字,與《文獻通考》所引石經《論語》合。「夫子之言性與天道,不可得而聞也」句下有「已矣」二字,與錢曾《讀書敏求記》所引高麗古本合,當亦唐時舊本,非依託也。

【探源】A段源自清黃式三《論語後案》:

> 或謂孔子曰:「子奚不為政?」子曰:「《書》云:『孝乎惟孝,

〔註1〕文中加粗部分為作者自增,下同。

友于兄弟，施於有政。』是亦為政，奚其為為政。」

【後案】注以此為定公初年語。據《白虎通·五經》篇引經自衛反魯追定五經之時有此語也。包注以孝乎惟孝為句，真古文如此。王西莊《尚書後案》曰：「蔡邕石經《論語》本作孝於惟孝，見洪适《隸釋》，《太平御覽》載載華嶠《後漢書》劉平、江革傳序，班固《白虎通·五經》篇引並同、日本山井鼎所引足利本《論語》正如此。」惟《論語釋文》云：「孝於，一本作孝乎。」故晉夏侯湛《昆弟誥》、潘岳《閑居賦序》、梁元帝《劉孝綽墓誌銘》、唐李善注丘希範《與陳伯之書》、獨狐及《衢州司士參軍李府君墓誌銘》、王利貞《幽州石浮圖頌》皆用孝乎惟孝之句。開成石經遂定作「乎」字，至宋以《書》云孝乎」為句。

按：此段又引自王鳴盛《尚書後案》。其中「日本根伯修與神君彝俱遊下毛足利學，得其藏本，刻之平安，服元喬序」一句，出自《尚書後案》卷九商書。

B 段源自《四庫全書總目》卷三十五經部三十五《論語義疏》提要：

日本國山井鼎等作《七經孟子考文》……其經文與今本亦多有異同。如「舉一隅」句下有「而示之」三字，……然與《文獻通考》所引石經《論語》合。「夫子之言性與天道，不可得而聞也」下有「已矣」二字，亦與錢曾《讀書敏求記》所引高麗古本合。……知其確為古本，不出依託。

【小結】此條 A 段抄自清黃式三《論語後案》、B 段抄自《四庫全書總目》卷三十五《論語義疏》提要。作偽方式有二。第一，點竄字句；第二，增加句子，原文中加粗部分的文字即為王氏所增，下同。

2.《論語》引《湯誓》

【A】《論語·堯曰》篇「予小子履」一節十句，《集解》載孔安國注於「予小子履」三句下，注云：「履，殷湯名。此伐桀告天之文。殷家尚白，未變夏禮，故用玄牡。皇，大。後，君也。大大君帝，謂天帝也。《墨子》引《湯誓》，其辭若此。」於「朕躬」四句下注云：「無以萬方，萬方不與也。萬方有罪，我身之過。」今考《墨子·兼愛》篇引「予小子履」一節，十三句，為《湯說》，不曰《湯誓》。

【B】蓋《墨子》所引於「告於後帝」下增多「今天大旱,即當朕身。履未知得罪於上」,下三句遂改為禱旱之辭,故稱為說。其實三句皆衍文也。

【C】《國語》內史過引《湯誓》曰:「余一人有罪,無以萬夫。萬夫有罪,在余一人。」內史過遠在墨子之前,業已稱為《湯誓》,是後四句既為《湯誓》,則前三句亦為《湯誓》明矣。故安國注《論語》時,亦以《國語》為據。

【D】今檢《湯誓》一百四十四字,首尾完好,安得斯語?

【E】且《墨子·尚賢中》篇又引《湯誓》曰:「聿求元聖,與之戮力同心,以治天下。」今《湯誓》亦無其文,乃皆散見於今《湯誥》中。《湯誥》為東晉晚出之書,何足為據?推求其故,當必別有一《湯誓》,所云「予小子履」一段及「聿求元聖」等語,皆其篇中逸文也。

【F】蓋伐桀大事,不妨重言申戒。今《湯誓》「格爾眾庶,悉聽朕言」乃是伐桀告民之辭,《論語》所引「予小子履,敢用元牡」乃是伐桀告天之辭,

(【G】班固當東漢初,校理秘書得見古文《尚書》,而所著《白虎通》,兩引「余小子履」,皆以為伐桀告天之辭。即包咸注「有罪不敢赦」三句,亦曰「順天奉法,有罪者不敢擅赦」云云)各不相蒙。雖小序無《湯誓》二篇之說,安知不更在百篇外乎?然則《論語》所引者確是別一《湯誓》之逸文無疑矣。

【探源】《尚書後案》卷五《尚書》:

【A】《論語·堯曰》篇云:「予小子履,敢用玄牡,敢昭告於皇皇后帝,有罪不敢赦,帝臣不蔽,簡在帝心。朕躬有罪,無以萬方。萬方有罪,罪在朕躬。」何晏《集解》載孔安國注於「予小子履」三句,注曰:「履,殷湯名。此伐桀告天之文。殷家尚白,未變夏禮,故用玄牡。皇,大。後,君也。大大君帝,謂天帝也。《墨子》引《湯誓》,其辭若此。」於「朕躬」四句注曰:「無以萬方,萬方不與也。萬方有罪,我身之過。」今考《墨子·兼愛下》篇引「予小子履」一段,凡十三句,為《湯說》,不云《湯誓》。

【C】然《國語》內史過引《湯誓》曰:「余一人有罪,無以萬夫。萬夫有罪,在余一人。」內史過遠在墨子之前,業已稱為《湯誓》,……安國注《論語》時,亦以《國語》為據。後四句既為《湯誓》,則前三句亦為《湯誓》可知。

【B】唯《墨子》所引於「告於後帝」下增多「今天大旱，即當朕身。履未知得罪於上」，下三句不得不以為禱祠之說矣。不知此三句實衍文也。

【F】蓋《湯誓》必別有一篇。伐桀大事，湯之誓告，必不一而足，……王曰「格爾眾庶，悉聽朕言」，此為告民伐桀之辭；曰「予小子履，敢用玄牡」，此為告天伐桀之辭。各不相蒙。雖小序無《湯誓》二篇之說，然此一篇安知不更在百篇之外乎？

【E】且《墨子·尚賢中》篇又引《湯誓》曰：「聿求元聖，與之戮力同心，以治天下。」其語亦不見於今《湯誓》中，豈非別有一《湯誓》之明驗乎？及東晉晚出古文一出，則遂取《論語》、《國語》、《墨子》各處所引之《湯誓》，一概攘之入《湯誥》中。

【D】今《湯誓》一百四十四字，首尾完好，……安得有「予小子履」一段，及「聿求元聖」等語為其所遺落乎？

【G】班固當東漢初，校理秘典得見古文《尚書》，而所著《白虎通》，兩引「予小子履」，皆以為伐桀告天之辭，即包咸注「有罪不敢赦」三句，亦云：「順天奉法，有罪者不敢擅赦。」

【小結】作偽方式有三：第一，點竄字句；第二，改變順序（《尚書後案》的原文順序為 A、C、B、F、E、D、G）；第三，增加觀點句——「然則《論語》所引者確是別一《湯誓》之逸文無疑矣」。從此條可以看出，王氏還是能夠提煉觀點的，可惜他隱匿材料出處，上下其手，玩弄小聰明，結果「機關算盡太聰明，反誤了卿卿性命」。

3.《釋文》廄夫子家廄也

【A】《論語·鄉黨》篇：「廄焚，子退朝，曰：『傷人乎？』不問馬。」《集解》引鄭玄注云：「重人賤畜。退朝，自君之朝來歸。」《釋文》：「廄，夫子家廄也。」王弼云：「公廄也。」案《禮記·雜記》：「廄焚，孔子拜鄉人為火來者。拜之，士壹，大夫再。亦相弔之道也。」注言拜者，為其來弔己。《正義》曰：「廄焚，孔子馬廄被火焚也。孔子拜鄉人為火來者，謂孔子拜謝鄉人為火而來慰問孔子者。」據《禮記·雜記》則實是孔子家廄矣。故鄭注云「自君之朝來歸」，歸字甚明。《釋文》蓋據鄭本。王弼據《鹽鐵論·刑德》云：「魯廄焚，孔子罷朝，問人不問馬，賤畜重人。」遂注云：「公廄。」桓寬《鹽鐵論》

殊不足據，非也。而王肅注《家語》引《曲禮》云：「孔子為大司寇，國廄焚，子退朝而之火所。鄉人有自為火來者，拜之，士一，大夫再。子貢曰：『敢問何也？』孔子曰：『其來者亦相弔之道也。吾為有司，故拜之。』」今《曲禮》實無其文，蓋王肅據《鹽鐵論》詭稱《曲禮》，而又竄易《雜記》文。乃有心立異，以與鄭相難耳。

【B】又案《泰伯》：「民無得而稱焉。」《釋文》「無得」本亦作「德」。《集解》引王肅則作「無得」。然《漢書・丁鴻傳》引《論語》正作「無德」，又引鄭玄注云：「三讓之美，皆隱蔽不著，故人無德而稱。」是陸氏所見亦即鄭本，王肅作「無得」者，亦是與鄭為難也。【C】蓋陸氏《釋文》採漢、魏、晉、南北朝以來諸家訓詁，於《周易》、《尚書》、《毛詩》、《論語》、《爾雅》、《莊子》尤為賅博。考證古義，《注疏》而外，惟賴此書之存。研經者不可不以是為根柢也。

【探源】A 段抄自《經義雜記》卷七「廄焚」：

　　《論語・鄉黨》：「廄焚，子退朝，曰：『傷人乎？』不問馬。」《集解》鄭曰：「重人賤畜。退朝，自君之朝來歸。」《釋文》：「廄，夫子家廄也。」王弼曰：「公廄也。」案《禮記・雜記下》：「廄焚，孔子拜鄉人為火來者。拜之，士壹，大夫再。亦相弔之道也。」注言拜之者，為其來弔己。《正義》曰：「廄焚，孔子馬廄被火焚也。孔子拜鄉人為火來者，謂孔子拜謝鄉人為火而來慰問孔子者。」……《禮記》云「鄉人為火來者」，則明是夫子家廄矣。故鄭云「自君之朝來歸」。《鹽鐵論・刑德》云：「魯廄焚，孔子罷朝，問人不問馬，賤畜而重人也。」……又《家語・曲禮子貢問》云：「孔子為大司寇，國廄焚，子退朝而之火所。鄉人有自為火來者，則拜之，士一，大夫再。子貢曰：『敢問何也？』孔子曰：『其來者亦相弔之道也。吾為有司，故拜之。』」案此乃王肅據《鹽鐵論》竄改《禮記》以與鄭氏相難者。

　　B 段抄自《經義雜記》卷六「民無德而稱焉」：

　　《論語・泰伯》：「民無得而稱焉。」《釋文》「民無得」本亦作「德」。案《集解》引王肅云：「泰伯以天下三讓於王季，其讓隱，故無得而稱言之者，所以為至德也。」……《後漢書・丁鴻傳論》引孔子曰：「泰伯三以天下讓民，無德而稱焉。」……王肅好與鄭難，

故改其義。

C段抄自《經義雜記》卷十九「《經典釋文》」：

> 此書採漢、魏、晉、南北朝以來諸家詁訓，可謂博極群書矣。……
> 於《周易》、《尚書》、《毛詩》、《論語》、《爾雅》、《莊子》更為賅博，
> 治經者此書不可一日少也。……

【小結】此條全部抄自《經義雜記》，其中A段抄自「廱焚」條，B段抄自「民無德而稱焉」條，C段抄自「《經典釋文》」條。作偽方式有二：第一，點竄字句；第二，增加句子，尤其是在最後增加觀點句——「考證古義，《注疏》而外，惟賴此書之存。研經者不可不以是為根柢也」。

4.《論語》古今文

【A】案張禹受《魯論》於夏侯建，又從庸生、王吉受《齊論》，號曰「張侯論」，是張禹《論語》已不全為《魯論》矣。後漢包咸、周氏並為章句，列於學官者是也。鄭康成就包、周之本以《齊論》、《古論》校正之，凡五十事，至鄭本復參合《古》、《魯》、《齊》三書定之，又非張、包、周之舊矣。何晏集孔安國、包咸、周氏、馬融、鄭玄、陳群、王肅、周生烈諸家內，惟孔安國、馬融蓋純乎古文，餘則三家皆有。何晏就諸家本頗多改易，惟鄭氏校從《古論》，皆有注以識別之，使後人可得而考焉。今即何晏以前所見於諸家者，約略分析之。《古論》「傳不習乎」，《魯論》「專不習乎」，見《釋文》。《古論》「未若貧而樂道」，見《仲尼弟子傳》，《魯論》「未若貧而樂」。【B】《古論》「不患人之不己知，患不知也」，見《釋文》，《魯論》「不患人之不己知，患不知人也」。【C】《古論》「而眾星共之」，《魯論》「而眾星拱之」，見《釋文》。《古論》「有酒食，先生饌」，《魯論》「有酒食，先生餕」，見《釋文》。《古論》「哀公問社於宰我」，《魯論》「哀公問主於宰我」，見《釋文》。《古論》「縱之，純如也」，見《孔子世家》，《魯論》「從之，純如也」。《古論》「無適也」，《魯論》「無敵也」，見《釋文》。《古論》「可使治其賦也」，《魯論》「可使治其傅也」，見《釋文》。《古論》「夫子之言天道與性命，弗可得聞也已」，見《孔子世家》；《魯論》「夫子之言性與天道，不可得而聞已矣」，見《漢書·眭兩夏侯京翼李傳贊》。《古論》：「未知，焉得仁？」《魯論》：「未智，焉得仁？」見《漢書·古今人表》及《論衡·問孔》。《古論》「崔子弒其君」，《魯論》「高子弒其君」，見《釋文》。《古論》「吾不知所以裁之」，見《孔子世家》，《魯論》「不知所以

裁之」。《古論》：「命也夫！斯人也而有斯疾，命也夫！」見《仲尼弟子傳》，《魯論》：「命矣夫！斯人也而有斯疾也，斯人也而有斯疾也！」《古論》「文質彬彬」，《魯論》「文質份份」，見《說文·人部》。《古論》「夫子矢之曰：『予所否者』」，《魯論》「夫子矢之曰：『予所鄙者』」，見《論衡·問孔》。《古論》「子之燕居」，《魯論》「子之宴居」，見《釋文》。【D】《古論》「久矣吾不夢見周公」，見《釋文》，《魯論》「吾不復夢見周公」。【E】《古論》「吾未嘗無誨焉」，《魯論》「吾未嘗無悔焉」，見《釋文》。《古論》「假我數年，五十以學《易》，可以無大過矣」，見《孔子世家》；《魯論》「加我數年，五十以學，亦可以無大過矣」，見《釋文》。《古論》「其為人也，學道不倦，誨人不厭，發憤忘食，樂以忘憂」，見《孔子世家》，《魯論》「其為人也，發憤忘食，樂以忘憂」。《古論》「多見而識之，知之次也」，《魯論》「多見而志之，知之次也」，見《白虎通·禮樂》。《古論》「揖巫馬旗而進之」，見《孔子弟子傳》，《魯論》「揖巫馬期而進之」。《古論》「正唯弟子不能學也」，《魯論》「誠唯弟子不能學也」，見《釋文》。《古論》「君子坦蕩蕩」，《魯論》「君子坦湯湯」，見《釋文》。《古論》「民無得而稱焉」，《魯論》「民無德而稱焉」，見《釋文》及《後漢書·丁鴻傳論》。《古論》「巍巍乎，舜禹之有天下也而不與焉」，《魯論》「巍巍乎，舜禹之有天下也而不預焉」，見《白虎通·聖人》。《古論》「空空如也」，《魯論》「悾悾如也」，見《釋文》。《古論》「弁衣裳者」，《魯論》「絻衣裳者」，見《釋文》。《古論》「夫子循循然善誘人」，《魯論》「夫子恂恂然善誘人」，見《後漢書·張壹傳》及趙岐《孟子章指》。《古論》「沽之哉，我待賈者也」，《魯論》「賈之哉，我待價者也」，見《白虎通·商賈》。《古論》「孔子於鄉黨，恂恂如也」，《魯論》「孔子於鄉黨，逡逡如也」，見《孔子世家索隱》及《隸釋·山陽太守祝睦後碑》。《古論》「辯辯言，唯謹爾」，見《釋文》，《魯論》「便便言，唯謹爾」。《古論》：「朝與上大夫言，誾誾如也。與下大夫言，侃侃如也」，見《孔子世家》，《魯論》「朝與下大夫言，侃侃如也。與上大夫言，誾誾如也」。《古論》「執圭，鞠躬如也」，《魯論》「執圭，鞠窮如也」，見《儀禮·聘禮》注。《古論》「上如揖，下如授」，《魯論》「上如揖，趨如授」，見《釋文》。《古論》「不使勝食既」，見《說文·皀部》，《魯論》「不使勝食氣」。《古論》「雖蔬食菜羹瓜，祭必齊如也」，《魯論》「雖蔬食菜羹，必祭，必齊如也」，見《釋文》。《古論》「鄉人儺」，《魯論》「鄉人獻」，見《釋文》。《古論》「君賜生」，《魯論》「君賜牲」，見《釋文》。《古論》「見弁者」，《魯論》「見絻者」，見《釋文》。《古論》「朋友死無所

歸,曰:『於我殯』」,《魯論》「朋友無所歸,生於我乎館,死於我乎殯」,見《白虎通·三綱六紀》。【F】《古論》「寢不尸,居不客」,見《釋文》,《魯論》「寢不尸,居不容」。【G】《古論》「車中不內顧」,《魯論》「車中內顧」,見《釋文》。《古論》「德行:顏淵、閔子騫、冉伯牛、仲弓。政事:冉有、季路。言語:宰我、子貢。文學:子游、子夏」,見《仲尼弟子傳》,《魯論》「德行:顏淵、閔子騫、冉伯牛、仲弓。言語:宰我、子貢。政事:冉有、季路。文學:子游、子夏」。《古論》「南容三復白珪」,見《仲尼弟子傳》,《魯論》「南容三復白圭」。《古論》「仍舊貫」,《魯論》「仁舊貫」,見《釋文》。《古論》「師也辟,參也魯,柴也愚,由也喭」,見《釋文》,《魯論》「柴也愚,參也魯,師也辟,由也喭」。《古論》「無吾以也」,《魯論》「無吾已也」,見《釋文》。《古論》「因之以飢饉」,《魯論》「因之以飢饉」,見《釋文》。《古論》「詠而饋」,見《釋文》,《魯論》「詠而歸」。《古論》「吾與驥也」,見《說文·黑部》,《仲尼弟子傳》省作「蔵」,《魯論》「吾與點也」。《古論》「仲弓問政」,見《仲尼弟子傳》,《魯論》「仲弓問仁」。《古論》「片言可以折獄者」,《魯論》「片言可以制獄者」,見《廣雅》。《古論》「子之迂也」,《魯論》「子之於也」,見《釋文》。《古論》「夫君子為之必可名,言之必可行」,見《孔子世家》,《魯論》「故君子名之必可言也,言之必可行也」。《古論》「吾黨有直躬者」,《魯論》「吾黨有直弓者」,見《釋文》。《古論》「硜硜然小人哉」,《魯論》「悻悻然小人哉」,見《孟子·公孫丑下》注。《古論》「朋友切切節節,兄弟熙熙」,見《毛詩·伐木》傳,《魯論》「朋友切切偲偲,兄弟怡怡」。《古論》「子貢方人」,《魯論》「子貢謗人」,見《釋文》。《古論》「有荷臾而過孔氏之門者」,見《說文·艸部》,《魯論》「有荷蕢而過孔氏之門者」。《古論》「高宗諒陰三年」,《魯論》「高宗諒闇三年」,見鄭注本及《公羊·文九年》傳注。《古論》「在陳絕糧」,《魯論》「在陳絕粻」,見《釋文》。《古論》「小人窮斯嚂矣」,見《說文·女部》,《魯論》「小人窮斯濫矣」。《古論》「工欲善其事,必先利其器」,《魯論》「工欲善其事,必先厲其器」,見《漢書·梅福傳》。《古論》「好行小慧」,《魯論》「好行小惠」,見《釋文》。《古論》「友諞佞」,見《說文·言部》,《魯論》「友便佞」。《古論》「言未及之而言謂之躁」,《魯論》「言未及之而言謂之傲」,見《釋文》。《古論》「邦君之妻」,《魯論》「國君之妻」,見《白虎通·嫁娶》兩引。《古論》「邦君稱之曰君夫人」,《魯論》「國人稱之曰君夫人」,見《白虎通·爵》又《嫁娶》。《古論》「饋孔子豚」,見《釋文》,《魯論》「歸孔子豚」。《古

論》「涅而不緇」，《魯論》「泥而不滓」，見《史記‧屈原賈生傳》及《後漢書‧隗囂傳》；又《隸釋‧費鳳別碑》「泥」作「𡍩」，《隸續‧廷尉仲定碑》「滓」作「宰」。《古論》「苟患失之，無所不至矣」，《魯論》「苟患失之，亡所不至」，見《漢書‧朱雲傳》。《古論》「古之矜也廉」，《魯論》「古之矜也忿」，見《釋文》。《古論》：「天何言哉！天何言哉！」《魯論》：「夫何言哉！夫何言哉！」見《釋文》。《古論》「夫三年之喪，天下之通義也」，見《仲尼弟子傳》，《魯論》「夫三年之喪，天下之通喪也」。《古論》「惡果敢而窒者」，《魯論》「惡果敢而室者」，見《釋文》。《古論》「惡徼以為知者」，《魯論》「惡絞以為知者」，見《釋文》。《古論》「齊人饋女樂」，見《釋文》，《魯論》「齊人歸女樂」。《古論》「往者不可諫兮，來者猶可追也」，見《孔子世家》，《魯論》「往者不可諫也，來者猶可追也」，今本無兩「也」字。《古論》「已而已而，今之從政者殆而」，《魯論》「期斯已矣，今之從政者殆」，見《釋文》。《古論》「悠悠者天下皆是也」，見《孔子世家》及《文選》、《晉紀總論》注，《魯論》「滔滔者天下皆是也」。《古論》「朱張」，《魯論》「侏張」，見《釋文》。《古論》「行中清」，見《孔子世家》，《魯論》「身中清」。《古論》「廢中權」，《魯論》「發中權」，見《釋文》。《古論》「百工居肆以成其事」，《魯論》「百工居肆以致其事」，見《白虎通‧辟雍》。《古論》「君子之道，焉可誣也」，《魯論》「君子之道，焉可憮也」，見《漢書‧薛宣傳》。《古論》：「陳子禽問子貢曰：『仲尼焉學？』」見《仲尼弟子傳》，《魯論》：「衛公孫朝問於子貢曰：『仲尼焉學？』」《古論》「敢昭告於皇皇后帝」，《魯論》「敢昭告於皇天上帝」，見《白虎通‧三軍》。《古論》有「孔子曰：『不知命，無以為君子也』」一章，《魯論》無。《魯論》有「父在觀其志」一章，《古論》亦無之。**凡六經皆有古今文，古文多假借，今文多正字，必取而參觀之，乃得兩通**。往往今文家不知古義，古文家鄙棄今學，左右佩劍各執一偏，皆非也。

【探源】《經義雜記》卷二「《論語》古文今文」：

【A】《釋文序錄》云：「張禹受《魯論》於夏侯建，又從庸生、王吉受《齊論》，……號曰『張侯論』，……後漢包咸、周氏並為章句，列於學官。」……魏吏部尚書何晏集孔安國、包咸、周氏、馬融、鄭玄、陳群、王肅、周生烈之說……據此，則張侯《論語》已不全為《魯論》……鄭康成就包、周之本以《齊論》、《古論》校正之，凡五十事，則鄭本《論語》又參合《古》、《魯》、《齊》三書定之，非

張、包、周之舊矣。何晏所集七家內，孔安國、馬融蓋純乎古文，餘則三家並有。然鄭君校從《古論》，有注以識別，使後人可考。何晏就三家本……頗為改易。……今據何氏以前書，略為分別之。……《古論語》「傳不習乎」，《魯論語》「專不習乎」(《釋文》。下凡見《釋文》者皆不注所本)。《古論語》「未若貧而樂道」(《仲尼弟子傳》)，《魯論語》「未若貧而樂」。

【C】《古論語》「而眾星共之」，《魯論語》「而眾星拱之」。《古論語》「有酒食，先生饌」，《魯論語》「有酒食，先生餕」。《古論語》「哀公問社於宰我」，《魯論語》「哀公問主於宰我」。《古論語》「縱之，純如也」(《孔子世家》)，《魯論語》「從之，純如也」。《古論語》「無適也」，《魯論語》「無敵也」。《古論語》「可使治其賦也」，《魯論語》「可使治其傅也」。《古論語》「夫子之言天道與性命，弗可得聞也已」(《孔子世家》)，《魯論語》「夫子之言性與天道，不可得而聞已矣」(《漢書‧眭兩夏侯京翼李傳贊》)。《古論語》：「未知，焉得仁？」《魯論語》：「未智，焉得仁？」(《漢書‧古今人表》、《論衡‧問孔》、《中論‧智行》，下句同。)《古論語》「崔子弒其君」，《魯論語》「高子弒其君」。《古論語》「吾不知所以裁之」(《孔子世家》)，《魯論語》「不知所以裁之」。《古論語》：「命也夫！斯人也而有斯疾，命也夫！」(《仲尼弟子傳》)《魯論語》：「命矣夫！斯人也而有斯疾也，斯人也而有斯疾也！」《古論語》「文質彬彬」，《魯論語》「文質份份」(《說文‧人部》)。《古論語》「夫子矢之曰：『予所否者』」，《魯論語》「夫子矢之曰：『予所鄙者』」(《論衡‧問孔》)。《古論語》「子之燕居」，《魯論語》「子之宴居」。

【E】《古論語》「吾未嘗無誨焉」，《魯論語》「吾未嘗無悔焉」。《古論語》「假我數年」(《孔子世家》)，《魯論語》「加我數年」。《古論語》「五十以學《易》，可以無大過矣」，《魯論語》「五十以學，亦可以無大過矣」。《古論語》「其為人也，學道不倦，誨人不厭，發憤忘食，樂以忘憂」(《孔子世家》)，《魯論語》「其為人也，發憤忘食，樂以忘憂」。《古論語》「多見而識之，知之次也」，《魯論語》「多見而志之，知之次也」(《白虎通‧禮樂》)。《古論語》「揖巫馬旗而進之」(《仲尼弟子傳》)，《魯論語》「揖巫馬期而進之」。《古論語》「正

唯弟子不能學也」,《魯論語》「誠唯弟子不能學也」。《古論語》「君子坦蕩蕩」,《魯論語》「君子坦湯湯」。《古論語》「民無得而稱焉」,《魯論語》「民無德而稱焉」(《釋文》、《後漢書·丁鴻傳論》)。《古論語》「巍巍乎,舜禹之有天下也而不與焉」,《魯論語》「巍巍乎,舜禹之有天下也而不預焉」(《白虎通·聖人》)。《古論語》「空空如也」,《魯論語》「悾悾如也」。《古論語》「弁衣裳者」,《魯論語》「緅衣裳者」。《古論語》「夫子循循然善誘人」,《魯論語》「夫子恂恂然善誘人」(《後漢書·張壹傳》、趙岐《孟子章指》)。《古論語》「沽之哉,我待賈者也」,《魯論語》「賈之哉,我待價者也」(《白虎通·商賈》)。《古論語》「孔子於鄉黨,恂恂如也」,《魯論語》「孔子於鄉黨,逡逡如也」(《孔子世家索隱》、《隸釋·山陽太守祝睦後碑》)。《古論語》「辯辯言,唯謹爾」,《魯論語》「便便言,唯謹爾」。《古論語》「朝與上大夫言,誾誾如也。與下大夫言,侃侃如也」(《孔子世家》),《魯論語》「朝與下大夫言,侃侃如也。與上大夫言,誾誾如也」。《古論語》「執圭,鞠躬如也」,《魯論語》「執圭,鞠窮如也」(《儀禮·聘禮注》)。《古論語》「上如揖,下如授」,《魯論語》「上如揖,趨如授」。《古論語》「不使勝食既」(《說文·皀》),《魯論語》「不使勝食氣」。《古論語》「雖疏食菜羹瓜,祭必齊如也」,《魯論語》「雖疏食菜羹,必祭,必齊如也」。《古論語》「鄉人儺」,《魯論語》「鄉人獻」。《古論語》「君賜生」,《魯論語》「君賜牲」。《古論語》「見弁者」,《魯論語》「見緅者」。《古論語》「朋友死無所歸,曰:『於我殯。』」《魯論語》「朋友無所歸,生於我乎館,死於我乎殯」(《白虎通·三綱六紀》)。

【G】《古論語》「車中不內顧」,《魯論語》「車中內顧」。《古論語》「德行:顏淵、閔子騫、冉伯牛、仲弓。政事:冉有、季路。言語:宰我、子貢。文學:子游、子夏。」(《仲尼弟子傳》)《魯論語》「德行:顏淵、閔子騫、冉伯牛、仲弓。言語:宰我、子貢。政事:冉有、季路。文學:子游、子夏。」《古論語》「南容三復白珪」(《仲尼弟子傳》),《魯論語》「南容三復白圭」。《古論語》「仍舊貫」,《魯論語》「仁舊貫」。《古論語》「師也辟,參也魯,柴也愚,由也喭」,《魯論語》「柴也愚,參也魯,師也辟,由也喭」。《古論語》「無吾

以也。」《魯論語》「無吾已也」。《古論語》「因之以飢饉」，《魯論語》「因之以飢饉」。《古論語》「詠而饋」，《魯論語》「詠而歸」。《古論語》「吾與蟁也」（《說文‧蟁》……《仲尼弟子傳》作「箴」字。……），《魯論語》「吾與點也」。《古論語》「仲弓問政」（《仲尼弟子傳》），《魯論語》「仲弓問仁」。《古論語》「片言可以折獄者」，《魯論語》「片言可以制獄者」（《廣雅一‧釋詁》……）。《古論語》「子之迂也」，《魯論語》「子之於也」。《古論語》「夫君子為之必可名，言之必可行」（《孔子世家》），《魯論語》「故君子名之必可言也，言之必可行也」。《古論語》「吾黨有直躬者」，《魯論語》「吾黨有直弓者」。《古論語》「硜硜然小人哉」，《魯論語》「悻悻然小人哉」（《孟子‧公孫丑下》注）。《古論語》「朋友切切節節，兄弟熙熙」（《毛詩‧伐木》傳），《魯論語》「朋友切切偲偲，兄弟怡怡」。《古論語》「子貢方人」，《魯論語》「子貢謗人」。《古論語》「有荷臾而過孔氏之門者」（《說文‧艸部》），《魯論語》「有荷蕢而過孔氏之門者」。《古論語》「高宗諒陰三年」，《魯論語》「高宗諒闇三年」（鄭注本，又《公羊傳》文九年注）。《古論語》「在陳絕糧」，《魯論語》「在陳絕粮」。《古論語》「小人窮斯嬐矣」（《說文‧女部》），《魯論語》「小人窮斯濫矣」。《古論語》「工欲善其事，必先利其器」，《魯論語》「工欲善其事，必先厲其器」（《漢書‧梅福傳》）。《古論語》「好行小慧」，《魯論語》「好行小惠」。《古論語》「友諞佞」（《說文‧言部》），《魯論語》「友便佞」。《古論語》「言未及之而言謂之躁」，《魯論語》「言未及之而言謂之傲」。《古論語》「邦君之妻」，《魯論語》「國君之妻」（《白虎通‧嫁娶》兩引）。《古論語》「邦人稱之曰君夫人」，《魯論語》「國人稱之曰君夫人」（《白虎通‧爵》又《嫁娶》）《古論語》「饋孔子豚」，《魯論語》「歸孔子豚」。《古論語》「涅而不緇」，《魯論語》「泥而不滓」（《史記‧屈原賈生傳》……，《後漢書‧隗囂傳》……，又《隸釋‧費鳳別碑》「埿而不滓」，《隸續‧廷尉仲定碑》「泥而不宰」……）《古論語》「苟患失之，無所不至矣」，《魯論語》「苟患失之，亡所不至」（《漢書‧朱雲傳》）。《古論語》「古之矜也廉」，《魯論語》「古之矜也貶」。《古論語》：「天何言哉！天何言哉！」《魯論語》：「夫何言哉！夫何言哉！」《古論語》「夫三年之喪，天下之通

義也」(《仲尼弟子傳》),《魯論語》「夫三年之喪,天下之通喪也」。
《古論語》「惡果敢而室者」,《魯論語》「惡果敢而室者」。《古論語》
「惡徼以為知者」,《魯論語》「惡絞以為知者」。《古論語》「齊人饋
女樂」,《魯論語》「齊人歸女樂」。《古論語》「往者不可諫兮,來者
猶可追也」(《孔子世家》……),《魯論語》「往者不可諫也,來者猶
可追也」(今本無二「也」……)。《古論語》「已而已而,今之從政
者殆而」,《魯論語》「期斯已矣,今之從政者殆」。《古論語》「悠悠
者天下皆是也」(《史記·孔子世家》、《文選》、《晉紀總論》注),
《魯論語》「滔滔者天下皆是也」。《古論語》「朱張」,《魯論語》「侏
張」。《古論語》「行中清」(《孔子世家》),《魯論語》「身中清」。
《古論語》「廢中權」,《魯論語》「發中權」。《古論語》「百工居肆以
成其事」,《魯論語》「百工居肆以致其事」(《白虎通·辟雍》)。《古
論語》「君子之道,焉可誣也」,《魯論語》「君子之道,焉可憮也」
(《漢書·薛宣傳》)。《古論語》:「陳子禽問子貢曰:『仲尼焉學?』」
(《仲尼弟子傳》)《魯論語》:「衛公孫朝問於子貢曰:『仲尼焉
學?』」《古論語》「敢昭告於皇皇后帝」,《魯論語》「敢昭告於皇天
上帝」(《白虎通·三軍》)。《古論語》有「孔子曰:『不知命,無以
為君子也。……』」,《魯論語》無此章。《魯論語·衛靈公》有「子
曰:『父在觀其志,父沒觀其行』」,《古論語》無此章。凡六經古今
文,不可偏執。古文多假借,今文多正字……漢儒今文家不知古義,
古文家鄙棄今學。

B 抄自《經義雜記》卷十六「患不知也」:

　　《論語·學而》:「子曰:『不患人之不己知,患不知人也。』」
《釋文》作「患不知也」。

D 抄自《經義雜記》卷七「吾不夢見周公」:

　　《論語·述而》:「……久矣吾不復夢見周公。」《釋文》:「……
本或無復字,非。」案《集解》載孔注云:「孔子衰老,不復夢見周
公。」據陸氏所見本,知經無復字,乃後人援注所增。

F 抄自《經義雜記》卷十七「居不客」:

　　《論語·鄉黨》:「寢不尸,居不容。」《釋文》云:「居不客,
苦百反,本或作容,羊凶反。」

【小結】此條抄自《經義雜記》卷二「《論語》古文今文」條、卷七「吾不夢見周公」條、卷十六「居不客」條、「患不知也」條。A、C、E、G段抄自「《論語》古文今文」條，B段抄自「患不知也」條，D段抄自「吾不夢見周公」條，F段抄自「居不客」條。作偽方式有三：第一，點竄字句；第二，改變順序，第三，增加句子。所謂「必取而參觀之，乃得兩通……左右佩劍各執一偏，皆非也」，可見王氏還善於搞折衷。

5.《論語》衍文

【A】《論語・雍也》篇：「子曰：『君子博學於文。』」《釋文》云：「君子博學於文。一本無『君子』。」後《顏淵》篇此章再見，正本無「君子」，《釋文》又一本作「君子博學於文」。《正義》曰：「或本亦有作『君子博學於文』，後人加也。」【B】《泰伯》篇：「予有亂臣十人。」《釋文》云：「『予有亂十人』，本或作『亂臣十人』，非。」據《釋文》知古本《論語》本無「臣」字。馬、鄭以十人為文母等，劉原父遂謂子無臣母之義，改為邑姜。（【C】《集注》所引「劉侍講曰」者，即劉敞《七經小傳》之說也。敞在北宋，閉戶窮經，不入伊洛之派，講學家多不知其名。）其實唐石經《論語》尚無「臣」字，今有者，後人加也。【D】《鄉黨》篇：「沒階趨進，翼如也。」《釋文》作「沒階趨」，云一本作「沒階趨進」，誤也。《集注》引陸氏曰：「趨下本無『進』字，俗本有之，誤。」案《史記・孔子世家》作「沒階趨進」。《儀禮・聘禮》注引《論語》同。《曲禮》：「帷薄之外不趨。」《正義》引《論語》、《儀禮・士相見》疏引《論語》並有「進」字，是自兩漢以至唐初皆作「沒階趨進」。舊本有此字，陸本無之，或別有據，尚非衍也。【E】若「朝服而立於阼階」，《釋文》：「於阼，才故反，本或作『於阼階』。」據《釋文》知古本無「階」字。孔安國云：「朝服而立於廟之阼階。」蓋因注誤衍也。案《禮記・郊特牲》：「鄉人禓，孔子朝服立於阼。」注：「禓，或作儺。」知《禮記》與《論語》同，亦無「階」字也。【F】《衛靈公》篇：「子曰：『義以為質，禮以行之，孫以出之，信以成之，君子哉！』」《釋文》云：「義以為質，一本作『君子義以為質』。」鄭本略同。據《釋文》知古本無「君子」。鄭康成注本同為一本。今本有者，係衍文也。蓋先言「義以為質」四句，然後言「君子哉」，不當先言「君子」可見也。

【探源】A段抄自《經義雜記》卷十七「雍也博學於文」：

《論語‧雍也》:「子曰:『君子博學於文,約之以禮,亦可以弗畔矣夫。』」《釋文》云:「君子博學於文,一本無『君子』字。」……後《顏淵》篇此章再見,正本皆無「君子」字。……顏淵篇《釋文》云:「博學於文,一本作『君子博學於文』。」《正義》曰:「或本亦有作『君子博學於文』,蓋皆後人所加。」

D 段抄自《經義雜記》卷二十七「沒階趨進」:

《鄉黨》「沒階趨進,翼如也」,《釋文》作「沒階趨」,云一本作「沒階趍進」,誤也。《集注》引陸氏曰:「趨下本無『進』字,俗本有之,誤。」案《史記‧孔子世家》作「沒階趨進」。《儀禮‧聘禮》注引《論語》同。《曲禮》:「帷薄之外不趨。」《正義》引《論語》、《儀禮‧士相見禮》疏引《論語》並有「進」字。……然則自兩漢以至唐初皆作「沒階趨進」。……舊有此字,非誤,乃陸本無之。

F 段抄自《經義雜記》卷十七「子曰義以為質」:

《論語‧衛靈公》:「子曰:『君子義以為質,禮以行之,孫以出之,信以成之,君子哉!』」《釋文》云:「『義以(此二字舊脫)為質』一本作『君子義以為質』。」鄭本略同。據此知陸氏所從古本作「子曰:『義以為質』」,無「君子」二字。鄭康成注本同一本。有者係衍文。蓋先說「義以為質」四句,然後言「君子哉」明,不當先言「君子也」。

E 段抄自《經義雜記》卷六「朝服而立於阼」:

《論語‧鄉黨》:「朝服而立於阼階。」案《釋文》:「於阼,才故反,本或作『於阼階』。」知古本無「階」字。孔安國云:「朝服而立於廟之阼階。」蓋因注誤衍也。《禮記‧郊特牲》:「鄉人禓,孔子朝服立於阼。」注:「禓,或為儺。」〔註2〕知《禮記》文與《論語》同,亦無「階」字。

B 段抄自吳騫(1733~1813)《皇氏論語義疏參訂》卷四「舜有臣五人章」:

〔註2〕 【禓】古指強死鬼。亦指驅逐強死鬼之祭。《禮記‧郊特牲》:「鄉人禓。」漢鄭玄注:「禓,強鬼也。謂時儺,索室驅疫,逐強鬼也。禓或為獻,或為儺。」唐陸德明《經典釋文》:「禓,音傷,鬼名也。」章太炎《訄書‧原教上第四十七》:「況其內容,與民間宗教附麗者,往往而有。若景教以使徒為守護神,或為驅除癘疫者,中夏之所謂禓也。」

劉原父謂子無臣母之義，改為邑姜。其實唐石經《論語》尚無「臣」字，紛紛改竄，皆為偽書所誤也。

C 段抄自《四庫全書總目》卷三十六經部三十六《四書通》提要：

然如《集注》以「有婦人焉」為邑姜，所引「劉侍讀曰」者，即劉敞《七經小傳》之說也。……蓋敞在北宋，閉戶窮經，不入伊洛之派，講學之家惡其不相攀，附遂無複道其姓名者。

【小結】此條作偽方法有三：第一，點竄字句；第二，增加句子；第三，抄自多書——A 段抄自《經義雜記》卷十七「雍也博學於文」條、D 段抄自卷二十七「沒階趨進」條、E 段抄自卷六「朝服而立於阼」條、F 段抄自「子曰義以為質」條，B 段抄自《皇氏論語義疏參訂》卷四「舜有臣五人章」，C 段抄自《四庫全書總目》卷三十六《四書通》提要。

6. 王充、高誘解《論語》

【A】案《論衡·問孔》云：「武伯善憂父母，故曰：『父母唯其疾之憂。』」又《淮南子·說林》云：「憂父母之疾者子，治之者醫。」高注云：「《論語》曰：『父母唯其疾之憂。』故曰『憂之者子』。」是王充、高誘皆以為人子憂父母之疾為孝。蓋人子事親，萬事皆可無憂，唯父母有疾獨為憂之，所不容已耳。乃《集解》引馬融曰：「言孝子不妄為非，唯有疾病，然後使父母之憂耳。」如其說，則是夫子告武伯者止是餘意，其正意反在言外。聖人告人，從未有若是之隱約其辭者，王、高二氏之解，文從義順，較馬說為長也。

【B】案《論衡·命義》云：「子夏曰：『死生有命，富貴在天。』而不曰『死生在天，富貴有命』者何？則死生者，以性為主，無象在天，稟得堅強之性，則氣渥厚而體堅強，堅強則壽命長，壽命長則不夭死。稟性軟弱者，氣少泊而性羸窳，羸窳則壽命短，短則早死。故言有命，命則性也。至於富貴所稟，猶性所稟之氣，得眾星之精。眾星在天，天有其象。得富貴象則富貴，得貧賤象則貧賤，故曰『在天』。在天如何？天有百官，有眾星。天施氣而眾星布精，天所施氣，眾星之氣在其中矣。人稟氣而生，含氣而長，得貴則貴，得賤則賤。貴或秩有高下，富或貲有多少，皆星位尊卑大小之所授也。」此解亦精確，始若詭異，終有理實。【C】蓋仲任質性雖敏，學力未純，故《問孔》、《刺孟》，每逞臆見。若《明雩》、《順鼓》，正說書解，略得經子端緒，兼存漢儒舊義，頗足取焉。

【探源】A 段抄自《經義雜記》卷五「父母唯其疾之憂」：

　　《集解》：「馬融曰：言孝子不妄為非，唯有疾病，然後使父母之憂耳。」案《論衡‧問孔》云：「武伯善憂父母，故曰：『唯其疾之憂。』」又《淮南子‧說林》：「憂父之疾者子，治之者醫。」高注云：「《論語》曰：『父母唯其疾之憂。』故曰『憂之者子』。」則王充、高誘皆以為人子憂父母之疾為孝。

　　……案如馬義，則夫子所告武伯者止是餘論，其正意反在言外。聖人之告人，未有隱約其詞若此者。……惟王、高二氏說，文順義洽。

　　蓋人子事親，萬事皆可無慮，唯父母有疾獨為憂之，所不容已。

B 段抄自《經義雜記》卷十二「死生有命說」：

　　《論衡‧命義》云：「子夏曰：『死生有命，富貴在天。』而不曰『死生在天，富貴有命』者何？則死生者，以性為主，無象在天，稟得堅強之性，則氣渥厚而體堅強，堅強則壽命長，壽命長則不夭死。稟性軟弱者，氣少泊而性羸窳，羸窳則壽命短，短則蚤死。故言有命，命則性也。至於富貴所稟，猶性所稟之氣，得眾星之精。眾星在天，天有其象。得富貴象則富貴，得貧賤象則貧賤，故曰『在天』。在天如何？天有百官，有眾星。天施氣而眾星布精，天所施氣，眾星之氣在其中矣。人稟氣而生，含氣而長，得貴則貴，得賤則賤。貴或秩有高下，富或貲有多少，皆星位尊卑小大之所授也。」此解亦精鑿。

C 段抄自《經義雜記》卷十六「王充《論衡》」：

　　《問孔》、《刺孟》，語多有得罪名教者。蓋（王）充資性雖敏，學力未深，故據其臆見。……若《明雩》、《順鼓》，正說書解，略得經子端緒，兼存漢儒舊義。

　　【小結】此條抄自《經義雜記》卷五「父母唯其疾之憂」條、卷十二「死生有命說」條、卷十六「王充《論衡》」條。A 段抄自《經義雜記》卷五「父母唯其疾之憂」條，B 段抄自卷十二「死生有命說」條，C 段抄自卷十六「王充《論衡》」條。作偽方式有二：第一，點竄字句；第二，增加觀點句——「較馬說為長也」，「始若詭異，終有理實」，「頗足取焉」。

7.《論語》異解

　　【A】《論語》自二程、橫渠、楊、謝諸儒互相發明，而後《論語》之義

明。【B】自朱子本先儒之學以發揮經旨，採攝菁華，撰成《集注》。而後《論語》之義定。乃當時諸家，或別分指歸，斷以己說，亦往往不能無異解焉。【C】如蘇軾解「請討陳恒」，謂能克田氏則三桓不治而自服，孔子欲藉此以張公室。蘇轍則謂雖知其無益，而欲明君臣之義。軾解「子見南子」及「齊人歸女樂」，謂靈公未受命者故可，季桓子已受命者故不可。轍則謂諸侯之如靈公者多，不可盡去。齊間孔子，魯君臣已受其餌，孔子不去則坐受其禍。軾解「泰伯至德」，謂泰伯不居其名，故亂不作；魯隱、宋宣取其名，故皆被其禍。轍則謂魯之禍始於攝，宋之禍成於好戰，皆非讓之過。是轍說較軾為長。【D】若陳祥道解「躬自厚而薄責於人」，則引《鄉飲酒》之義以明之。「師冕見」則引禮「待瞽者如老者」之義以明之。至「臧文仲居蔡」，則云「冀北多良馬稱冀，瀘水之黑稱盧，蔡出寶龜稱蔡。」「《關雎》之亂」，則云：「治污謂之污，治弊謂之弊，治荒謂之荒，治亂謂之亂。」祥道比附安石，故未免創立別解。

【E】鄭汝諧解衛靈公問陳非不可對，乃有託而行；解子賤為人沉厚簡默，非魯多君子，不能取其君子。鄭學雖出伊洛，而其說頗異朱子。至以「使民戰慄」為魯哀公之語，以「見善如不及」二節連下，「齊景公」、「伯夷、叔齊」為一章，更謬矣。【F】蔡節解「賢賢易色」，謂賢人之賢為之改容更貌。「攻乎異端」，謂攻為攻擊、害為反貽吾道之害。（即鄭汝諧說。）「知其說者之於天下也」，謂知魯之僭禘則名正、名正而天下不難治。「無所取材」，謂無所取桴材。（即鄭玄說。）「不有祝鮀之佞」三句，謂美色尚不足以免禍，惟口才乃可免。「不圖為樂之至於斯也」，謂《韶》本揖遜之樂，今乃至於齊國。（亦鄭汝諧說。）「五十以學易」，謂夫子是時年未五十，故云加年。「互鄉童子」章，不作錯簡。「不至於穀」，謂三年不能至於善，則所學已難於有得。「沒階趨進」，謂「進疑作退」。「雖蔬食菜羹瓜祭」，謂瓜如字，以祭字屬下讀。「三嗅而作」，謂「嗅」疑作「歡」。（即徐積說。）「冉有退朝」，謂朝為從季氏至魯君之朝。「不恒其德」一節，謂別為一章。「曰今之成人者何必然」，謂為子路之言。「有馬者借人乘之」，謂即史之闕文。「齊景公有馬千駟」章，連上為一章。（即鄭汝諧、錢時二家之說。）「太師摯適齊」章，謂魯君荒於女樂，故樂官散去。其中惟「太師摯」一條可備一解，餘皆穿鑿不根矣。朱子注《易》、注《詩》容有遺議，至《論語集注》，平生精力具在於斯，諸家務與立異，則惑之甚者也。

【探源】A段抄自《四庫全書總目》卷三十五《論語意原》提要：

二程、橫渠、楊、謝諸公互相發明，然後《論語》之義顯。……以求其指歸。既斷以己說。

B 段抄自《四庫全書總目》卷三十五《論孟精義》提要：

蓋本程氏之學以發揮經旨。其後採摭菁華，撰成《集注》。

C 段抄自《四庫全書總目》卷三十五《論語拾遺》提要：

「請討陳恒」一章，軾以為能克田氏則三桓不治而自服，孔子欲藉此以張公室。轍則以為雖知其無益，而欲明君臣之義。「子見南子」及「齊人歸女樂」二章，軾以為靈公未受命者故可，季桓子已受命者故不可。轍則以為諸侯之如衛靈公者多，不可盡去。齊間孔子，魯君大夫已受其餌，孔子不去則坐受其禍。「泰伯至德」一章，軾以為泰伯不居其名，故亂不作；魯隱、宋宣取其名，是以皆被其禍。轍則以為魯之禍始於攝，宋之禍成於好戰，皆非讓之過。其說皆較軾為長。

D 抄自《四庫全書總目》卷三十五《論語全解》提要：

如解「躬自厚而薄責於人」章，則引《鄉飲酒》之義以明之。解「師冕見」章，則引禮「待瞽者如老者」之義以明之。……又如「臧文仲居蔡」章，則云「冀多良馬稱驥，瀘水之黑稱盧，蔡出寶龜稱蔡」。於「《關雎》之亂」章，則云：「治污謂之污，治弊謂之弊，治荒謂之荒，治亂謂之亂。」此類俱不免創立別解。

E 段抄自《四庫全書總目》卷三十五《論語意原》提要：

真德秀序，稱其學出於伊、洛，然所說頗與朱子《集注》異。如以衛靈公問陳非不可對，乃有託而行。以子賤為人沉厚簡默，非魯多君子，不能取其君子。皆足以備一解。至以「使民戰慄」為魯哀公之語，以「見善如不及」二節連下，「齊景公」、「伯夷叔齊」為一章，則大奇矣。

F 段抄自《四庫全書總目》卷三十五《論語集說》提要：

如「賢賢易色」，謂賢人之賢為之改容更貌。「攻乎異端」，謂攻為攻擊，害為反貽吾道之害。（案此鄭汝諧之說。）「知其說者之於天下也」，謂知魯之僭禘則名正，名正而天下不難治；「無所取材」謂無所取桴材。（案此鄭玄之說。）「不有祝鮀之佞」三句，謂美色尚不足以免禍，惟口才乃可免。「不圖為樂之至於斯也」，謂韶本揖

遜之樂，今乃至於齊國。（案此亦鄭汝諧之說。）「五十以學易」，謂夫子是時年未五十，故云加年。「互鄉童子」一章，不作錯簡。「不至於穀」謂三年不能至於善，則所學已難乎有得。「沒階趨進」，謂「進疑作退」。「雖疏食菜羹瓜祭」，謂瓜為如字，以祭字屬下句。「三嗅而作」，謂「嗅」疑作「歎」。（案此徐積之說。）「冉有退朝」，謂朝為從季氏至魯君之朝。「不恆其德」一節謂別為一章。「曰今之成人者何必然」，謂為子路之言。「有馬者借人乘之」，謂即史之闕文。「齊景公有馬千駟」章，連上為一章。（案此鄭汝諧、錢時二家之說。）「太師摯適齊」一章，謂魯君荒於女樂，故樂官散去。其中惟「太師摯」一章可備一說，餘皆牽強穿鑿。蓋朱子於注《易》、注《詩》，誠不免有所遺議。至於《論語集注》，則平生精力具在於斯，其說較他家為確務與立異，反至於不中理也。

【小結】此條用捏合法，分別抄自《四庫全書總目》卷三十五《論語拾遺》提要、《論孟精義》提要、《論語集說》提要、《論語全解》提要、《論語意原》提要。作偽方式有二：第一，點竄字句；第二，增加觀點句——「亦往往不能無異解焉」，「鄭學雖出伊洛，而其說頗異朱子……則更謬矣」，「則惑之甚者也」。

8.《中庸》、《大學》注

【A】《漢書·藝文志》有《中庸說》二篇，顏師古注云：「今《禮記》有《中庸》一篇，亦非本禮經。」【B】《隋書·經籍志》載梁武帝《中庸講疏》一篇，【C】《舊唐書》載戴顒《禮記中庸傳》二卷，皆久佚不傳。惟《大學》自唐以前無別行之本。【D】然《書錄題解》載司馬光有《大學廣義》一卷、《中庸廣義》一卷，是在二程以前，非自洛閩諸儒始為表章也。特其論說之詳，則自二程始定耳；朱子分別經傳，訂其舊次，補其闕文，《中庸》亦不從鄭注分節，故均謂之「章句」。【E】復作《或問》，以申明之。至若張九成《中庸說》、《大學說》，陽儒陰釋，已為朱子所譏。即呂氏《大學解》，朱子亦謂其未能不惑於二氏之說。楊中立、晁以道、游定夫《中庸》皆各有解，郭忠孝有《燕山中庸說》，項安世亦有《中庸說》，而石𡼖更集周子、二程子、張子及呂大臨、謝良佐、游酢、楊時、侯仲良十家之說，謂之《集解》，【F】朱子為作序，稱其「謹密詳審」。後朱子作《中庸章句》，因更為刪定，更名《輯略》，而仍以

《集解》原序冠之。今是編漸晦，【H】惟散見於《大全》耳。《禮記·中庸》第三十一，《大學》第四十二，今《四書》列《大學》於《中庸》之前者，蓋《大學》乃曾子之言，而《中庸》則子思之筆也。

【探源】A、C、E、H皆抄自《韓門綴學》卷一「《中庸》、《大學》注」：

> 《漢書·藝文志》有《中庸說》二篇，顏師古注曰：「今《禮記》有《中庸》一篇，亦非本禮經。」

> 《舊唐書》載戴顒《禮記中庸傳》二卷，久已無傳。

> 朱子《集注》之外更有《或問》。至若張無垢（九成）《中庸說》、《大學說》，則陽儒陰釋，為朱子所譏者也。其獨注一篇者《大學》有《呂氏大學解》，朱子謂其未能不惑於浮屠、老子之說。……又楊中立、晁以道、游定夫三家各有解，郭立之（忠孝）有《燕山中庸說》，項平父（安世）亦有《中庸說》，而石子重（𡐔）更集周子、二程、張、呂（大臨）、謝（良佐）、遊（酢）、楊（時）、侯（仲良）十家之說，謂之《集解》。

> 餘但散見於《大全》耳。《禮記·中庸》第三十一，《大學》第四十二，四書列《大學》於《中庸》之前者，蓋《大學》乃曾子之言，而《中庸》則子思之筆也。

B、D皆抄自《四庫全書總目》卷三十五：《大學章句、論語集注、孟子集注、中庸章句》提要：

> 戴顒《中庸傳》二卷梁武帝《中庸講疏》一卷見《隋書·經籍志》。

> 惟大學自唐以前無別行之本。然《書錄解題》載司馬光有《大學廣義》一卷、《中庸廣義》一卷，已在二程以前。均不自洛閩諸儒始為表章。特其論說之詳，自二程始。……朱子則分別經傳，顛倒其舊次，補綴其闕文。《中庸》亦不從鄭注分節，故均謂之「章句」。

F抄自《四庫全書總目》卷三十五經部三十五《中庸輯略》提要：

> 朱子為作序，極稱其「謹密詳審」。越十有六年，淳熙己酉，朱子作《中庸章句》，因重為刪定，更名《輯略》。而仍以《集解》原序冠其首。

【小結】此條用捏合法，分別抄自《四庫全書總目》卷三十五《大學章句·論語章句·孟子章句·中庸章句》提要、《中庸輯略》提要、清汪師韓《韓門

綴學》卷一「《中庸》、《大學》注」條。作偽方式有三：第一，點竄字句；第二，增加句子；第三，抄自多書，A、C、E、H 段抄「《中庸》、《大學》注」條，B、D 段抄《大學章句‧論語集注‧孟子集注‧中庸章句》提要，F 段抄《中庸輯略》提要。

9. 趙岐注《孟子》

【A】《孟子注》為岐避難北海時，在孫賓家夾柱中所作者。漢儒注經，多明訓詁名物，此惟箋釋文句，頗似後世口義，與古學稍疏。然邠卿，漢人，去古為近，取擇必真。【B】如「齊人伐燕」章、「宋小國」章、「我善為陳」章、「西夷怨北夷怨」，趙注上下皆作「夷」。魏晉人採《孟子》作《尚書》改「北夷」為「北狄」。【C】又《滕文公下》「有攸不惟臣」，趙注訓「惟」為「念」，【D】《盡心下》「夫子之設科也」，趙注：「孟子曰：『夫我設教授之科。』」蓋因經省「曰」字，故特下「孟子曰」以補之。【E】又萬子曰：「鄉人皆稱原人焉。」趙注：「萬子，萬章也。」【F】北宋撰《正義》時猶如此，不知何時皆改從今文，尚賴趙注得見古本。惟謂宰予、子貢、有若緣孔子聖德高美而盛稱之，孟子知其太過，故貶謂之污下之類，殊覺紕繆。以屈原憔悴為徵於色，以寧戚扣角為發於聲，比擬亦覺不類。至於以盆成括、高子、告子為學於孟子，以季孫子叔為二弟子，以折枝為按摩之類，朱子作《孟子集注》、《或問》皆不從其說，餘多取之。蓋注《孟子》者，漢有劉熙，梁有綦母邃，今皆不存。趙注雖未盡精密，而開闢荒蕪，究是漢儒古注，不可廢也。

【G】案胡虔《拾遺錄》據李善《文選》注引《孟子》曰：「墨子兼愛，摩頂致於踵。」趙岐曰：「致，至也。」今本作「摩頂放踵」，是經文誤刊，而注文尚未改也。蓋今本與唐本不同，今證以孫奭《音義》所音，岐注亦多不相應。【H】朱子《論孟集注》頗取古注。如《論語》「瑚璉」一條與《明堂位》不合，《孟子》「曹交」一條與《春秋傳》不合，不知「瑚璉」用包咸注，「曹交」用趙岐注也。又如「夫子之牆數仞」注「七尺曰仞」，「掘井九仞」注「八尺曰仞」，似覺矛盾，不知七尺用包咸注，八尺用趙岐注也。

【探源】《四庫全書總目》卷三十五《孟子正義》提要：

　　【A】是注即岐避難北海時，在孫賓家夾柱中所作。漢儒注經，多明訓詁名物。惟此注箋釋文句，乃似後世之口義，與古學稍殊。

　　【F】如謂宰子、子貢、有若緣孔子聖德高美而盛稱之。孟子知

其太過，故貶謂之污下之類。紕繆殊甚。以屈原憔悴為徵於色，以寧戚扣角為發於聲之類。亦比擬不倫。然朱子作《孟子集注》、《或問》，於岐說不甚掊繫。至於書中人名，惟盆成括、告子不從其學於孟子之說，季孫子叔不從其二弟子之說，餘皆從之。書中字義，惟折枝訓按摩之類不取其說，餘亦多取之。蓋其說雖不及後來之精密，而開闢荒蕪，俾後來得循途而深造，其功要不可泯也。

【G】胡爌《拾遺錄》，據李善《文選》注引《孟子》曰：「墨子兼愛，摩頂致於踵。」趙岐曰：「致，至也。」知今本經文及注均與唐本不同。今證以孫奭《音義》所音，岐注亦多不相應。

《經義雜記》卷九「《孟子》西夷、北夷」：

【B】「齊人伐燕」章……「宋小國也」章……「我善為陳」章……「南面而征北狄怨，東面而征西夷怨」。……趙注本上下皆作「夷」字。……魏晉間採《孟子》作《尚書》始改「北夷」為「北狄」。

《經義雜記》卷三十「有攸不惟臣」：

【C】《孟子·滕文公下》：……。據此則《孟子》本作「有攸不惟臣」。趙注訓「惟」為「念」。

《經義雜記》卷六「夫予之設科也」：

【D】又「孟子曰：『夫我設教授之科。』」……以經省「曰」字，故趙注特下「孟子曰」以補之。

《經義雜記》卷二十四「萬子曰」：

【E】《孟子·盡心下》：「萬子曰：『一鄉皆稱原人焉。』」趙注：「萬子即萬章也。」

《四庫全書總目》卷三十五《大學章句、論語集注、孟子集注、中庸章句》提要：

【H】《論語》、《孟子》亦頗取古注。如《論語》「瑚璉」一條與《明堂位》不合，《孟子》「曹交」一注與《春秋傳》不合。論者或以為疑。不知「瑚璉」用包咸注，「曹交」用趙岐注。……又如「夫子之牆數仞」注「七尺曰仞」。「掘井九仞」注「八尺曰仞」。論者尤以為矛盾。不知七尺亦包咸注，八尺亦趙岐注也。

【小結】此條用捏合法，抄自《四庫全書總目》卷三十五《孟子正義》提要、《大學章句、論語章句、孟子章句、中庸章句》提要、《經義雜記》卷六「夫

予之設科也」條、卷九「《孟子》西夷北夷」條、卷二十四「萬子曰」條、卷三十「有攸不惟臣」條。作偽方式有三:第一,點竄字句;第二,增加觀點句——「然邠卿,漢人,去古為近,取擇必真」,「北宋撰《正義》時猶如此,不知何時皆改從今文,尚賴趙注得見古本」,「蓋注《孟子》者,漢有劉熙,梁有綦母邃,今皆不存。……究是漢儒古注,不可廢也」;第三,抄自多書,A、F、G 段抄《孟子正義》提要,B 段抄自「《孟子》西夷、北夷」條,C 段抄自「有攸不惟臣」條,D 段抄自「夫予之設科也」條,E 段抄自「萬子曰」條,H 段抄自《大學章句·論語集注·孟子集注·中庸章句》提要。

10. 《孟》疏甚淺陋

【A】《孟子疏》雖題宋孫奭撰,而《朱子語錄》謂邵武士人假託,蔡季通識其人。【B】其疏皆敷衍語氣,如鄉塾講章。故朱子謂其全不似疏體,不曾解出名物制度,只繞纏趙岐之說。至岐注好用古事為比,疏多不得其根據。如注非禮之禮,若陳質娶妻而長拜之。非義之義,若藉交報讎。此誠不得其出典。(藉交報讎,如朱家、郭解之屬。)至於單豹養其內而虎食其外,事出《莊子》,亦不能舉,殊覺弇陋。朱竹垞《經義考》摘其欲見西施者人輸金錢一文事,詭稱《史記》。今考注以尾生為不虞之譽,以陳不瞻為求全之毀,疏亦並稱《史記》。尾生事實見《莊子》,陳不瞻事實見《說苑》,皆《史記》所無,則更為杜撰。【C】案《宋史·邢昺傳》,稱昺於咸平二年,受詔與杜鎬、舒雅、孫奭、李慕清、崔偓佺等校定《周禮》、《儀禮》、《公羊》、《穀梁》、《春秋傳》、《孝經》、《論語》、《爾雅義疏》,不云有《孟子正義》。《涑水紀聞》載奭所定著,有《論語》、《孝經》、《爾雅正義》,亦不云有《孟子正義》。其不出奭手,確然可信矣。

【探源】A、C、B 三段皆抄自《四庫全書總目》卷三十五《孟子正義》提要:

> 其疏雖稱孫奭作,而《朱子語錄》則謂邵武士人假託,蔡季通識其人。
>
> 今考《宋史·邢昺傳》,稱昺於咸平二年,受詔與杜鎬、舒雅、孫奭、李慕清、崔偓佺等校定《周禮》、《儀禮》、《公羊》、《穀梁》、《春秋傳》、《孝經》、《論語》、《爾雅義疏》,不云有《孟子正義》。《涑水紀聞》載奭所定著,有《論語》、《孝經》、《爾雅正義》,亦不

云有《孟子正義》。其不出爽手，確然可信。

　　其疏皆敷衍語氣，如鄉塾講章。故《朱子語錄》謂其全不似疏體，不曾解出名物制度，只繞纏趙岐之說。至岐注好用古事為比，疏多不得其根據。如注謂非禮之禮，若陳質娶妻而長拜之。非義之義，若藉交報讎。此誠不得其出典。（案藉交報讎，……如朱家、郭解……。）至於單豹養其內而虎食其外，事出《莊子》，亦不能舉，則弇陋太甚。朱彝尊《經義考》摘其欲見西施者人輸金錢一文事，詭稱《史記》。今考注以尾生為不虞之譽，以陳不瞻為求全之毀，疏亦並稱《史記》。尾生事實見《莊子》，陳不瞻事實見《說苑》，……皆《史記》所無。如斯之類，益影撰無稽矣。

　　【小結】此條抄自《四庫全書總目》卷三十五《孟子正義》提要。作偽方法有二：第一，點竄字句；第二，改變順序，原文順序為 A——C——B。

　　今按，王氏此條曾經被《續修四庫全書總目提要（稿本）》肯定。

11.《孟子》訛字

　　【A】《孟子·梁惠王上》：「文王以民力為臺為沼，而民歡樂之。」孫奭《音義》云：「歡樂，本亦作勸樂。」案《左傳·昭九年》叔孫昭子引《詩》曰：「經始勿亟，庶民子來。」杜注《詩·大雅》言：「文王始經營靈臺，非急疾之。眾民自以子義來，勸樂為之。」《正義》曰：「眾民自以子成父事而來，勸樂以早成耳。」據此知晉、唐時本皆作「勸樂」，故杜、孔據之，孫氏《音義》亦與之合。今本作「歡」者，蓋因字形相近而訛也。【B】《梁惠王下》：「故居者有積倉，行者有裹糧也。」古本作「行者有裹囊也」。趙注云：「乃積穀於倉，乃裹盛乾食之糧於囊也。」是孟子以積裹為對，以倉囊為對，謂積穀於倉，裹糧於囊也。今本作「裹糧」。俗儒改也。【C】《公孫丑下》：「予將有遠行，行者必以贐。」案《論衡·刺孟》引《孟子》作「賮」。《文選·魏都賦》：「繈負賮贄。」劉注：「賮，贄也。」引《孟子》作「賮」。《賴白馬賦》：「或蹢躅而納賮。」李注引《孟子》作「賮」。是王充、劉淵林、李善引《孟子》皆作「賮」，知《孟子》本作「賮」。今本作「贐」者，俗字也。【D】《萬章上》：「夫公明高以孝子之心，為不若是恝。」趙注云：「恝，無愁之貌。」案《說文·心部》無「恝」字，有「忦」字。「云忽也，從心介聲。」引《孟子》「孝子之心不若是忦」注「忽也」。與趙注「無愁之貌」義合，據此知古本《孟子》本作「忦」，

今本作「㤅」者，亦俗字也。【E】《萬章下》：「故聞伯夷之風者，頑夫廉，懦夫有立志。」《盡心下》：「聞伯夷之風者，頑夫廉，懦夫有立志。」案《韓詩外傳》、《漢書‧王貢兩龔鮑傳序》、《後漢書‧王龔傳》、《丁鴻傳論》、《三國名臣序贊》注皆引作「貪夫廉」。今《孟子》兩章皆作「頑」，趙氏於《萬章下》注云：「頑貪之夫。」於《盡心下》注云：「頑貪。」是趙氏本作「頑」矣。然據下文「鄙夫寬，薄夫敦」，皆以相反者對言之作「頑」，雖非訛字，要當以作「貪」為是。兩漢、唐人皆引為「貪」，知必有據矣。【F】又《盡心下》：「被袗衣，鼓琴，二女果。」趙注：「果，侍也。」《正義》曰：「以堯帝二女事之實，若固自當有之也。」許慎謂女侍曰婐，今釋果為侍，是有惑於許慎之說而遂誤歟。蓋木實曰果，果者，取其實而言也。朱子《集注》云：「果，《說文》作婐，女侍也。」案《說文‧女部》：「婐，婑也。一曰女侍曰婐。從女果聲。孟軻曰：『舜為天子二女婐。』」據此知《孟子》本作「婐」，今本作「果」者，蓋「婐」之省借也。疏闇《說文》謂木實曰果者，非也。

【探源】A 抄自《經義雜記》卷十七「而民勸樂之」：

　　《孟子‧梁惠王上》：「文王以民力為臺為沼，而民歡樂之。」……宋孫氏《音義》云：「歡樂本亦作勸樂。」案《左傳‧昭九年》叔孫昭子引詩曰：「經始勿亟，庶民子來。」杜注《詩‧大雅》言：「文王始經營靈臺，非急疾之。眾民自以子義來，勸樂為之。」《正義》曰：「眾民自以子成父事而來，勸樂而早成之耳。」是可知晉、唐時本皆作「勸樂」，故杜注、孔疏據之，與孫宣公音義正合……因「歡」與「勸」形相近，故經注皆訛作「歡」。〔註3〕

　B 抄自《經義雜記》卷十「行者有裹囊也」：

　　《孟子‧梁惠王下》：「故居者有積倉，行者有裹糧也。」……翻刻宋板作「行者有裹囊也」。案趙注云：「乃積穀於倉，乃裹盛乾食之糧於橐囊也。」然則孟子以積字與裹字相對，以倉字與囊字相對，謂積穀於倉，裹糧於囊也。……俗本改《孟子》「裹囊」為「裹糧」。

　C 抄自《經義雜記》卷六「行者必以贐」：

　　《孟子‧公孫丑下》：「予將有遠行，行者必以贐。」……案《論

〔註3〕　今按：此條曾經被《續修四庫全書總目提要（稿本）》肯定：「能獨抒所見。」殊不知抄襲成文。

衡・刺孟》引《孟子》云：「行者必以贐，辭曰歸贐。」又《文選・魏都賦》：「繦負贐贄。」劉淵林注：「贐禮贄也。」《孟子》曰：「將有遠行，行者必以贐。」……《赭白馬賦》：「或踰遠而納贐。」李善注：「《孟子》曰：『有遠行者必以贐。』《蒼頡篇》曰：『贐，財貨也。』《說文》曰：『贐，會禮也。』」據此知《孟子》本作「贐」，今作「贐」乃俗字。

D 抄自《經義雜記》卷十九「不若是恝」：

《孟子・萬章上》：「夫公明高以孝子之心，為不若是恝。」趙注：「恝，無愁之貌。」……案《說文・心部》無「恝」字，有「忦」字。「云忽也，從心介聲。《孟子》曰：『孝子之心不若是忦。』」據此知古本《孟子》作「忦」，今作「恝」，為俗字。當從《說文》所引「忽，忘於心」，即是無愁，與趙注義合，知本作忦也。

E 抄自《經義雜記》卷十七「貪夫廉」：

《韓詩外傳三》：「伯夷、叔齊目不視惡色，耳不聽惡聲。非其君不事，非其民不使，橫政之所出，橫民之所止，弗忍居也。思與鄉人居，若朝衣朝冠坐於塗炭也。故聞伯夷之風者，貪夫廉，懦（一作愞）夫有立志。」（此見《萬章下》。）又《漢書・王貢兩龔鮑傳序》引《孟子》云：「聞伯夷之風者，貪夫廉，懦夫有立志。奮乎百世之上，行乎百世之下，莫不興起，非賢人而能若是乎？」（此見《盡心下》。）又《後漢書・王龔傳》云：「聞伯夷之風者，貪夫廉，懦夫有立志。」《丁鴻傳論》曰：「《孟子》曰：『聞伯夷之風者，貪夫廉，懦夫有立志。』」……（《三國名臣序贊》注云：「《孟子》曰：『聞伯夷之風者，貪夫廉，懦夫有立志。』」）……趙氏於《萬章下》注云：「頑貪之夫更思廉潔。」於《盡心下》注云：「頑貪。」是趙本作「頑」矣。據下文「懦夫有立志，鄙夫寬，薄夫敦」，皆以相反者言之，則作「貪」為是。……而兩漢及唐人皆引作「貪」，知必非無本矣。

F 抄自《經義雜記》卷七「二女果」：

《孟子・盡心下》：「被袗衣，鼓琴，二女果，若固有之。」趙注：「果，侍也。」……《正義》曰：「以堯帝二女事之實，若固自當有之也。」許慎謂女侍曰媒（舊訛保），今釋果為侍，……是有惑於

許慎之說而遂誤歟。蓋木實曰果，云果者，取其實而言也。朱子《集注》云：「果，《說文》作媒，……女侍也。」案《說文·女部》：「媒，姬也。一曰女侍曰媒。……從女果聲。孟軻曰『舜為天子二女媒。』」據此知《孟子》本作「二女媒」，今作「果」者，是「媒」之省借。……疏闊舊說，謂木實曰果，取其實而言，義甚穿鑿。

【小結】此條抄自《經義雜記》卷六「行者必以贐」條、卷七「二女媒」條、卷十「行者有裹囊」條、卷十七「貪夫廉」條、「而民勸樂之」條、卷十九「不若是恁」條。先後抄「而民勸樂之」條、「行者有裹囊」條、「行者必以贐」條、「不若是恁」條、「貪夫廉」條、「二女媒」條。A 段抄自「而民勸樂之」條，B 段抄自「行者有裹囊也」條，C 段抄自「行者必以贐」條，D 段抄自「不若是恁」條，E 段抄自「貪夫廉」條，F 段抄自「二女媒」條。作偽方式有二：第一，點竄字句；第二，增加觀點句——「有據」，「非也」。

12. 鄭氏《易》注

【A】鄭康成先從第五元受京氏《易》，後從馬季長復受費氏《易》，中間又遭黨錮事，逃難來至元城，乃注《周易》，【B】有《周易注》九卷（見《隋志》），接費氏之正傳，《隋志》又稱鄭玄、王弼二注，梁陳列於國學。齊時惟傳鄭義，【C】故陸澄《與王儉書》曰：「王弼說《易》，元學之所宗。今若崇儒，鄭注自不可廢。」王儉亦云：「《易》體微遠，實冠群經。施、孟異聞，周、韓殊旨，豈可專據小王，便為該備？依舊存鄭……意謂可安。」皆篤論也。【D】至隋，王注盛行，鄭學遂微，然猶並立學官。至唐初詔孔穎達等作疏，始祧鄭宗王，漢學遂絕。李氏鼎祚《周易集解》中頗載其說，【E】並雜採子夏等三十五家之說。自序所謂「刊輔嗣之野文，補康成之逸象」。【F】據此知鄭《易》在唐代尚存，故李氏猶及見之。至宋則僅存《文言》、《序卦》、《說卦》、《雜卦》四篇而已（見《崇文總目》），餘皆散佚。然則鄭《易》殆於南北宋之間亡之矣。至宋王應麟旁摭諸書，輯為一卷，經文異字，亦皆並存。其無經文可綴者，則總錄於末簡。又以元注多言互體，即並取《左傳》、《禮記》、《周禮正義》中論互體者八條，以類附焉（後人附刻《玉海》末）。【G】能於散佚之餘，搜羅放失，存漢《易》之崖略。【H】惟皆不著所出何書，又次序先後，間與經文不應，亦有遺漏未載者。故國朝惠棟因其舊本，重加補正。一一考求原本，注其出自某書，以明信而有徵。其次序先後，悉從經文釐定。補《上經》二十八條，《下

經》十六條,《繫辭》十四條,《說卦傳》二十二條,《序卦傳》七條,《雜卦傳》五條。移應麟所附《易贊》一篇於卷端,刪去所引諸經《正義》論互體者八條。又別據元《周禮・太師》注作《十二月交辰圖》,據元《月令》注作《交辰所值二十八宿圖》,附於卷末,共成三卷。【I】王氏經營創始捃拾之勞,自不可泯,而惠氏重加訂正,【J】考核精密,實勝原書,【K】均可謂篤志遺經,研心古義者矣。

【探源】A 抄自《經義雜記》卷十五「為宣發」:

> 鄭先通京氏《易》,後注費氏《易》,又遭黨錮事,逃難注《禮》,為袁譚所逼,來至元城,乃注《周易》。

《四庫全書總目》卷一《周易鄭康成注》提要:

> 【B】案《隋志》載鄭玄《周易注》九卷,又稱鄭玄、王弼二注,梁陳列於國學,齊代惟傳鄭義,【D】至隋,王注盛行,鄭學浸微。……【F】是唐時其書猶在,故李鼎祚《集解》多引之。宋《崇文總目》惟載一卷,所存者僅《文言》、《序卦》、《說卦》、《雜卦》四篇,餘皆散佚。……則亡於南北宋之間……應麟始旁摭諸書,裒為此帙,經文異字,亦皆並存。其無經文可綴者,則總錄於末簡。又以玄注多言互體,並取《左傳》、《禮記》、《周禮正義》中論互體者八條,以類附焉。【C】齊陸澄《與王儉書》曰:「王弼注《易》,玄學之所宗。今若崇儒,鄭注不可廢。」……【G】應麟能於散佚之餘,搜羅放失,……【K】可謂篤志遺經,研心古義者矣。【I】然經營創始,實自應麟,其捃拾之勞亦不可泯。

《四庫全書總目》卷一《周易集解》提要:

> 【E】唐李鼎祚撰……所採凡子夏、孟喜、焦贛、京房、馬融、荀爽、鄭玄、劉表、何晏、宋衷、虞翻、陸績、干寶、王肅、王弼、姚信、王廙、張璠、向秀、王凱沖、侯果、蜀才、翟元、韓康伯、劉瓛、何妥、崔憬、沈驎士、盧氏(案盧氏《周易注》,《隋志》已佚其名)、崔覲、伏曼容、孔穎達(案以上三十二家,朱睦㮮序所考)、姚規、朱仰之、蔡景君(案以上三家,朱彝尊《經義考》所補考)等三十五家之說。自序謂「刊輔嗣之野文,補康成之逸象」。

《四庫全書總目》卷一《新本鄭氏周易》提要:

> 【H】尚頗見漢學之崖略。……然皆不著所出之書,又次序先

後，間與經文不應，亦有遺漏未載者。棟因其舊本，重為補正。……一一考求原本，注其出自某書，明其信而有徵，……其次序先後，亦悉從經文釐定。……《上經》補二十八條，《下經》補十六條，《繫辭傳》補十四條，《說卦傳》補二十二條，《序卦傳》補七條，《雜卦傳》補五條，移應麟所附《易贊》一篇於卷端，刪去所引諸經《正義》論互卦者八條。而別據玄《周禮・太師注》作《十二月爻辰圖》，據玄《月令》注作《爻辰所值二十八宿圖》，附於卷末，……【J】考核精密，實勝原書。

【小結】此條用捏合法，先以《經義雜記》卷十五「為宣發」條為引線，後將《四庫全書總目》卷一的三條提要（《新本鄭氏周易》提要、《周易鄭康成注》提要、《周易集解》提要）捏合進來，又調整順序，重新洗牌，讓人難以索解。A 段抄自《經義雜記》卷十五「為宣發」條，B、D、F、C、G、I 段抄自《周易鄭康成注》提要，E 段抄自《周易集解》提要，H、J 段抄自《新本鄭氏周易》提要。此條作偽方法有四：第一，點竄字句；第二，增加觀點句——「王儉亦云：『《易》體微遠，實冠群經。施、孟異聞，周、韓殊旨，豈可專據小王，便為該備？依舊存鄭……意謂可安。』皆篤論也」，「然猶並立學官。至唐初詔孔穎達等作疏，始祧鄭宗王，漢學遂絕。李氏鼎祚《周易集解》中頗載其說」；第三，改變順序；第四，抄自多書。

13.《易》古本

【A】屯《象》：「君子以經綸。」王弼注：「君子經綸之時。」《正義》曰：「經謂經緯，綸謂綱綸。姚信云：『綸謂也。』劉表、鄭玄以『綸』為『淪』字。」案《釋文》作「經論」，音倫。鄭如字。黃穎云：「經論匡濟也。本亦作『綸』。」李氏《易》引荀爽曰：「經者常也，論者理也，君子以經論不失常道也。」是荀慈明、鄭康成並作「經論」，劉表、黃穎亦同。知《易》古本本作「經論」矣。《正義》作「淪」者，字之訛也。【B】「六二，乘馬班如。」王弼注：「時方屯難正道未通，涉遠而行難可以進。故曰『乘馬班如』也。」《釋文》：「班，如字。《子夏傳》云：『相牽不進貌。』鄭本作『般』。」李氏《易》引虞翻曰：「二乘初，故乘馬班躓也。馬不進，故班如矣。」案《說文・玨部》：「班，分瑞玉。從玨、從刀。」《舟部》：「般，闢也。象舟之旋。從舟、從殳，殳所以旋也。」「般旋」字當作「般」，「班」乃分布義。鄭本作「般」。《子夏

傳》云：「相牽不進。」虞仲翔云：「乘馬班躓。」皆般旋不進意，是諸家義皆作「般」，據此知《易》古本本作「般」矣。陸氏云：「班，如字。」非也。【C】「六三，即鹿無虞，惟入於林中。」王弼注：「雖見其禽而無其虞，徒入於林中，其可獲乎？」《釋文》「即鹿」，王肅作「麓」，云山足。李氏《易》引虞翻曰：「艮為山，山足稱鹿。鹿林也。」案王弼經作「鹿」，注不改字，故《正義》釋經皆如字。讀李氏引虞翻訓鹿為山足，於經文尚未改為「麓」，知《易》古本本作「鹿」字，以為麋鹿。鄭與之同。王肅好與鄭難，因私改為「麓」。虞翻亦好譏議鄭氏，與王肅同。但不至妄改聖經以證合己意，少差於肅耳。【D】「訟，上九，或錫之鞶帶，終朝三褫之。」王弼注：「以訟受錫榮，何可保，故終朝三褫之也。」《釋文》：「褫，徐敕紙反，又直是反。王肅云『解也。』鄭本作『挮』，徒可反。」案《說文·衣部》：「褫，奪衣也，從衣虒聲，讀若池。」此二王所本。李氏《易》引侯果說亦云「解也」。據鄭本作「挮」，知《易》古本本作「挮」矣。《說文·手部》：「挮，曳也。」《論語·鄉黨》：「加朝服拖紳。」拖即挮之俗。馬融《易》以鞶帶為大帶，包咸注《論語》以紳為大帶，是以大帶宜言挮，而非褫奪之義也。【E】師九二《象》：「承天寵也。」《釋文》：「寵，如字。鄭云『光耀也。』王肅作『龍』，云：寵也。」案龍，古寵字。《詩·蓼蕭》「為龍為光」，傳：「龍，寵也。」箋云：「為寵為光，言天子恩澤光耀被及己也。」《左傳·昭十二年》「寵光之不宣」，杜注引《詩》曰：「為龍為光。」據此知《易》古本本作「承天龍也」。而鄭以「光耀」釋之，但云：「龍當為寵。」並未改經。後人遂因鄭注改之耳。【F】「頤，六四，虎視眈眈，其欲逐逐。」王弼注：「虎視眈眈，威而不猛，不惡而嚴，養德施賢，何可有利？故『其欲逐逐』，尚敦實也。」李氏《易》引虞翻曰：「眈眈，下視貌。逐逐，心煩貌。坤為吝嗇，坎水為欲，故其欲逐逐。」《釋文》：「逐逐，如字。薛云速也。《子夏傳》作『攸攸』。《志林》云『攸當為逐』。蘇林音迪。荀作『悠悠』，劉作『跾』，跾云遠也。」又《漢書·敘傳下》：「六世眈眈，其欲浟浟。」師古曰：「《易·頤卦》六四爻辭曰：『虎視眈眈，其欲浟浟。』眈眈，威視之貌。浟浟，欲利之貌。」今《易》「浟」字作「逐」。案《說文·足部》：「跾，疾也，長也。從足攸聲。」《攴部》：「攸，行水。從攴從人水省。」「汝」，秦石刻《繹山碑》「攸」字如此。《心部》：「悠，憂也，從心攸聲。」攴部、心部義皆不合。惟《足部》「疾也」一訓，與薛云「速也」合，長也。一訓與劉雲遠也合，則此字當從劉景升作「跾」為是。子夏作「攸」，

荀爽作「悠」，《漢書》作㳥，皆借用同聲字，知《易》古本定作「逡」矣。何以知其然？觀《志林》云「攸當為逐」，因聲近云。然虞喜非經師，固不足據，然但云「攸當為逐」，子夏亦作「攸攸」，是經文尚作「攸」，惟闕「足」，猶未改為「逐」，至王弼竟改作「逐」矣。【G】《恒》上六：「振恒凶。」鄭云：「振，搖落也。」馬云：「動也。」張倫及虞翻本皆作「震」。案《說文·木部》：「楈，柱砥，古用木，今以石。從木耆聲。《易》曰：『楈恒凶。』」謂楈當在下而反在上，故下文象曰：「楈恒在上，大無功也。」楈在上，必震動搖落。亦與馬、鄭合。據此知《易》古本本作「楈」矣。【H】《困》上六：「困於葛藟，於臲卼。」孔疏：「臲卼，動搖不安之貌。」薛、虞作「劓刖」。案《說文·危部》無臲、卼字，《出部》：「𡰻，不安也。從出，臬聲。《易》曰：『槷𡰻。』」徐鍇曰：「物不安則出不在也。」槷字見《周禮》注，云「古文臬字」。又《儀禮》注以為即古文「闑」。今與𡰻連文，是假借為不安。據此知《易》古本本作「槷𡰻」矣。【I】《說卦傳》：「其於人也為寡髮。」《正義》曰：「寡，少也。風落樹之華葉，則在樹者稀疏，如人之少髮，亦類於此。」《釋文》：「寡髮，如字。本又作『宣』，黑白雜為宣。」李氏《易》作「其於人也為宣髮」。引虞翻曰：「為白故宣髮。」馬君以宣為寡，非也。據此知《易》本有作「宣髮」者，宣，明也，又散也。故虞以為白。鄭《周禮注》云：「頭髮皓落曰宣。」即引《易·巽》為「宣髮」以證。與虞翻本正合。賈疏引鄭《易》注云：「取四月靡草，死髮在人體猶靡草在地。」則是鮮少之義。經當作「寡」。蓋馬、鄭所注古文《易》本作「寡髮」。賈疏亦云今《易》作「寡」是也。考《易》施、孟、梁丘、京為今文，費氏為古文，馬、鄭傳費氏《易》，虞傳孟氏《易》，故文異。而《禮》注與《易》注不同者，鄭先通京氏《易》，後受費氏《易》。然則《禮》注之為「宣髮」，京氏《易》也。《易》注之為「寡髮」，費氏《易》也。

【探源】A抄自《經義雜記》卷五「君子以經論」：

> 《易·屯》象：「雲雷屯，君子以經綸。」王弼注：「君子經綸之時。」《正義》曰：「經謂經緯，綸謂綱綸。」姚信云：「綸謂緯也，……劉表、鄭玄以『綸』為『淪』字。……」案《釋文》作「經論」，音倫。鄭如字。……黃穎云：「經論，匡濟也。本亦作『綸』。」又李氏《集解》引荀爽曰：「……經者常也，論者理也，君子以經論不失常道也。」是漢荀慈明、鄭康成並作「經論」。（荀、鄭皆傳費

氏《易》。費氏經與古文同）劉表、黃穎亦同。《正義》「淪」為「論」字之訛。

B 抄自《經義雜記》卷十「乘馬般如」：

    《易‧屯》「六二，乘馬班如」。王弼注：「時方屯難正道未通，涉遠而行難可以進。故曰『乘馬班如』也。」《釋文》：「班如，如字。《子夏傳》云：『相牽不進貌。』鄭本作『般』。」……《集解》引虞翻曰：「二乘初，故乘馬班躓也。馬不進，故班如矣。」案《說文‧珏部》：「班，分瑞玉。從珏、從刀。」《舟部》：「般，闢也。象舟之旋。從舟、從殳，殳所以旋也。」然則「般旋」字當作「般」，「班」乃分布義。鄭本作「般」為正。……《子夏傳》云：「相牽不進。」虞仲翔云：「乘馬班躓。」皆般旋難進之意，是諸家義皆作「般」。陸德明云：「『班如』，如字。」非也。

C 抄自《經義雜記》卷九「即鹿無虞」：

    《易‧屯》：「六三，即鹿無虞，惟入於林中。」王弼注：「雖見其禽而無其虞，徒入於林中，其可獲乎？」《釋文》「即鹿」，王肅作「麓」，云山足。李氏《集解》：「虞翻曰：『……艮為山，山足稱鹿。鹿林也。』」……案王弼經首鹿，注不改字，故《正義》釋經注皆如字。讀《集解》引虞仲翔訓鹿為山足，於經尚未改作「麓」，知鄭《易》本作「鹿」字，以為麋鹿。王弼本之。王肅好與鄭難，因私改為「麓」。虞翻亦好譏議鄭氏，與王肅同。……但不至妄改聖經以證合己意，少差於肅耳。

D 抄自《經義雜記》卷五「終朝三挓之」：

    《易‧訟》：「上九，或錫之鞶帶，終朝三褫之。」王弼注：「以訟受錫榮，何可保，故終朝之間褫帶者三也。」……《釋文》：「褫，徐敕紙反，又直是反。……王肅云：『解也。』鄭本作『挓』，徒可反。」案《說文‧衣部》：「褫，奪衣也，從衣虒聲，讀若池。」此二王所本。……李氏《集解》載侯果說亦云：「褫，解也。」據鄭本作「挓」，知古文《易》作「挓」矣。……《說文‧手部》：「挓，曳也。」《論語‧鄉黨》：「加朝服拖紳。」拖即挓之俗。馬融注《易》以鞶帶為大帶，包咸注《論語》以紳為大帶，是於大帶宜言挓，而非褫奪之義也。

E 抄自《經義雜記》卷三「承天龍也」：

　　《易‧師》九二象：「承天寵也。」《釋文》：「寵，如字。鄭云：『光耀也。』王肅作『龍』，云寵也。」案龍，為古寵字。《詩‧蓼蕭》「為龍為光」，傳：「龍，寵也。」箋云：「為寵為光，言天子恩澤光耀被及己也。」《左傳‧昭十二年》「……寵光之不宣」，杜注：「《詩》曰：『為龍為光』。……」古《易》當為「天龍」，鄭以「光耀」解之，蓋云：「龍當為寵。」後人遂依注改經。

F 抄自《經義雜記》卷十「其欲篷篷」：

　　《易‧頤》：「六四，顛頤吉。虎視眈眈，其欲逐逐。」王弼注：「虎視眈眈，威而不猛，不惡而嚴，養德施賢，何可有利？故『其欲逐逐』，尚敦實也。」《集解》引虞翻曰：「眈眈，下視貌。逐逐，心煩貌。坤為吝嗇，坎水為欲，故其欲逐逐。」《釋文》：「逐逐，如字。……薛云速也。《子夏傳》作『攸攸』。《志林》云『攸當為逐』。蘇林音迪。荀作『悠悠』，劉作『篷』，云遠也。」……又《漢書‧敘傳下》：「六世眈眈，其欲泌泌。」師古曰：「《易‧頤卦》六四爻辭曰：『虎視眈眈，其欲泌泌。』眈眈，威視之貌也。泌泌，欲利之貌也。」……今《易》「泌」字作「逐」。案《說文‧足部》：「篷，疾也，長也。從足攸聲。」《攴部》：「攸，行水也。從攴從人水省。」「汝」，秦刻石《嶧山文》「攸」字如此。《心部》：「悠，憂也，從心攸聲。」攴部、心部義皆不合。惟《足部》「疾也」一訓，與薛云「速也」合，長也。一訓與劉云遠也合，則此字當從劉景升作「篷」為正。子夏作「攸」，荀爽作「悠」，皆借用同聲字。《漢書》作「泌」，……《志林》云：「攸當為逐」，因聲近而云然。然虞喜非經師，其言恐未足據，且云「攸當為逐」，是經尚作「攸」，猶未改為「逐」，而今王弼本竟作「逐」，何也？

I 抄自《經義雜記》卷十五「為宣髮」：

　　《易‧說卦》：「巽為木，其於人也為寡髮。」《正義》曰：「寡，少也。風落樹之華葉，則在樹者稀疏，如人之少髮，亦類於此。」《釋文》：「寡髮，如字。本又作『宣』，黑白雜為宣髮。」……又李氏《集解》作「其於人也為宣髮」。引虞翻曰：「為白故宣髮。」馬君以宣為寡髮，非也。據此知《易》本有作為「宣髮」者，宣，明也，

又散也。故虞以為白。《周禮注》云：「頭髮皓落曰宣。」即引《易·巽》「為宣髮」以證。與虞仲翔本正合。賈疏引鄭《易》注云：「取四月靡草，死髮在人體猶靡草在地。」則是鮮少之義。經當作「寡」。蓋馬、鄭所注古文《易》本作「寡髮」。……賈疏亦云今《易》文作「寡」是也。考《易經》施、孟、梁丘、京為今文，費氏為古文，馬、鄭傳費氏《易》，虞仲翔傳孟氏《易》，故文異而《禮》注與《易》注不同者。鄭先通京氏《易》，後注費氏《易》。……然則《禮》注之為「宣髮」，京氏《易》也。《易》注之「寡髮」，費氏《易》也。

G似乎抄自陳鱣《簡莊疏記》卷一〔註4〕：

> 《恒》上六云：「振恒凶。」《釋文》：「振，馬云：『動也。』鄭云：『搖落也。』」張作「震」。按《說文》云：「楈，柱砥，古用木，今以石。從木耆聲。《易》曰：『楈恒凶。』」蓋楈當在下而反在上，故象曰：「楈恒在上，大無功也。」

H抄自《尚書後案》卷二十九《周書》：

> 《易·困》上六：「困於葛藟，於臲卼。」薛、虞作「劓刖」。《說文》卷六上《木部》無杌字，卷九下《危部》無臲、卼字。……《說文》卷六下《出部》𣎟字注云：「槷𣎟，不安也。從出，臬聲。《易》曰『槷𣎟』。」……槷字見鄭《周禮》注，云「是古文臬字」。又《儀禮》注以為即古文闑字，今與𣎟連文，為不安，亦是假借。

【小結】此條抄自《經義雜記》卷三「承天龍也」條、「君子以經論」條、卷五「終朝三祂之」條、卷九「即鹿無虞」條、卷十「乘馬般如」條、「其欲逢逢」條、卷十五「為宣髮」條、清陳鱣《簡莊疏記》卷一《易》、《尚書後案》卷二十九《周書》。此條作偽方式有三：第一，點竄字句；第二，增加觀點句——「並未改經」，「鄭與之同」；第三，抄自多書，A段抄自《經義雜記》卷五「君子以經論」條、B段抄自卷十「乘馬般如」條、C段抄自卷九「即鹿無虞」條、D段抄自卷五「終朝三祂之」條、E段抄自卷三「承天龍也」條、F段抄自卷十「其欲逢逢」、G段抄自《簡莊疏記》卷一、H段抄自《尚書後案》卷二十九《周書》、I段抄自《經義雜記》卷十五「為宣髮」條。

〔註4〕陳鱣（1753～1817），與王玉樹時代靠得太近。此條存疑。

14.《子夏易傳》無真本

說《易》之書，惟《子夏易傳》為最古。而訛偽迭出，亦惟是書為最不可據。案《唐會要》載開元七年詔：「《子夏易傳》，近無習者，令儒官詳定。」劉知幾議曰：「《漢志》《易》有十三家，而無子夏作傳者，至梁阮氏《七錄》始有《子夏易》六卷，或云韓嬰作，或云丁寬作。然據《漢書》，韓《易》十二篇，丁《易》八篇，求其符合，事殊齟齬，必欲行用，深以為疑。」司馬貞議亦云「劉向《七略》有《子夏易傳》，但此書不行已久，今所存多失真本。荀勗《中經簿》云：『《子夏傳》四卷，或云丁寬。』是先達疑非子夏矣。又《隋·經籍志》云：『《子夏傳》殘闕，梁六卷，今二卷。知其書錯謬多矣。』又王儉《七志》引劉向《七略》云：『《易傳》子夏，韓氏嬰也。今題不稱韓氏而載薛虞記，其質粗略，旨趣非遠，無益後學』云云。據此，是《子夏易傳》在唐以前已為偽本矣。而晁說之《傳易堂記》又稱：「今號為《子夏傳》者，乃唐張弧之《易》。」是唐時又一偽本並行矣。今朱竹垞《經義考》證以《經典釋文》、《周易集解》、《困學紀聞》所引，又皆今文所無。則是今本又出訛託，不獨非子夏之書，亦並非張弧之書矣。

【探源】此段抄自《四庫全書總目》卷一《子夏易傳》提要：

案：說《易》之家，最古者莫若是書。其偽中生偽，至一至再而未已者，亦莫若是書。《唐會要》載開元七年詔：「《子夏易傳》，近無習者，令儒官詳定。劉知幾議曰：「《漢志》《易》有十三家，而無子夏作傳者，至梁阮氏《七錄》，始有《子夏易》六卷，或云韓嬰作，或云丁寬作。然據《漢書》，韓《易》十二篇，丁《易》八篇，求其符合，事殊齟齬，必欲行用，深以為疑。」司馬貞議亦曰：「案劉向《七略》有《子夏易傳》，但此書不行已久，今所存多失真本。荀勗《中經簿》云：『《子夏傳》四卷，或云丁寬。』是先達疑非子夏矣。又《隋書·經籍志》云：『《子夏傳》殘闕，梁六卷，今二卷。』知其書錯繆多矣。又王儉《七志》引劉向《七略》云：『《易傳》子夏，韓氏嬰也。今題不稱韓氏而載薛虞記，其質粗略，旨趣非遠，無益後學』云云。是唐以前所謂《子夏傳》，已為偽本。晁說之《傳易堂記》又稱：「今號為《子夏傳》者，乃唐張弧之《易》。」……是唐時又一偽本並行。……朱彝尊《經義考》證以陸德明《經典釋文》、李鼎祚《周易集解》、王應麟《困學紀聞》所引，皆今本所無。……

然則今本又出偽託，不但非子夏書，亦並非張弧書矣。

【小結】此條全抄自《四庫全書總目》卷一《子夏易傳》提要。作偽方式為點竄文句。

15.《易數鉤隱圖》出道經

劉牧《易數鉤隱圖》三卷附《遺論九事》一卷，何義門以為自《道藏》錄出，今考《道藏目錄》，實在《洞真部‧靈圖‧雲字號》中。是即圖書之學出於道家之一證。南宋時劉敏士嘗刻於浙江漕司，前有歐陽修序。吳澄曰：「修不信《河圖》，而有此序，殆為後人所偽作，而牧之後人誤信之者。」俞琰亦云：「序文俚淺，非修所作也。」其《遺論九事》：一為《太皡授龍馬負圖》，二為《六十四卦推蕩圖》，三為《大衍之數五十》，四為《八卦變六十四卦》，五為《辨陰陽卦》，六為《復見天地之心》，七為《卦終未濟》，八為《蓍數揲法》，九為《陰陽律呂圖》。以先儒之所未及，故曰「遺論」也。

【探源】此條出自《四庫全書總目》卷二《易數鉤隱圖》提要：

> 《易數鉤隱圖》三卷，附《遺論九事》一卷。……何焯以為自《道藏》錄出。今考《道藏目錄》，實在《洞真部‧靈圖類‧雲字號》中。是即圖書之學出於道家之一證。……南宋時劉敏士嘗刻於浙右漕司，前有歐陽修序。吳澄曰：「修不信《河圖》而有此序，殆後人所偽為，而牧之後人誤信之者。」俞琰亦曰：「序文淺俚，非修作。」……其《遺論九事》：一為《太皡授龍馬負圖》，二為《六十四卦推蕩訣》，三為《大衍之數五十》，四為《八卦變六十四卦》，五為《辨陰陽卦》，六為《復見天地之心》，七為《卦終未濟》，八為《蓍數揲法》，九為《陰陽律呂圖》。以先儒之所未及，故曰「遺論」。

【小結】此條全抄自《四庫全書總目》卷二《易數鉤隱圖》提要。作偽方式為點竄字句，僅將「何焯」改為「何義門」，其他大致相同。

16. 杜林解筮法

自古言占筮者不一家，而取象玩占，推之理而可驗者，莫精於《左氏傳》。而杜《注》及林氏《詮解》往往多誤。如《襄公二十五年》：崔武子欲取棠姜，筮遇《困》之《大過》。陳文子曰：「夫從風，風隕妻，不可娶也。」案：三本互異於上，是謂從風坎變巽，則風象不在上而在下，隕者自上而下也。坎失其夫男之象，而但有巽風，大過棟撓之凶在三也。從言貞，隕言悔。杜氏以坎變

巽為從風，似非其義。隕即指風，似亦不必謂風隕物也。又陸氏謂當以「風隕妻」為句。顧寧人《左傳杜解補正》取其說。然先儒謂大過有死象，《繫辭傳》曰：「死期將至，茲竟變為大過。」則期已至矣。故崔子曰：「嫠也何害，先夫當之矣。」先夫謂棠公已死，是隕謂男不謂女明矣。陸氏特因不見其妻之文，以為隕妻。顧氏則以《襄二十七年》滅崔氏，東郭姜縊，崔子至則無歸乃縊，於事有合而取之。然崔子死而猶屍於市，其事實起於棠姜，是乃妻不可娶之故，豈以喪其妻而無歸耶？其曰：「困於石，往不濟也。」之外為往，從風故欲往。於上濟者，濟坎，水中有石，則人為石困。困自否來，二在否，當乾艮交。濟水為石所礙，故不濟。林氏以進遇九四、九五之剛為石，亦非也。其曰：「據於蒺藜所恃傷也。」坎為叢棘，三據二上為據，非所據而據，故有傷。而杜氏乃以蒺藜為兌澤之生物而險者，是皆誤以石與蒺藜之象為在上卦耳。又《昭公五年》傳：「初穆子之生也，莊叔以《周易》筮之，遇《明夷》之《謙》，卜人楚丘曰：『是將行，而歸為子祀。以讒人入。』」又曰：「『《明夷》，日也。日之數十，故有十時，亦當十位。自王以下，其二為公，其三為卿。日上其中，食日為二，旦日為三。《明夷》之《謙》，明而未融，其當旦乎，故曰：為子祀。』日之《謙》，當鳥，故曰：『明夷於飛。』明而未融，故曰：『垂其翼。』象日之動，故曰：『君子於行。』當三在旦，故曰：『三日不食。』離，火也。艮，山也。離為火，火焚山，山敗。於人為言，敗言為讒，故曰：『有攸往，主人有言。』言必讒也。」所謂「十時十位」者，即《昭公七年》芊尹無宇言「天有十日，人有十等。王臣公，公臣大夫，大夫臣士，士臣皂，皂臣輿，輿臣隸，隸臣僚，僚臣僕，僕臣臺」。凡數以十計者，古皆以甲乙為次。而十時則自日中以至日昳，其序自日中而逆數至食時，又逆至旦時。若以今十二時計之，乃以午、辰、寅、丑、子、亥、戌、酉、申、未為十位一二三四之次，古但以晝夜各分五時耳。而杜解謂「隅中日出，闕不在第。」尊王公曠其位，是乃以後世之十二時而論古之十時，誤矣。其曰「明而未融」者，日火外光，在兩陽交初變陰，故未融。而杜解以《謙》道卑退之說，亦非也。曰「其在旦乎」者，即在後之言「當三在旦」。九三為《謙》之主爻，於時為三之卿位，於日即為三日也。離象破，則無大腹之象。故為不食，亦不必謂旦非食時也。其曰「日之謙當鳥」者，《明夷》之初，自小過之四而下。小過固有飛鳥之象，自上而下，故為飛而垂其翼。若楚丘以「明而未融」解垂翼者，此是論筮非爻象之本義也。《謙》三互震主動，故曰「象日之動」，非泛言日也，此皆承「日之謙」

之文而言。其曰：「火焚山，山敗。」變離為艮，艮正山象，何云山敗乎？蓋山因焚而見，林氏以草木焦枯為山敗是也。杜氏解「於人為言」、「敗言為讒」二句曰：「艮為言，為離所焚，故言敗。」艮何以有言？象言乃離火之聲。艮為閽寺，是有敗言之讒言。與山自屬兩象。而杜復以離焚艮為言敗，遂不得不強以艮為言矣。

【探源】《韓門綴學》卷一「左傳筮法」：

　　大《易》觀象觀變之法，莫精詳於《左傳》，而注疏及林氏所解往往有誤。如《襄公二十五年》，崔武子欲取棠姜，筮遇《困》之《大過》。陳文子曰：「夫從風，風隕妻，不可娶也。」按三本互異於上，是謂從風。坎變巽，則風象不在上而在下，隕者自上而下也。坎失其夫男之象，而但有巽風，大過棟橈之凶在三也。從言貞，隕言悔。杜氏以坎變巽為從風，似非其義。隕即指風，似亦不必謂風隕物也。又陸氏謂當以「風隕妻」為句。顧氏炎武《左傳杜解補正》取其說。然先儒謂大過有死象，《繫詞傳》曰：「死期將至，茲竟變為大過。」則期已至矣。故崔子曰：「嫠也何害，先夫當之矣。」先夫謂棠公已死，是隕謂男不謂女明矣。陸氏特因不見其妻之文，以為隕妻。顧氏則以襄公二十七年滅崔氏，東郭姜縊，崔子至則無歸乃縊，於事有合而取之。然崔子死而猶屍於市，其事實起於棠姜，是乃妻不可娶之故，豈以喪其妻為無歸耶？其曰：「困於石，往不濟也。」之外為往，從風故欲往。於上濟者，濟坎，水中有石，則人為石困。困自否來，二在否，當乾艮交。濟水為石所礙，故不濟。林氏以進遇九四、九五之剛為石，亦非也。其曰：「據於蒺藜所恃傷也。」坎為叢棘，三據二上為據，非所據而據，故有傷。而杜氏乃以蒺藜為兌澤之生物而險者，是皆誤。以石與蒺藜之象，為在上卦耳。又《昭公五年》傳：「初穆子之生也，莊叔以《周易》筮之，遇《明夷》之《謙》，卜人楚丘曰：『是將行，而歸為子祀。以讒人入。』又曰：『《明夷》』，日也。日之數十，故有十時，亦當十位。自王已下，其二為公，其三為卿，日上其中，食日為二，旦日為三。《明夷》之《謙》，明而未融，其當旦乎，故曰：『為子祀。』日之《謙》，當鳥，故曰：『明夷於飛。』明而未融，故曰：『垂其翼。』象日之動，故曰：『君子於行。』當三在旦，故曰：『三日不食。』離，火也。艮，山也。

離為火，火焚山，山敗。於人為言，敗言為讒，故曰：『有攸往，主人有言。』言必讒也。」所謂「十時十位」者，即昭公七年芊尹無宇言「天有十日，人有十等。王臣公，公臣大夫，大夫臣士，士臣皁，皁臣輿，輿臣隸，隸臣僚，僚臣僕，僕臣臺」。凡數以十計者，古皆以甲乙為次。而十時則自日中以至日昳，其序自日中而逆數至食時，又逆至旦時。若以今十二時計之，乃以午、辰、寅、丑、子、亥、戌、酉、申、未為十位一二三四之次，古但以晝夜各分五時耳。而杜注謂「隅中日出，闕不在第。」尊王公，曠其位，是乃以後世之十二時而論古之十時。誤矣。其曰「明而未融」者，日火外光，在兩陽爻初變陰，故未融。而杜以《謙》道卑退為說，亦非也。曰「其在旦乎」者，即後之言「當三在旦」。九三為《謙》之主爻，於時為三之卿位，於日即三日也。離象破，則無大腹之象。故為不食，亦不必謂旦非食時也。其曰「日之謙當鳥」者，明夷之初，自小過之四而下。小過固有飛鳥之象，自上而下，故為飛而垂其翼。若楚丘以「明而未融」釋垂翼者，此是論筮非爻象之本義也。謙三互震主動，故曰「象日之動」，非泛言日也，此皆承「日之謙」之文而言。其曰：「火焚山，山敗。」夫變離為艮，艮正山象，何云山敗乎？蓋山因焚而見，林氏以草木焦枯為山敗，是也。杜氏注「於人為言」、「敗言為讒」二句曰：「艮為言，為離所焚，故言敗。」艮何以有言？象言乃離火之聲。艮為閽寺，是有敗言之讒。言與山自屬兩象。而杜復以離焚艮為言敗，遂不得不強以艮為言矣。

【小結】此條抄自汪師韓《韓門綴學》卷一「左傳筮法」條。作偽方式有二：第一，點竄文句；第二，增加句子。

17. 張子《正蒙・動物》篇

《文言傳》：「本乎天者親上，本乎地者親下。」程子《易傳》曰：「本乎天者，如日月星辰；本乎地者，如蟲獸草木。」程子蓋因《離卦・彖傳》有「日月麗乎天，百穀草木麗乎土」之語，故以本天者為日月星辰。然天無體，以日月星辰為體，是日月星辰即天也，不可以物言。《文言傳》明乾九五爻「聖作物睹」之義，所以與《離・彖》各異。考《周禮・大宗伯》以天產作陰德，以地產作陽德。鄭注云：「天產者動物，謂六牲之屬；地產者植物，謂九穀之屬。」

《大司徒》辨五土之物生，其動物有毛物、鱗物、羽物、介物、贏物五者。其植物有皁物、膏物、核物、莢物、叢物五者。孔穎達《正義》本此為說，謂動物含靈之屬，天體運動，動物亦運動。植物無識之屬，地體凝滯，植物亦不移動。李氏《集解》中引唐崔憬之說謂動物親於天之動，植物親於地之靜。朱子《本義》大概綜括《程傳》，惟此條不從程解而從崔氏、孔氏者，誠以其說確不可易也。但動物亦有靜而寢息之時，植物亦有動於搖撼之時，豈得以動靜兩言概之？《朱子語類》又云：「凡動物首向上，是親乎上，人類是也；凡植物本向下，是親乎下，草木是也。禽獸首多橫生，所以無智。」其詮解更精，然亦但示以在外之流形，而未究其所以然之故也。惟張子《正蒙》足本《動物》篇曰：「動物本諸天，以呼吸為聚散之漸；植物本諸地，以陰陽升降為聚散之漸。」又曰：「有息者根於天，不息者根於地。根於天者不滯於用，根於地者滯於方。此動植之分也。」蓋聖人之於民，亦類也。聖人位乎天德，而萬物相見以天，是所謂各從其類也。橫渠此解，為得孔子立言之旨矣。

【探源】《韓門綴學》卷一「本天親上本地親下」：

《易·文言傳》：「本乎天者親上，本乎地者親下。」《程子易傳》曰：「本乎天者，如日月星辰；本乎地者，如蟲獸草木。」程子蓋因《離卦·象傳》有「日月麗乎天，百穀草木麗乎土」之語，故以本天者為日月星辰。竊思天無體，以日月星辰為體，是日月星辰即天也，不可以物言。《文言傳》明乾九五爻「聖作物睹」之義，所取與《離·象》各異。考《周禮·大宗伯》以天產作陰德，以地產作陽德。鄭康成注云：「天產者動物，謂六牲之屬；地產者植物，謂九穀之屬。」《大司徒》辨五土之物生，其動物有毛物、鱗物、羽物、介物、贏物五者。其植物有皁物、膏物、核物、莢物、叢物五者。孔穎達《易正義》本此為說，謂動物含靈之屬，天體運動，動物亦運動。植物無識之屬，地體凝滯，植物亦不移動。李鼎祚《集解》引唐崔憬之說謂動物親於天之動，植物親於地之靜。朱子《本義》大概綜括《程傳》，獨此條不從程子而從崔氏、孔氏者，誠以其說確不可易也。但動物亦有靜而寢息之時，植物亦有動於搖撼之時，豈得以動靜兩言概之？《朱子語類》又云：「凡動物首向上，是親乎上，人類是也；凡植物本向下，是親乎下，草木是也。禽獸首多橫生，所以無智。」其說為更精，然亦但示以在外之流形，而未究其所以然之

故也。張子《正蒙·動物》篇曰：「動物本諸天，以呼吸為聚散之漸；植物本諸地，以陰陽升降為聚散之漸。」又曰：「有息者根於天，不息者根於地。根於天者不滯於用，根於地者滯於方。此動植之分也。」……蓋聖人之於民，亦類也。聖人位乎天德，而萬物相見以天，是所謂各從其類也。張子之解，為得孔子立言之旨矣。

【小結】此條抄自汪師韓《韓門綴學》卷一「本天親上本地親下」條。主要作偽方式為點竄字句。

18.《詩序》不可廢

【A】詩大小《序》，首二句為毛萇以前經師所傳，以下續申之詞為毛萇以下弟子所附。蓋子夏五傳至孫卿，授毛亨，毛亨授毛萇，是《毛詩》距孫卿再傳。申培師浮丘伯，浮丘伯師孫卿，是《魯詩》距孫卿亦再傳。故二家之序大同小異，其為孫卿以來遞相授受者明矣。其所授受止首二句，其下續申之詞其為各家之演說，亦明矣。【B】朱子《集傳》初稿全宗《小序》，後乃改從鄭樵之說。說詩者遂分攻序、宗序兩家，角立相爭。【C】然《詩序》之說，前儒已紛如聚訟。以為《大序》子夏作，《小序》子夏、毛公合作者，鄭玄《詩譜》也；以為子夏所序《詩》，即今《毛詩序》者，王肅《家語注》也；以為衛宏受學謝曼卿，作《詩序》者，《後漢書·儒林傳》也；以為子夏所創，毛公及衛宏又加潤益者，《隋書·經籍志》也；以為子夏不序《詩》者，韓愈也；以為子夏惟裁初句，以下出於毛公者，成伯璵也；以為詩人所自製者，王安石也；以《小序》為國史之舊文，以《大序》為孔子作者，明道程子也；以首句即為孔子所題者，王得臣也；以為《毛傳》初行尚未有序，其後門人互相傳授，各記其師說者，曹粹中也；以為邨妄人所作，昌言排擊而不顧者，則倡之者鄭樵、王質，和之者朱子也。

【探源】《四庫全書總目》卷十五《詩序》提要：

　　【C】案《詩序》之說，紛如聚訟。以為《大序》子夏作，《小序》子夏、毛公合作者，鄭玄《詩譜》也；以為子夏所序《詩》，即今《毛詩序》者，王肅《家語注》也；以為衛宏受學謝曼卿，作《詩序》者，《後漢書·儒林傳》也；以為子夏所創，毛公及衛宏又加潤益者，《隋書·經籍志》也；以為子夏惟裁初句，以下出於毛公者，成伯璵也；以為詩人所自製者，

王安石也；以《小序》為國史之舊文，以《大序》為孔子作者，明道
程子也；以首句即為孔子所題者，王得臣也；以為《毛傳》初行尚
未有序，其後門人互相傳授，各記其師說者，曹粹中也；以為村野
妄人所作，昌言排擊而不顧者，則倡之者鄭樵、王質，和之者朱子
也。

【Ａ】蓋子夏五傳至孫卿，孫卿授毛亨，毛亨授毛萇，是《毛詩》
距孫卿再傳。申培師浮丘伯，浮丘伯師孫卿，是《魯詩》距孫卿亦
再傳。故二家之序大同小異，其為孫卿以來遞相授受者可知。其所
授受只首二句，而以下出於各家之演說，亦可知也。……今參考諸
說，定序首二語為毛萇以前經師所傳，以下續申之詞為毛萇以下弟
子所附。

《四庫全書總目》卷十五經部十五《詩集傳》提要：

【Ｂ】凡呂祖謙《讀詩記》所稱「朱氏曰」者皆其初稿，其說全
宗《小序》，後乃改從鄭樵之說。……自是以後說詩者遂分攻序、宗
序兩家，角立相爭。而終不能以偏廢。

【小結】此條抄自《四庫全書總目》卷十五《詩集傳》提要、《詩序》提
要。作偽方式有三：第一，點竄字句；第二，增加句子；第三，改變順序，Ｃ、
Ａ段抄自《詩序》提要。

19.《詩傳》作自毛亨

案《漢書·藝文志》，《毛詩》廿九卷，《毛詩故訓傳》三十卷，皆稱毛公
而不著其名。《後漢·儒林傳》始云：「趙人毛長傳《詩》。」長字不從艸。《隋
書·經籍志》《毛詩》二十卷，河間太守毛萇傳，鄭氏箋。於是《詩傳》始稱
作自毛萇。流俗沿襲，莫之能改矣。然考鄭玄《詩譜》曰：「魯人大毛公為訓
詁，傳於其家，河間獻王得而獻之，以小毛公為博士。」陸璣《毛詩草木鳥獸
蟲魚疏》亦云：「孔子刪《詩》授卜商，商為之序，以授魯人曾申，曾申授魏
人李克，克授魯人孟仲子，仲子授根牟子，根牟子授趙人荀卿，荀卿授魯國毛
亨，毛亨作《訓詁傳》以授趙國毛萇。時謂亨為大毛公，萇為小毛公。」據此
二說，是作傳者乃毛亨，非毛萇也。鄭氏後漢人，陸氏三國吳人，去古為近，
又並傳授《毛詩》，作箋作疏，淵源有自，其言可信。《隋書·經籍志》殊不足
據也。

【探源】《四庫全書總目》卷十五《毛詩正義》提要：

案《漢書・藝文志》，《毛詩》二十九卷，《毛詩故訓傳》三十卷，然但稱毛公不著其名。《後漢書・儒林傳》始云：「趙人毛長傳《詩》。……」其長字不從艸。《隋書・經籍志》載《毛詩》二十卷，漢河間太守毛萇傳，鄭氏箋，於是《詩傳》始稱毛萇。然鄭玄《詩譜》曰：「魯人大毛公為訓詁，傳於其家，河間獻王得而獻之，以小毛公為博士。」陸璣《毛詩草木蟲魚疏》亦云：「孔子刪《詩》授卜商，商為之序以授魯人曾申，申授魏人李克，克授魯人孟仲子，仲子授根牟子，根牟子授趙人荀卿，荀卿授魯國毛亨，毛亨作《訓詁傳》以授趙國毛萇。時人謂亨為大毛公，萇為小毛公。」據是二書，則作傳者乃毛亨，非毛萇。……而流俗沿襲，莫之能更。……以鄭氏後漢人，陸氏三國吳人，並傳授《毛詩》，淵源有自，所言必不誣也。

【小結】此條抄自《總目》卷十五《毛詩正義》提要。作偽方式有二：第一，點竄字句；第二，增加觀點句——「去古為近」，「《隋書・經籍志》殊不足據也」。

20. 毛傳體例

【A】毛傳最古雅且完善，依經訓義，委曲詮解，而不拘於章句。【B】有經本一字而傳重文者，如《擊鼓》「憂心有忡」，傳「憂心忡忡然」；《淇澳》「赫兮咺兮」，傳「赫，有明德，赫赫然」；《芄蘭》「容兮遂兮，垂帶悸兮」，傳「佩玉遂遂然，垂其紳悸悸然」；《丘中有麻》「將其來施」，傳「施施難進之貌」；《中谷有蓷》「條其嘯嘯矣」，傳「條條然嘯也」；《黃鳥》「慘慘其栗」，傳「栗栗，懼也」；《谷風》「有洸有潰」，傳「洸洸，武也。潰潰，怒也」；《匪風》「匪風發兮，匪車偈兮」，傳「發發飄風，非有道之風。偈偈疾驅，非有道之車」是也。有經重文而傳一字者，如《公劉》「于時言言，于時語語」，傳「直言曰言，論難曰語」；《有客》「有客宿宿，有客信信」，傳「一宿曰宿，再宿曰信」是也。有經分而傳合者，如《旄丘》「瑣兮尾兮」，傳「瑣尾，少好之貌」；《泉水》「載脂載舝」，傳「脂舝其車」；《北風》「其虛其邪」，傳「虛邪也」；《女曰雞鳴》「將翱將翔」，傳「閒於政事，則翱翔習射」；《子衿》「挑兮達兮」，傳「挑達，往來相見貌」；《卷阿》「有馮有翼」，傳「道可馮依以為輔翼也」；《常

武》「匪紹匪游」，傳「不敢繼以遨游也」；《有客》「有萋有且」，傳「萋且，敬慎貌」是也。有經合而傳分者，如《定之方中》「騋牝三千」，傳「騋馬與牝馬也」；《淇澳》「綠竹猗猗」，傳「綠，王芻也。竹，萹竹也」；《防有鵲巢》「中唐有甓」，傳「中，中庭也。唐，堂塗也」；《七月》「以伐遠揚」，傳「遠枝，遠也。揚條，揚也」；《生民》「自土漆沮」，傳「漆水也，沮水也」，「以興嗣歲」，傳「興來歲，嗣往歲也」；《蕩》「疾威上帝」，傳「疾，病人矣。威，罪人矣」；《時邁》「明昭有周」，傳「明，知未然也，昭然，不疑也」；《閟宮》「奄有龜蒙」，傳「龜山也，蒙山也」，「保有鳧繹」，傳「鳧山也，繹山也」是也。有經省文而傳補者，如《生民》「鳥覆翼之」，傳「一翼覆之，一翼藉之」是也。【C】俗儒不知，往往私意妄改者，殊失毛公訓詁之義矣。

【探源】《經義雜記》卷二十三「毛傳文例最古」：

【A】十三經中惟《毛詩》傳最古而最完好，其詁訓能委曲順經，不拘章句，【C】俗儒不知而私改者。……【B】有經本一字而傳重文者，如《擊鼓》「憂心有忡」，傳「憂心忡忡然」；《淇奧》「赫兮咺兮」，傳「赫，有明德，赫赫然」；《芄蘭》「容兮遂兮，垂帶悸兮」，傳「佩玉遂遂然，垂其紳帶悸悸然」；《丘中有麻》「將其來施」，傳「施施難進之貌」；《中谷有蓷》「條其嘯矣」，傳「條條然嘯也」；《黃鳥》「惴惴其栗」，傳「栗栗，懼也」；《匪風》「匪風發兮，匪車偈兮」，傳「發發飄風，非有道之風。偈偈疾驅，非有道之車」。……有經重文而傳一字者，如《公劉》「于時言言，于時語語」，傳「直言曰言，論難曰語」；《有客》「有客宿宿，有客信信」，傳「一宿曰宿，再宿曰信」。……有經分而傳合者，如《旄丘》「瑣兮尾兮」，傳「瑣尾，少好之貌」；《泉水》「載脂載牽」，傳「脂牽其車」；《北風》「其虛其邪」，傳「虛邪也」；《女曰雞鳴》「將翱將翔」，傳「閒於政事，則翱翔習射」；《子衿》「挑兮達兮」，傳「挑達，往來相見貌」；《卷阿》「有馮有翼」，傳「道可馮依以為輔翼也」；《常武》「匪紹匪游」，傳「不敢繼以遨游也」；《有客》「有萋有且」，傳「萋且，敬慎貌」。有經合而傳分者，如《定之方中》「騋牝三千」，傳「騋馬與牝馬也」；《淇奧》「綠竹猗猗」，傳「綠，王芻也。竹，萹竹也」；《防有鵲巢》「中唐有甓」，傳「中，中庭也。唐，堂塗也」；《七月》「以伐遠揚」，傳「遠枝，遠也。揚條，揚也」；《生民》「自土漆沮」，傳「漆水，沮

水也」,「以與嗣歲」,傳「與來歲,嗣往歲也」;《蕩》「疾威上帝」,傳「疾,病人矣。威,罪人矣」;《時邁》「明昭有周」,傳「明矣,知未然也,昭然,不疑也」;《閟宮》「奄有龜蒙」,傳「龜山也,蒙山也」,「保有鳧繹」,傳「鳧山也,繹山也」。有經省文而傳補者,如《生民》「鳥覆翼之」,傳「一翼覆之,一翼藉之」。

【小結】此條抄自《經義雜記》卷二十三「毛傳文例最古」條。作偽方式有三:第一,點竄字句;第二,增加觀點句——「殊失毛公訓詁之義矣」;第三,改變順序,原文順序為 A—C—B。

21. 鄭箋改字

【A】鄭氏箋明傳義,有傳義隱約者,或申其義,或正其義,或定其音,或辨其字。雖似改字,要皆各有根據。如《野有死麕》:「白茅純束。」傳「純束,猶包之也」,箋云:「純,讀如屯。」《正義》曰:「以純非束之義,故讀為屯。」案《史記‧蘇秦列傳》:「錦繡千純。」高誘注《戰國策》:「音屯,屯,束也。」是古「屯」多假作「純」也。【B】《終風》:「願言則疐。」傳:「疐,欬也。」箋云:「疐,讀當為不敢嚏咳之嚏。」《釋文》:「疐,本又作嚏,又作疌,劫也。又作跲。」孫毓同。崔靈恩云:「毛訓疐為欬,今俗人云欠欠欬欬是也。」案《說文‧欠部》無「欬」字,《口部》:「嚏,悟解氣也。《詩》曰『願言則嚏。』」「悟解氣」正與毛傳合。以疐讀嚏者,是以許義申毛也。【C】《北風》:「其虛其邪。」傳「虛邪也」,箋云:「邪,讀如徐。」毛以「其虛其邪」言威儀,「虛徐」是以邪為徐字,是鄭本《爾雅‧釋訓》以正其讀也。《大叔于田》:「叔善射忌。」傳「忌,辭也」,箋云:「忌,讀如彼己之子之己。」案《揚之水》「彼其之子」,箋云:「其或作記,或作己,讀聲相似。」是鄭以其、忌、己、記四字同為語辭,因聲相似而通用也。《鴛鴦》:「摧之秣之。」傳「摧,莝也」,箋云:「摧,今莝字也。」《正義》曰:「傳云:『摧,莝轉,古為今,其言不明,故辨之。』」云此摧乃今之莝字也。【D】《角弓》:「莫肯下遺。」箋云:「遺,讀曰隨,無肯謙虛,以禮相卑下,先人而後己。」案《荀子‧非相》篇引《詩》作「隧」。楊注云:「隧讀為隨,隧與隨同聲。」《毛詩》本出荀卿,故鄭據之。王肅申毛,作如字。乃與鄭立異耳。【E】《思齊》:「烈假不瑕。」傳「烈業,假大也」,箋云:「烈、假皆病也。」《正義》曰:「鄭讀『烈假』為『厲瘕』,故云皆病也。」【F】《雲漢》:「靡人不周。」傳「周,救也」,箋云:

「周當作賙。」《正義》曰：「以周救於人，其字當從貝，故轉為賙。」《崧高》：「往近王舅。」傳「近己也」，箋云：「聲如彼記之子之記。」案《說文》：「近讀與記同。」毛以往近為往己。古己巳聲同，故鄭以許讀申毛也。凡此皆因傳義隱約，或正其音，或申其義，非直改其字也。【G】《關雎》：「君子好逑。」傳「逑，匹也，宜為君子之好匹」，箋云：「怨耦曰仇，能為君子和好眾妾之怨者，皆化后妃，不嫉妒。」案：嘉耦曰妃，怨耦曰仇。嘉耦既以善相求，怨耦又以怨相求。嘉怨不同，而相求則一。故《爾雅》、《左傳》皆作「仇」為「逑」之同聲假借也。是以「逑」作「仇」者，本《爾雅》、《左傳》文也。【H】《雄雉》：「自詒伊阻。」傳「伊，誰」。箋云：「伊當作繄，繄猶是也。」《正義》曰：「箋以《宣二年左傳》趙宣子曰：『嗚呼！我之懷矣，自詒繄戚。』《小明》云：「自詒繄戚。」為義既同，明伊有義為繄者，故此及《蒹葭》、《東山》、《白駒》各以伊為繄，《小明》不易者，以「伊戚」之文與傳正同，為繄可知。據此知《雄雉》「自詒伊阻」，《蒹葭》、《東山》、《白駒》「所謂伊人」，《正月》「伊誰云憎」，箋皆改「伊」為「繄」者，本《宣二年左傳》文也。【I】《無衣》：「與子同澤。」傳「澤，潤澤也」，箋云：「襗，褻衣，近污垢。」《釋文》同。「澤，如字。」毛「潤，澤也」。鄭「褻衣也」。《說文》作「襗」。《正義》曰：「箋：『《易傳》為襗。』《說文》云：「襗，袴也。」《論語》注云：「褻衣，袍襗也。」又《周禮·玉府》「掌王之燕衣服」，注「燕衣服者，袍襗之屬」。釋曰：「《毛詩》云：『豈曰無衣，與子同襗。』」是以澤為襗者本許氏也。【J】《山有樞》：「他人是愉。」傳「愉，樂也」。箋云：「愉，讀曰偷，偷取也。」案《漢書·地理志》引《詩》：「它人是媮。」《文選·西京賦》：「鑒戒唐詩，他人是媮。」薛綜引《詩》「他人是媮。」《漢志》、張賦皆以「媮」為「偷」。蓋康成時以媮為愉，樂字、佻、達字則作偷，或作媮，故鄭隨俗改愉為偷耳。是改愉為偷，與《班志》及張賦合，當本三家《詩》也。《揚之水》：「素衣朱襮。」傳「諸侯繡黼」。箋云：「繡當為綃。」《正義》曰：「下章作素衣朱繡。」而《郊特牲》及《士昏禮》二注引《詩》皆作「素衣朱綃」者。箋破此傳，繡當為綃。下章繡字，亦當破為綃。箋不言者，從此而略之耳。案《儀禮·士昏禮》「宵衣」注：「『宵』讀為《詩》『素衣朱綃』之『綃』。《魯詩》以綃為綺屬也。」《特牲饋食禮》「宵衣」注「宵，綺屬也，此衣染之以黑其繒，本名曰綃。《詩》有『素衣朱綃』，《禮》有『元綃衣』」。《禮記·郊特牲》「繡黼」注「繡讀為綃，綃，繒名也。《詩》云：『素衣朱綃。』」是鄭改「繡」為「綃」者，本《魯詩》也。

《吉日》:「其祁孔有。」傳「祁,大也」,箋云:「祁當作麎,麎,麋牝也。」
《正義》曰:「注《爾雅》者某氏亦引《詩》云『瞻彼中原,其麎孔有』。」與
鄭同。案唐人引某氏注《爾雅》,或引作樊光。樊,漢人。其引《詩》當本之
三家,故與鄭合。則改「祁」為「麎」,本三家《詩》也。【K】《有瞽》:「應田
縣鼓。」傳「田,大鼓也」,箋云:「『田』當作『陳』,陳,小鼓,在大鼓旁,
應、鞞之屬也。」聲轉字誤變而為田。案《禮記·明堂位》:「周縣鼓。」注「《周
頌》曰:『應陳縣鼓』。鄭先通韓、魯《詩》,注三禮時所用《詩》多本韓、魯,
則改「田」為「陳」,本韓、魯《詩》也。《那》:「置我鞉鼓。」傳「殷人置鼓」。
箋云:「置,讀曰植。植鞉鼓者,為楹貫而樹之。多其改夏之制,乃始植我殷
家之樂鞉與鼓也。鞉雖不植,貫而搖之,亦植之類。」案《明堂位》:「殷楹鼓。」
注:「《殷頌》曰:『植我鞉鼓。』」然則讀置為植,當亦本韓、魯《詩》也。《書·
金縢》:「植璧秉珪。」鄭注:「植,古置字。《論語》『植其杖而芸』。石經殘字
作『置其杖』,可參證也。」《長發》:「何天之龍。」傳「龍,和也」。箋云:
「龍當作寵,寵,榮名之謂。」案《大戴禮記·衛將軍文子》引《詩》曰:「何
天之寵。」《戴禮》,今文也。三家《詩》必有作寵者。則改龍為寵與《大戴禮
記》合也。【L】若《思齊》:「古之人無斁,譽髦斯士。」傳「古之人無厭於有
名譽之俊士」。箋云:「口無擇言,身無擇行,以身化其臣下,故令此士皆有名
譽於天下,成其俊乂之美也。」《釋文》無斁,毛音亦厭也,鄭作擇,《正義》
曰箋不言字誤,則此經本有作「擇」者,故不破之也。案孔氏此言校正毛、鄭
正見,千古卓識。呂伯恭《讀詩紀》引董氏曰:「《韓詩》作『古之人無擇』,
當即據鄭箋也。」【M】凡此見鄭學宏通,雖似改毛,皆本經師相承之訓,各
有根據,非若後人之師心臆斷也。

　　【探源】《經義雜記》卷十七「鄭箋改字有本」:

　　　　【A】不知鄭意在箋明傳義。有傳義隱約者,鄭或正其音,或辨
　　　其字,雖似改毛。而實為申毛……《野有死麕》:「白茅純束。」傳
　　　「純束,猶包之也」。箋云:「純,讀如屯。」《正義》曰:「以純非束
　　　之義,故讀為屯。」案《史記·蘇秦列傳》:「錦繡千純。」《索隱》
　　　曰:「高誘注《戰國策》,音屯,屯,束也。」……是古「屯束」字多
　　　假作「純」也。

　　　　【C】《北風》:「其虛其邪。」傳「虛邪也」。箋云:「邪,讀如
　　　徐。」毛以「其虛其邪」言威儀,「虛徐」是以邪為徐字,故鄭本《爾

雅‧釋訓》以正其讀。《大叔于田》「叔善射忌」，傳「忌，辭也」。箋云：「忌，讀如彼己之子之己。」案《揚之水》：「彼其之子。」箋云：「其或作記，或作己，讀聲相似。」是鄭以其、忌、己、記四字同為語辭，因聲相似而通用。……《鴛鴦》：「摧之秣之。」傳「摧，莝也」。箋云：「摧，今莝字也。」《正義》曰：「傳云：『摧，莝轉，古為今，而其言不明，故辨之。』」云此摧乃今之莝字也。

【F】《雲漢》：「靡人不周。」傳「周，救也」，箋云：「周當作賙。」《正義》曰：「以周救於人，其字當從貝，故轉為賙。」《崧高》：「往近王舅。」傳「近己也」，箋云：「聲如彼記之子之記。」案《說文》：「近讀與記同」。毛以往近為往己。古己巳聲同，故鄭以許讀申毛也。……凡此皆因傳義隱約，鄭或正其言，或辨其字，實申毛而非改毛也。

【H】《雄雉》：「自詒伊阻。」傳「伊，維」。……箋云：「伊當作繄，繄猶是也。」《正義》曰：「箋以《宣二年左傳》趙宣子曰：『嗚呼！我之懷矣，自詒繄（舊訛伊）戚。』」《小明》云：「自詒伊戚。」為義既同，明伊有義為繄者，故此及《蒹葭》、《東山》、《白駒》各以伊為繄，《小明》不易者，以「伊戚」之文與傳正同，為繄可知。據此則知《雄雉》「自詒伊阻」，《蒹葭》、《東山》、《白駒》「所謂伊人」，《正月》「伊誰云憎」，箋皆改「伊」作「繄」者，本《宣二年左傳》「自詒繄戚」之文也。

【J】《山有樞》：「他人是愉。」傳「愉，樂也」。箋云：「愉，讀曰偷，偷取也。」案《漢書‧地理志下》引《詩》：「它人是媮。」《文選‧西京賦》：「鑒戒唐詩，他人是媮。」薛綜注引《詩》「他人是媮」……《漢志》、《張賦》皆以「媮」為「偷」。蓋康成時以媮為愉，樂字、恌、薄字則作偷，或作媮，故鄭隨俗改愉為偷。是改愉為偷，與《班志》及張賦合，當本三家詩也。《揚之水》：「素衣朱襮。」傳「諸侯繡黼」。箋云：「繡當為綃。」《正義》曰：「下章作素衣朱繡。」而《郊特牲》及《士昏禮》二注引《詩》皆作「素衣朱綃」者。箋破此傳，繡當為綃。下章繡字，亦破為綃。箋不言者，從此而略之耳。案《儀禮‧士昏禮》「宵衣」注：「『宵』讀為《詩》『素衣朱綃』之『綃』。《魯詩》以綃為綺屬也。」《特牲饋食禮》「宵衣」

注：「宵，綺屬也。此衣染之以黑其繒，本名曰綃。《詩》有『素衣朱
綃』，《禮》有『元綃衣』。」《禮記・郊特牲》「繡黼」注「繡讀為綃，
綃，繒名也。詩云：『素衣朱綃。』」然則鄭改「素衣朱繡」為「朱
綃」者，本《魯詩》也。《吉日》：「其祁孔有。」傳「祁，大也」，箋
云：「祁當作麎，麎，麋牝也。」《正義》曰：「注《爾雅》者某氏亦
引《詩》云：『瞻彼中原，其麎孔有』。」與鄭同。案唐人引某氏注
《爾雅》，或引作樊光。樊氏漢人，其引詩當本之三家，故與鄭合。
則改「祁」為「麎」，本三家詩也。

【D】《角弓》：「莫肯下遺。」……箋云：「遺，讀曰隨，無肯謙
虛，以禮相卑下，先人而後己。」案《荀子・非相》篇：「《詩》曰：
『莫肯下隧。』」楊注云：「隧讀為隨，莫肯下隨於人，隧與隨聲同。」
《毛詩》本出於荀卿，故鄭氏據之。……王肅申毛，作如字。乃與
鄭立異耳。

【K】《有瞽》：「應田縣鼓。」傳「田，大鼓也」，箋云：「『田』
當作『棟』，棟，小鼓，在大鼓旁。應、鞞之屬也。」聲轉字誤變而
作田。案《禮記・明堂位》：「周縣鼓。」注：「《周頌》曰：『應棟縣
鼓。』」鄭先通韓、魯《詩》，注三禮時所用《詩》多本韓、魯。……
則改「田」為「棟」本。韓、魯《詩》也。《那》：「置我鞉鼓。」傳
「殷人置鼓」。箋云：「置，讀曰植。植鞉鼓者，為楹貫而樹之。多
其改夏之制，乃始植我殷家之樂鞉與鼓也。鞉雖不植，貫而搖之，
亦植之類。」案《明堂位》：「殷楹鼓。」注：「《殷頌》曰：『植我鞉
鼓。』」然則讀置為植，當亦本韓、魯。《書・金縢》：「植璧秉珪。」
鄭注：「植，古置字。《論語》『植其杖而芸』。石經殘碑作『置其杖』，
可參證也。」《長發》：「何天之龍。」傳「龍，和也」。箋云：「龍當
作寵，寵，榮名之謂。」案《大戴禮記・衛將軍文子》引《詩》曰：
「何天之寵。」《戴禮》，今文也。三家詩必有作「何天之寵」者，則
改龍為寵與《大戴禮記》合也。……【M】皆有根據……康成所改皆
本經師相承之訓，非若後人之師心妄作也。……鄭學之閎通矣。

《經義雜記》卷十「願言則疐」：

【B】《詩・終風》：「寤言不寐，願言則嚏。」傳：「嚏，跲也。」
箋云：「……嚏讀當為不敢嚏咳之嚏。」……《釋文》：「疐，本又作

嚏，又作疐，……劫也。……本又作跲。」……孫毓同。崔云：「毛訓疐為跲，今俗人云欠欠跲跲是也。」……《說文・口部》云：「嚔，悟解氣也。……」《詩》曰：「願言則嚔。」案「悟解氣也」與傳義同。……《說文・欠部》無「欮」字。

《經義雜記》卷二十九「君子好仇」：

【G】《詩・關雎》：「君子好逑。」傳「逑，匹也，宜為君子之好匹」。箋云：「怨耦曰仇，能為君子和好眾妾之怨者言，皆化后妃，不嫉妬。」……《左傳・桓二年》師服曰：「嘉耦曰妃，怨耦曰仇。」……《爾雅》、《毛詩》、《左傳》皆作「仇」者，為「逑」之同聲假借也。……嘉耦既以善相求，怨耦又以怨相求。嘉怨不同，而相求則一。

《經義雜記》卷九「《毛詩》改從鄭箋」：

【I】《無衣》：「與子同澤。」傳「澤，潤澤也」，箋云：「澤（舊作禪），褻衣，近污垢。」《釋文》同。「澤，如字。」毛「潤，澤也」。鄭「褻衣也」。《說文》作「禪」。而《正義》曰：「箋：『《易傳》為禪。』」《說文》云：「禪，袴也。」《論語》注云：「褻衣，袍禪也。」又《周禮・玉府》「掌王之燕衣服」，注「燕衣服者，袍禪之屬」。釋曰：「《毛詩》云：『豈曰無衣，與子同袍。』」

【E】《思齊》：「烈假不瑕。」傳「烈業，假大也」，箋云：「烈（舊作厲）、假皆病也。」《正義》曰：「鄭讀『烈假』為『厲瘕』，故云皆病也。」

《經義雜記》卷十二「古之人無擇」：

【L】《詩・思齊》：「古之人無斁，譽髦斯士。」傳「古之人無厭於有名譽之俊士」。箋云：「古之人謂聖王明君也。口無擇言，身無擇行，以身化其臣下，故令此士皆有名譽於天下，成其俊乂之美也。」《釋文》無斁，毛音亦猒也，鄭作擇。……案孔氏云箋不言字誤，則此經本有作「擇」者。此言可為千古明識，欲校正毛鄭之經，當具此慧眼，以此折蕭之謬，則勢如破竹矣。呂伯恭《讀詩紀》引董氏云：「韓詩作『古之人無擇』。」此竊取鄭箋。

【小結】此條抄自《經義雜記》卷九「《毛詩》改從鄭箋」條、卷十「願言則疐」條、卷十二「古之人無擇」條、卷十七「鄭箋改字有本」條、卷二十

九「君子好仇」條。A、C、F、H、J、D、K、M段抄自「鄭箋改字有本」條，B段抄自「願言則疐」條，G段抄自「君子好仇」條，I、E段抄自「《毛詩》改從鄭箋」條，L段抄自「古之人無擇」條。作偽方式有三：第一，點竄字句；第二，增加觀點句──「要皆各有根據」；第三，改變順序。

22.《韓詩》為今文

【A】《毛詩·芄蘭》：「能不我甲。」傳：「甲，狎也。」《韓詩》作「能不我狎」。《毛詩·小旻》：「是用不集。」傳：「集，就也。」《韓詩》作「是用不就」。《毛詩》：「摧之秣之。」傳：「摧，莝也。」《韓詩》作「莝之秣之」。《毛詩·大明》：「俔天之妹。」傳：「俔，磬也。」《韓詩》作「磬天之妹」。《毛詩·丘中有麻》：「將其來施。」傳：「施施，難進之意。」《韓詩》作「將其來施施」。
【B】蓋《毛詩》為古文，齊、魯、韓三家皆為今文。古文多假借，作傳者每以正字釋之。今文經直作正字，【C】故韓以詁訓代經也。然《韓詩·防有鵲巢》「誰俯予娓」，娓，美也。《毛詩》作「誰俯予美」，又似《韓詩》為古文者。然三家各有師承，在好學者互相考正可耳。

【探源】《經義雜記》卷二十一「詩古文今文」：

　　【B】《毛詩》為古文，齊、魯、韓為今文。古文多假借，故作詁訓傳者以正字釋之。若今文則經直作正字。

　　【A】《毛詩·芄蘭》：「能不我甲。」傳「甲，狎也」。《韓詩》作「能不我狎」。……《毛詩·小旻》：「是用不集。」傳「集，就也」。《韓詩》作「是用不就」。……《毛詩·鴛鴦》：「摧之秣之。」傳「摧，莝也」。《韓詩》作「莝之秣之」。……《毛詩·大明》：「俔天之妹。」傳「俔，磬也」。《韓詩》作「磬天之妹」。……《毛詩·丘中有麻》：「將其來施。」……傳「施施，難進之意」。《韓詩》作「將其來施施」。

　　【C】是今文皆以詁訓代經也。……然《韓詩·防有鵲巢》「誰俯予娓」，娓，美也。……《毛詩》作「誰俯予美」。又疑韓詩為本經。……然三家各有傳授，其足互相考正者不少，但存乎好學深思之士耳。

【小結】此條抄自《經義雜記》卷二十一「詩古文今文」條。作偽方式有二：第一，點竄字句；第二，改變順序。

23.《毛詩》訛異

【A】五經中惟《詩》易讀，習者甚眾。故書坊刊版，輾轉訛異者，惟詩為更黟。今即各家所校正者，悉臚列焉。【B】其經文訛異者，如《墉風》：「終然允臧。」「然」誤為「焉」。《王風》：「牛羊下括。」「括」誤為「栝」。《齊風》：「不能辰夜。」「辰」誤為「晨」。《小雅》：「求爾新特。」「爾」誤為「我」。「胡然厲矣」，「然」誤為「為」。「朔月辛卯。」「月」誤為「日」。「家伯維宰」，「維」誤為「冢」。「如彼泉流」，「泉流」誤為「流泉」。「爰其適歸」，「爰」誤為「奚」。《大雅》：「天降滔德。」「滔」誤為「慆」。「如彼泉流」亦訛為「流泉」。《商頌》：「降予卿士。」「予」誤為「於」。凡十二條，馮嗣京所校正者也。又《召南》：「無使尨也吠。」「尨」誤為「厖」。「何彼襛矣」，「襛」誤為「穠」。《衛風》：「遠兄弟父母。」誤為「遠父母兄弟」。《小雅》：「言歸斯復。」「斯」誤為「思」。「昊天太憮」，「太」誤為「泰」。《楚茨》：「以享以祀。」「享」誤為「饗」。「福祿膍之」，「膍」誤為「媲」。「畏不能趨」，「趨」誤為「趍」。「不皇朝矣」，「皇」誤為「遑」下二章同。《大雅》：「淠彼涇舟。」「淠」誤為「渒」。「以篤于周祜」，脫「於」字。《周頌》：「既又饗之。」「饗」誤為「享」。《魯頌》：「其旂茷茷。」誤為「茇茇」。《商頌》：「來格祁祁。」誤為「祈祈」。凡十四條，陳啟源所校正者也。其有傳文訛異者，如《衛風·伯兮》篇，傳曰：「女為悅己者容。」「己」下脫「者」字。《王風·采葛》篇：「蕭，萩也。」「萩」誤為「荻」。《唐風·葛生》篇：「域，營域也。」「營」誤為「塋」。《秦風·蒹葭》篇：「小渚曰沚。」「小」誤為「水」。《小雅·四牡》篇：「今鵻鳩也。」「鵻」誤為「鶉」。《蓼蕭》篇：「在衡曰鑣。」「衡」誤為「鑣」。《采芑》篇：「即今苦蕒菜。」「蕒」誤為「蕒」。《正月》篇：「申包胥曰：『人定則勝天。』」「定」誤為「眾」。《小弁》篇：「江東呼為鵯鳥。」「鵯」誤為「鴨」。《巧言》篇：「君子不能聖讒。」「聖」誤為「堅」。凡十二條，史榮所校正者也。又《召南·騶虞》篇：「豝，牝豕也。」「牝」誤為「牡」。《終南》篇：「黻之狀**亞**，象兩弓相背。」「**亞**」誤為「亞」、「弓」誤為「己」。《南有嘉魚》篇：「鯉質鱒鱗。」「鱗」誤為「鄉」，又衍「肌」字。《甫田》篇：「或耘或耔。」引《漢書》：「苗生葉以上。」脫「生」字。「隤其土。」誤為「壝其上」。《頍弁》篇：「賦而比也。」誤增「興又」字。《小宛》篇：「俗呼青雀。」「雀」誤為「觜」。《文王有聲》篇：「減成溝也。」「成」誤為「城」。《召旻》篇「池之竭矣」章，「比也」誤作「賦」。《閔予小子》篇引《大招》「三公穆穆」，誤為「三公揖讓」。

《賚》篇：「此頌文王之功。」「王」誤為「武」。《駉》篇：「此言魯侯牧馬之盛。」「魯侯」誤為「僖公」。凡十一條，陳啟源所校正者也。【C】至於音叶，朱子初用吳棫《詩補音》。其孫鑒又意為增損，不無舛誤。史榮《風雅遺音》辨之詳矣。

【探源】《四庫全書總目》卷十五《詩集傳》提要：

【B】其間經文訛異，馮嗣京所校正者，如《墉風》：「終然允臧。」「然」誤「焉」。《王風》：「牛羊下括。」「括」誤「栝」。《齊風》：「不能辰夜。」「辰」誤「晨」。《小雅》：「求爾新特。」「爾」誤「我」。「胡然厲矣」，「然」誤「為」。「朔月辛卯」，「月」誤「日」。「家伯維宰」，「維」誤「冢」。「如彼泉流」，「泉流」誤「流泉」。「爰其適歸」，「爰」誤「奚」。《大雅》：「天降滔德。」「滔」誤「慆」。「如彼泉流」亦誤「流泉」。《商頌》：「降予卿士。」「予」誤「於」。凡十二條。陳啟源所校正者，《召南》：「無使尨也吠。」「尨」誤「厖」。「何彼襛矣」，「襛」誤「穠」。《衛風》：「遠兄弟父母。」誤「遠父母兄弟」。《小雅》：「言歸斯復。」「斯」誤「思」。「昊天大憮」，「大」誤「泰」。《楚茨》：「以享以祀。」「享」誤「饗」。「福祿膍之」，「膍」誤「媲」。「畏不能趨」，「趨」誤「趍」。「不皇朝矣」，「皇」誤「遑」。（下二章同）《大雅》：「淠彼涇舟。」「淠」誤「渒」。「以篤于周祜」，脫「於」字。《周頌》：「既右饗之。」「饗」誤「享」。《魯頌》：「其旗茷茷。」誤「茷茷」。《商頌》：「來格祁祁。」誤「祈祈」。凡十四條。又傳文訛異，陳啟源所校正者，《召南．騶虞》篇：「豝牝豕也。」「牝」誤「牡」。《終南》篇：「黻之狀亞，象兩弓相背。」「亞」誤「亞」、「弓」誤「已」。《南有嘉魚》篇：「鯉質鱒鱗。」「鱗」誤「鯽」，又衍「肌」字。《甫田》篇：「或耘或耔。」引《漢書》：「苗生葉以上。」脫「生」字。「隤其土」，誤「壝其上」。《頍弁》篇：「賦而比也。」誤增「興又」二字。（案此輔廣《詩童子問》所增。）《小宛》篇：「俗呼青雀。」「雀」誤「鴜」。《文王有聲》篇：「淢成溝也。」「成」訛「城」。《召旻》篇「池之竭矣」章，「比也」誤作「賦」。《閔予小子》篇引《大招》：「三公穆穆。」誤「三公揖讓」。《賚》篇：「此頌文王之功。」「王」誤「武」。《駉》篇：「此言魯侯牧馬之盛。」「魯侯」誤「僖公」。凡十一條。史榮所校正者，《衛風．伯兮》

篇，傳曰：「女為悅己者容。」「己」下脫「者」字。《王風·采葛》
篇：「蕭，荻也。」「荻」誤「荻」。《唐風·葛生》篇：「域，營域也。」
「營」誤「塋」。《秦風·蒹葭》篇：「小渚曰沚。」「小」誤「水」。
《小雅·四牡》篇：「今鵓鳩也。」「鵓」誤「鵏」。《蓼蕭》篇：「在
衡曰鷖。」「衡」誤「鑣」。《采芑》篇：「即今苦蕒菜。」「蕒」誤「蕡」。
《正月》篇：「申包胥曰：『人定則勝天。』」「定」誤「眾」。《小弁》
篇：「江東呼為鵯鳥。」「鵯」誤「鴨」。《巧言》篇：「君子不能聖讒。」
「聖」誤「墼」。凡十條。

【A】蓋五經之中，惟《詩》易讀，習者十恒七八。故書坊刊版
亦最夥。其輾轉傳訛，亦為最甚。今悉釐正，俾不失真。

【C】至其音叶，朱子初用吳棫《詩補音》。……其孫鑒又意為
增損，頗多舛迕。史榮作《風雅遺音》已詳辨之。

【小結】此條抄自《四庫全書總目》卷十五《詩集傳》提要。原文順序為
B、A、C。作偽方法有三：第一，點竄字句；第二，增加句子；第三，改變
順序。

24.《毛詩》訛字非《集傳》原本

《漢廣》「南有喬木，不可休息」，《集傳》云：「吳氏曰：『《韓詩》作思』」。
今本刪此七字。案王伯厚《詩考序》云：「朱文公《集傳》『不可休思』從《韓
詩》。」本此《常棣》：「外御其務」，《集傳》云：「《春秋傳》作『侮』，罔甫反。」
既引其文，即從其義。故下云：「有外侮則同心禦之。」今本改云音「侮」，刪
「《春秋傳》」等八字。《四月》「爰其適歸」，《集傳》於爰下注云：「《家語》作
奚。」故下云：「奚，何也。」今本刪「《家語》作奚」四字而改「爰」為「奚」。
案《毛詩》「爰其適歸」，箋云：「爰，曰也。」《文選》潘安仁《關中詩》注引
《詩》：「亂離斯莫，爰其適歸」，《說苑·政理》亦作「爰」。惟《家語·辨政》
作「奚」，必王肅私改異鄭者，而朱子誤從之。然亦止從其義未改其字。今本
直改作「奚」矣。《假樂》「假樂君子」，《集傳》云：「《中庸》、《春秋傳》皆作
『嘉』，今當作『嘉』。」今本但作「音嘉」二字，與夫「何彼襛矣」之作「穠」、
「終然允臧」之作「焉」、「遠兄弟父母」之作「遠父母兄弟」、「羊牛下括」之
作「牛羊」、「不能辰夜」之作「晨」、「碩大且篤」之作「實」、「不可畏也」之
作「亦」、「胡然厲矣」之作「為」、「朔月辛卯」之作「日」、「家伯維宰」之作

「冢」、「如彼泉流」之作「流泉」、「降予卿士」之作「於」以及馮、陳兩家校定之十餘條，皆由書坊輾轉傳刊，訛誤相沿，不從《集傳》元本。校勘鮮不疑為朱子之誤也。

【探源】《經義雜記》卷二十七「俗本《詩集傳》」：

《漢廣》：「南有喬木，不可休息。」《集傳》云：「吳氏曰：『《韓詩》作思。』」……俗本刪此七字。案王伯厚《詩考序》云：「朱文公《集傳》『不可休思』從《韓詩》。」本此。《常棣》：「外御其務。」《集傳》云：「《春秋傳》作『侮』，罔甫反。」既引其文，即從其義。故下云：「有外侮則同心御之。」乃今本改云音「侮」，刪《春秋傳》等八字。《四月》：「爰其適歸。」《集傳》於爰下注云：「《家語》作奚。」故下云：「奚，何也。」乃今刪「《家語》作奚」四字而改「爰」為「奚」。案《毛詩》：「爰其適歸。」箋云：「爰，曰也。」《文選》潘安仁《關中詩》注引《韓詩》：「亂離斯莫，爰其適歸。」《說苑·政理》亦作「爰」。惟《家語·辯政》作「奚」。必王肅私改以異鄭。朱子不覺其非，故誤從之。然雖用其義，尚未改其文。若如今本竟作「奚」。……《假樂》：「假樂君子。」《集傳》云：「《中庸》、《春秋傳》皆作『嘉』，今當作『嘉』。」俗本但作「音嘉」二字，以及「何彼襛矣」之作「穠」、「終然允臧」之作「焉」、「遠兄弟父母」之作「遠父母兄弟」、「羊牛下括」之作「牛羊」、「不能辰夜」之作「晨」、「碩大且篤」之作「實」、「不可畏也」之作「亦」、「胡然厲矣」之作「為」、「朔月辛卯」之作「日」、「家伯維宰」之作「冢」、「如彼泉流」之作「流泉」、……「降予卿士」之作「於」，凡此，余初以為朱子之誤，後考之有年，獲見宋元板《集傳》，知並俗本刪改之失也。

【小結】此條抄自《經義雜記》卷二十七「俗本《詩集傳》」條。作偽方法為點竄字句。

25. 逸詩不當補

【A】逸詩之詞見於經傳者，《禮記·坊記》、《中庸》、《緇衣》、《射義》諸篇及《大戴禮》、《汲冢周書》、《左傳》、《國語》、《家語》、《戰國策》、《管子》、《晏子》、《墨子》、《莊子》、《列子》、《荀子》、《呂覽》、《淮南》、《說苑》、《列

女傳》、《史記》、《漢書》等書時一見之。而《論語》「素以為絢」、「唐棣之華」,《孟子》「畜君何尤」,其尤著焉者也。【B】晉束皙《補亡詩》,夏侯湛續《周詩》,至唐元結補十代樂歌,自伏羲《網罟》、神農《豐年》、軒轅《雲門》、少昊《九淵》、顓頊《五莖》、高辛《六英》、陶唐《咸池》、有虞《大韶》、大夏《大夏》、有殷《大濩》皆為詞以補之。皮日休補《九夏》之奏《繫文》九篇。考元、皮詞義俱平近,似涉於妄。【C】宋大中祥符時,《毛詩》博士沈朗進新添《毛詩》四篇,云《關雎》后妃之德不可為三百篇之首,今別撰二篇為堯舜詩,取《虞人之箴》為禹詩,取《大雅・文王》之篇為文王詩,請以此四詩置《關雎》之前。朝廷嘉之。丘光庭謂其首尾乖張,自相矛盾,斥其狂謬妄作。及觀光庭所撰《兼明書》,則又自補《新宮》三章《茅鴟》四章,其詞乃至淺陋,豈可追配《國風》、《小雅》乎?【D】余謂《禮記》舞莫重於《武宿夜》。《左傳》「公子賦河水」,《國語》「秦伯賦鳩飛」,《周禮》「趨以《采齊》」,《周書》「《明明》、《崇禹》、《生開》」皆逸詩也,不惟不當補,且亦有不勝補者矣。

【探源】《韓門綴學》卷一「補逸詩」:

　　【C】宋大中祥符時,《毛詩》博士沈朗進新添《毛詩》四篇,云《關雎》后妃之德,不可為《三百篇》之首,今別撰二篇為堯舜詩,取《虞人之箴》為禹詩,取《大雅・文王》之篇為文王詩,請以此四詩置《關雎》之前。朝廷嘉之。丘光庭謂其首尾乖張,自相矛盾,斥其狂謬妄作。及觀光庭所撰《兼明書》,則又自補《新宮》三章、……《茅鴟》四章、……其詞乃至淺陋,而欲以追配《國風》、《小雅》,可乎?

　　【B】晉束皙有《補亡詩》,夏侯湛亦有續《周詩》。……至唐則元結補十代樂歌,自伏羲(《網罟》)、神農(《豐年》)、軒轅(《雲門》)、少昊(《九淵》)、顓頊(《五莖》)、高辛(《六英》)、陶唐(《咸池》)、有虞(《大韶》)、有夏(《大夏》)、有殷(《大濩》),並為詞以補之。皮日休補《九夏》之奏《繫文》九篇。……元、皮俱詞義平近,似涉於妄。……

　　【D】《禮記》舞莫重於《武宿夜》,……《左傳》:「公子賦河水。」國語:「秦伯賦鳩飛。」《周禮》:「趨以《采薺》。……」《周書》「明明」、「崇禹生開」,……皆逸詩,是有不勝補者。

【A】其若逸詩之詞見於經傳者，《禮記》之《坊記》、《中庸》、《緇衣》、《射義》等篇與夫《大戴禮》、《汲冢周書》、《左傳》、《國語》、《家語》、《戰國策》、《管子》、《晏子》、《墨子》、《莊子》、《列子》、《荀子》、《呂覽》、《淮南》、《說苑》、《列女傳》、《史記》、《漢書》等書，時一見之。而如《論語》之「素以為絢」、「唐棣之華」，《孟子》之「畜君何尤」，尤其顯然者矣。

【小結】此條抄自《韓門綴學》卷一《補逸詩》。原文順序為 C、B、D、A。作偽方法有二：第一，點竄字句；第二，改變順序。

26.《毛詩》古本

【A】《谷風》：「湜湜其沚。」箋云：「小渚曰沚。」《釋文》云：「其沚音止。」然箋云：「涇水以有渭，故見謂濁。湜湜，持正貌。喻君子得新昏。故謂己惡也。己之持正守初。如止然不動搖。」據鄭箋知經古本本作「止」矣。《說文·水部》：「湜，水清見底也。從水是聲，《詩》曰：『湜湜其止。』」水清見底即止，然不動搖之義正與鄭合。《白氏六帖》兩載此詩皆作「湜湜其止」，是唐時猶作「止」也。今本乃作「沚」。箋云：「小渚曰沚。」《釋文》云：「其沚音止。」皆淺人妄加也。【B】《碩人》「碩人其頎」，傳「頎，長貌」。箋云：「言莊姜儀表長麗俊好頎頎然。」又下章「碩人敖敖」，箋云：「敖敖猶頎頎也。」據鄭箋知《詩》古文作重文，故《玉篇·頁部·頎》亦引作「碩人頎頎」，是六朝時猶未誤也。至《正義》云：「下箋云：『敖敖猶頎頎』與此相類，故亦為長貌。以類宜重言，故箋云：「頎頎然長也。」知唐初本已作「其頎」矣。【C】《株林》：「乘我乘駒。」《釋文》：「乘驕，音駒，沈云：『或作駒字，是後人改之，《皇皇者華》篇內同。』」又《皇皇者華》：「我馬維駒。」《釋文》：「維駒，音俱，本亦作驕。」據《株林》《釋文》引沈重說（吳興沈重，撰《詩音義》，陸每引之），知《株林》、《皇皇者華》古本並作「驕」，今作「駒」者，後人改也。【D】《節南山》「維石巖巖」，傳「岩岩，積石貌」。案箋云：「喻三公之位人所尊嚴。」據鄭箋知經古本本作「嚴」矣。《釋文》云：「岩岩，如字。本或作『嚴』，音同。」《正義》亦作「嚴嚴」。今疏中皆作「岩」字者，後人據《釋文》改也。【E】《抑》：「子孫繩繩，萬民靡不承。」《釋文》：「靡不承，一本『靡』作『是』。」案箋云：「王之子孫敬戒行王之教令，天下之民不承順之乎？言承順也。」經如有『靡』字，文義已明，無庸箋矣。蓋經古本本作「萬

民不承」，無「靡」字，後人竄入也。《釋文》云：「一本『靡』作『是』。」是在唐時已然矣。【F】《桑柔》：「好是稼穡。」《釋文》云：「王申毛義音『駕』，謂耕稼也。鄭作『家』，謂家居也。下句『家穡維寶』同。『穡』，本亦作『嗇』，音色。王申毛謂『收穡也』，鄭云『吝嗇也』。尋鄭『家嗇』二字本皆無禾者，下『稼穡卒痒』始從禾。」據此知「好是稼穡」、「稼穡維寶」鄭皆作「家嗇」。《釋文》「稼」作「家」，「穡」從禾，然云本亦作「嗇」，是舊本皆作「嗇」矣。王雖申毛音「駕」，以「家嗇」為「稼穡」，尚未遽改經文。後人因肅義，遂俱改作「稼穡」矣。【G】《崧高》：「往近王舅。」傳：「近，已也。」箋云：「近，辭也，聲如『彼記之子』之『記』。」案：「近」乃「𧗱」字形近之訛。《說文·𢓋部》：「𧗱，古之遒人，以木鐸記詩。」言「從辵從丌，丌亦聲。讀與記同。」鄭從許讀若記，故云「辭也」。毛傳為「已」，則音「以」。蓋古已、己、𧗱聲皆相似也。《正義》曰：「以命往之國，不復得與之相近，故轉為己，以為辭也。」是唐時本已作「近」，仲達亦不知古本作「𧗱」矣。【H】《維清》：「維周之禎。」傳：「禎，祥也。」箋云：「得天下之吉祥。」《釋文》作「之祺，音其，《爾雅》同。徐云：『本又作之禎，音貞。』與崔本同。」唐開成石經作「禎」，故今本多作「禎」。蓋唐時定本據崔靈恩集注也。

【探源】《經義雜記》卷二十九「湜湜其止」：

【A】《詩·谷風》「涇以渭濁，湜湜其沚」，本作「湜湜其止」。今各本及注疏本皆作「沚」，……箋首增「小渚曰沚」四字於《釋文》加「其沚音止」四字。……箋云：「涇水以有渭，故見謂濁。湜湜，持正貌。喻君子得新昏。故謂己惡也。己之持正守初。如止然不動搖。」……《說文·水部》：「湜，水清底見也。從水是聲，《詩》曰：『湜湜其止。』」……水清底見即止，然不動搖之義與鄭君正合。《白氏六帖》卷七兩載此詩皆作「湜湜其止」，……則唐時未誤也。

《經義雜記》卷五「碩人頎頎」：

【B】《玉篇·頁部·頎》：「渠衣切。《詩》云：『碩人頎頎。』傳『頎，長貌』。」……案今《詩》作「碩人其頎」，傳「頎，長貌」。箋云：「言莊姜儀表長麗俊好頎頎然。」又下章「碩人敖敖」，箋云：「敖敖猶頎頎也。」據鄭箋知《詩》頎字本重文，六朝時猶未誤。故顧野王據之《正義》曰：「下箋云：『敖敖猶頎頎』也。」與此相類，故亦為長貌。以類宜重言，故箋云：「頎頎然長也。」據此知唐

初孔所見本已作「其順」矣。

《經義雜記》卷四「乘我乘驕」：

【C】《詩·株林》：「乘我乘駒。」……《釋文》：「乘驕，音駒，沈云：『或作駒字，是後人改之，《皇皇者華》篇內同。』」又《皇皇者華》：「我馬維駒。」《釋文》：「維駒，音俱，本亦作驕。」據《株林》《釋文》引沈重說（《釋文序錄》：「吳興沈重撰《詩音義》。」陸每引之）知《株林》、《皇皇者華》並作「驕」，其作駒者，出後人所改。

《經義雜記》卷十二「維石嚴嚴」：

【D】《詩·節南山》：「節彼南山，維石巖巖。」傳「……岩岩，積石貌」。案箋云：「喻三公之位人所尊嚴。」然則經本作「嚴」。……《釋文》：「岩岩，如字。本或作『嚴』音同。」……考《正義》亦作「嚴嚴」。今疏中皆作「岩」字，此後人據《釋文》改也。

《經義雜記》卷十一「萬民不承」：

【E】《詩·抑》：「子孫繩繩，萬民靡不承。」《釋文》：「靡不承，一本『靡』作『是』。」案箋云：「王之子孫敬戒行王之教令，天下之民不承順之乎？言承順也。」經如有「靡」字，文義已明，鄭可無庸箋矣。蓋經本作「萬民不承」，靡字後人竄入。依《釋文》「靡」當作「是」較通。

《經義雜記》卷二十七「好是家嗇」：

【F】《桑柔》：「好是稼穡。」《釋文》：「家，王申毛音『駕』，謂耕稼也。鄭作『家』，謂居家也。下句『家穡惟寶』同。『穡』，本亦作『嗇』，音色。王申毛謂『收穡也』，鄭云『吝嗇也』。尋鄭『家嗇』二字本皆無禾者，下『稼穡卒痒』始從禾。」……則「好是稼穡」、「稼穡維寶」，鄭作「家嗇」。……《釋文》：「稼作家。」穡從禾，然云本亦作「嗇」，可見舊本皆作「嗇」矣。……王申毛音「駕」，疑肅雖以「家嗇」為「稼穡」，尚未敢遽改經字，殆後人又因肅義而改耳。

《經義雜記》卷十七「鄭箋改字有本」云：

【G】《崧高》「往近王舅」，傳：「近，已也。」箋云：「聲如彼記之子之記。」案《說文》辺讀與記同。毛以往近為往已，古已、

已聲同，故鄭以許讀申毛也。

今按，清胡承珙《毛詩後箋》卷二十五亦云：

> 「往近王舅」，傳：「近，已也。」箋云：「近，辭也，聲如『彼記之子』之『記』。」臧氏《經義雜記》曰：「案『近』乃『辺』字形近之訛。《說文·辵部》：『辺，古之遒人，以木鐸記詩。』言『從辵從丌，丌亦聲。讀與記同。』……鄭從許讀若記，故云「辭也」。毛傳為「已」，則音「以」。蓋古已、己、辺聲皆相近也。……《正義》又曰：『以命往之國，不復得與之相近，故轉為已，以為辭也。』」然則唐時本已作「近」，孔仲達亦不知本作「辺」矣。〔註5〕

《經義雜記》卷十二「維周之禎」：

> 《詩·維清》：「維周之禎。」傳：「禎，祥也。」箋云：「得天下之吉祥。」《釋文》作：「之祺，云音其，《爾雅》同。徐云：『本又作禎，音貞。』與崔本同。」……唐石經作「禎」，故今本多作「禎」。蓋即唐之定本據崔靈恩集注也。

【小結】此條抄自《經義雜記》卷四「乘我乘驕」條、卷五「碩人頎頎」條、卷十一「萬民不承」條、卷十二「維周之禎」條、「維石巖巖」條、卷十七「鄭箋改字有本」、卷二十七「好是家嗇」條、卷二十九「湜湜其止」條。作偽方法有三：第一，點竄字句；第二，增加觀點句——「皆淺人妄加也」，「是在唐時已然矣」；第三，多源組合，A段抄自「湜湜其止」條，B段抄自「碩人頎頎」條，C段抄自「乘我乘驕」條，D段抄自「維石巖巖」條，E段抄自「萬民不承」條，F段抄自「好是家嗇」條，G段抄自「鄭箋改字有本」，H段抄自「維周之禎」條。

〔註5〕胡承珙（1776～1832），比王玉樹小12歲。《毛詩後箋》成於道光十四年，而《經義雜記》一書成於道光十年。

《經史雜記》探源卷二

27. 逸書多亡於永嘉

【A】諸家辨偽《尚書》者，皆謂孔壁真古文，於伏生外增多十六篇內本有《舜典》，至西晉時又亡。(【B】如《論語》「天之曆數」、《孟子》「只載見瞽瞍」皆《舜典》文，但逸書不立學官，藪在秘府，人不得見。永嘉之亂，伏孔之本皆亡。) 好事者偽撰古文，乃割《堯典》「慎徽」以下為《舜典》。由今考之，《孟子》咸丘蒙引「二十有八載」云云，為《堯典》，不為《舜典》。《史記》載「慎徽」至「四罪」於《堯本紀》，不於《舜本紀》。孟子時，典謨完全，篇次不亂，確乎可信。馬遷親從安國問，故其言當亦不謬。《王莽傳》兩引「十有二州」，皆云《堯典》。光武時張純奏宜遵唐堯之典，二月東巡。章帝時，陳寵言「唐堯著典，眚災肆赦」。晉武帝初，幽州秀才張髦上疏，引「肆類於上帝」至「格於藝祖」，亦曰《堯典》。且《堯典》「欽哉！慎徽」，緊相承接，馬、鄭、王本皆合為一，是真出孔壁者，非伏生誤合之也。故《儀禮》注引「撲作教刑」，《公羊》傳注引「歲二月東巡」，賈公彥、徐彥皆云《堯典》文。是馬、鄭、王本至唐猶存，有識者猶知援據也。【C】又謂《太誓》一篇出於漢初，伏、孔兩家皆有之，真壁中舊書，但文有遺落者。凡書傳所引《太誓》，不在《太誓》者甚多，故馬以為疑，鄭亦云「民間得」，王亦云「後得」。皇甫謐輩見馬、王疑之，又世稱非伏、孔所傳，遺落之文又易掇取，遂別撰《太誓》三篇，唐作疏行之，反斥此篇為偽《太誓》。案馬、鄭、王皆為之注，必不斥之為偽。且今馬遷載《太誓》於《周本紀》，本約略可尋。其他漢魏子史中引之者，更不可枚舉。其為真本已亡，而逸文剩句猶散見於他書者明矣。若《武成》則謂

亡於建武，魏晉間作偽《武成》者，援《三統曆》而補綴以成之也。【D】今案：劉歆作《三統曆》，引《武成》篇，見《漢書・律曆志》。其辭曰：「惟一月壬辰旁死霸，若翌日癸巳，武王乃朝步自周，於征伐紂。粵若來二月既死霸，粵五日甲子，咸劉商王紂。惟四月即旁生霸，粵六日庚戌，武王燎於周廟。翌日辛亥，祀於天位。粵五日乙卯，乃以庶國祀馘於周廟。」凡八十二字，當是安國所傳真本幸存至今者。《律曆志》於此文分為三截：「惟一月壬辰旁死霸」為一截，「粵若來二月既死霸」為一截，「惟四月既旁生霸」為一截。各以他語間隔之。熟玩文義，確是掇取第一截援入今本者無疑矣。【E】第秦火未焚之書，建武亡《武成》一篇，永嘉亡《舜典》、《汩作》等二十三篇，至唐又亡《太誓》一篇，良可惜也。古典淪亡，好事者綴輯逸經成文，苟不悖於理，亦可無庸深詰已。

【探源】《尚書後案》卷三十序：

> 【A】孔壁所得真古文《尚書》，於伏生外增多十六篇內本有《舜典》，西晉又亡。好事者又撰古文，乃割《堯典》「慎徽」以下為《舜典》。不知《孟子》咸丘蒙引「二十有八載」云云，為《堯典》，不為《舜典》。《史記》載「慎徽」至「四罪」於《堯本紀》，不於《舜本紀》。孟子時，與謨完具，篇次未亂，的然可信。馬遷親從安國問，故其言皆不謬也。《王莽傳》兩引「十有二州」，皆云《堯典》。光武時，張純奏宜遵唐堯之典，二月東巡。章帝時，陳寵言「唐堯著典，眚災肆赦」。晉武帝初，幽州秀才張髦上疏，引「肆類於上帝」至「格於藝祖」，亦曰《堯典》。……「欽哉！慎徽」，緊相承接，鄭、馬、王本皆合為一，此孔壁之真，豈伏生誤合之？……而《儀禮》注引「撲作教刑」，《公羊》注引「歲二月東巡」，賈公彥、徐彥皆云《堯典》文。蓋鄭、馬本猶存，有識者猶知援據也。

> 是不立學官，逸在秘府，直至永嘉之亂始亡。

《尚書後案》卷十《周書》：

> 【C】又案曰《太誓》一篇出於漢初，伏、孔兩家所得，復皆有之，真孔氏舊書也，但其文有遺落者。凡書傳所引《太誓》，不在《太誓》者甚多，故馬以為疑，而鄭亦云「民間得」，王亦云「後得」。要之，鄭、馬、王皆為之注，則不斥為偽明矣。司馬遷親從安國問，故載《太誓》於《周本紀》，其他漢魏子史中引之者，更不可枚舉。

皇甫謐輩見馬、王之疑之也，世又共稱非伏、孔所傳也，遺落之文掇取甚便也，遂別撰《太誓》三篇，唐作疏用之，而反斥此篇為偽《太誓》。

【E】秦火未焚之書，建武亡《武成》一篇，永嘉亡《舜典》、《汩作》等二十三篇，唐又亡《太誓》一篇，良可惜也。……然今考《史記》所載猶約略可尋。

閻若璩《尚書古文疏證》卷一第五：

【D】劉歆作《三統曆》，引《武成》篇八十二字，其辭曰：「惟一月壬辰旁死霸，若翌日癸巳，武王乃朝步自周，於征伐紂。粵若來二月既死霸，粵五日甲子，咸劉商王紂。惟四月既旁生霸，粵六日庚戌，武王燎於周廟。翌日辛亥，祀於天位。粵五日乙卯，乃以庶國祀馘於周廟。」……

又按：《三統曆》引《武成》篇，見《漢·律曆志》，班固分為三截：「惟一月壬辰旁死霸」為一截，「粵若來二月既死霸」為一截，「惟四月既旁生霸」為一截，各以他語間隔之。偽作古文者似止瞥見第一截援入今《武成》。

焦循《孟子正義》卷十八：

【B】如《論語》「天之曆數」、《孟子》「只載見瞽瞍」，皆《舜典》文。但逸書不列學官，藏在秘府，人不得見。〔註1〕

【小結】此條抄自《尚書後案》卷十《周書》、卷三十序、《尚書古文疏證》卷一第五、《孟子正義》卷十八。作偽方法有三：第一，點竄字句；第二，增加觀點句——「當是安國所傳真本幸存至今者」，「古典淪亡，好事者綴輯逸經成文，苟不悖於理，亦可無庸深詰已」；第三，抄自多書，A段抄自《尚書後案》卷三十，B段抄自《孟子正義》卷十八、C、E段抄自《尚書後案》卷十，D段抄自《尚書古文疏證》。

28. 伏女傳經

【A】孔安國《尚書序》云：「漢室龍興，開設學校，旁求儒雅，以闡大猷。濟南伏生年過九十，失其本經，口以傳授，裁二十餘篇，以其上古之書，謂之《尚書》。百篇之義，世莫得聞。」云云。案《漢書·儒林傳》：「孝文使

〔註1〕焦循（1763～1820），僅僅比王玉樹大一歲。此條存疑待考。

朝錯往受伏生書。」【B】顏注引衛宏《尚書序》云:「伏生老不能正言,使其女傳教錯。齊人語與潁川異,錯所不知十二三,略以意讀。」宏說是也。彼傳謂伏生當秦時,亦壁藏其書。漢興求得其書。《藝文志》經二十九卷即伏生所傳之本。歐陽、大、小夏侯三家列於學官者,亦即伏生所傳之本。則授朝錯自有簡策,似不藉口授而必使女傳教者。【C】漢人讀書與今人異,揚子雲言:「一闤之市必立之平,一卷之書必立之師。如《春秋》有鄒、夾二氏,夾氏口說流行,未著竹帛,故曰未有書。鄒氏著竹帛,師傳之人中絕,故曰無師。」蓋漢人之經未有無師者。《書》簡策雖存,而其間句讀音義亦須指授,方可承學,非如今人讀書不勞師授也。【D】伏生有孫,以治《尚書》徵。《後漢·伏湛傳》,湛是生九世孫,歷敘其先,皆名學。則伏生固有子孫矣。【E】但當錯往受之時,或子已前卒,孫尚幼,未能承學,弟子皆已散去,故使女傳言耳。偽孔則竟謂伏生失其本經,口以傳授。生縱老耄,何至家無本經?偽孔特誤會衛敬仲之言,遂妄造斯語耳。

【探源】《尚書古文疏證》卷八第一百十五:

> 【E】然錯往受時,生年過九十,子先父卒,人事之常。藐爾孤孫,未承家學,己又耄矣,口不能宣,及門弟子業成辭歸,錯奉詔至,安可空還?不得已,令女傳授。……唯《大序》有「失其本經」之語,自非。生縱老,何至家無本經?

> 【C】朏明曰:「漢人讀書頗與今異,揚子雲言:『一闤之市必立之平,一卷之書必立之師。如《春秋》有鄒、夾二氏,夾氏口說流行,未著竹帛,故曰未有書。鄒氏著竹帛,師傳之人中絕,故曰無師。』蓋經未有無師者。《書》簡策雖存,而其間句讀音義亦須略為指授,方可承學。」

【小結】此條抄自閻若璩《尚書古文疏證》卷八第一百十五。作偽方法有三:第一,點竄字句;第二,增加觀點句──「偽孔特誤會衛敬仲之言,遂妄造斯語耳」;第三,多源組合,E、C段抄自《尚書古文疏證》,A、B、D段分別抄自孔安國《尚書序》、《漢書·儒林傳》、《後漢書·伏湛傳》。

29. 納於大麓

《尚書·堯典》「納於大麓」,馬、鄭皆云「麓,山足也」。《說文·林部》云:「林屬於山為麓。」是山足也。《史記》云:「堯使舜入山林川澤,暴風雷

雨，舜行不迷。」此司馬遷從安國問故而得者，與馬、鄭合。顏之推《家訓·書證》篇云：「柏人城東北有一孤山。闞駰《十三州志》以為舜『納於大麓』即此山，上有堯祠，世俗或呼宣務山。余為趙州佐，共太原王邵讀柏人城西門內碑，是漢桓帝時，柏人縣民為縣令徐整。銘云『上有巄務山』，方知此即巄務山也。」然則「納於大麓」，在北齊人猶能實指其處。足征馬、鄭注確不可易也。而王肅乃破麓為錄，竟解為大錄萬機。案王充《論衡·正說》篇引此經，並引說曰「言大麓，三公之位也，居一公之位，大總錄二公之事。眾多並吉，無疾風大雨」云云，即當日博士之說如此。王肅號傳真古文者，乃取今文家說，蓋欲與鄭注立異耳。

【探源】《尚書後案》卷一《虞夏書》：

> 案曰鄭、馬云「麓，山足也」者，《說文》卷六上《林部》云：「林屬於山為麓。」是山足也。《史記》云：「堯使舜入山林川澤，暴風雷雨，舜行不迷。」此司馬遷從安國問故而得者，與鄭、馬合。顏之推《家訓》卷下《書證》篇云：「栢人城東北有一孤山。闞駰《十三州志》以為舜『納於大麓』即此山，上有堯祠，世俗或呼宣務山。余為趙州佐，共太原王邵讀栢人城西門內碑，是漢桓帝時，栢人縣民為縣令徐整。銘云『土有巄務山』，方知此巄務山也。」然則「納於大麓」，北齊人猶能實指其處。鄭、馬注不可易也。王破麓為錄，解為大錄萬機。王充《論衡》卷二十八《正說》篇引此經並引說曰：「言大麓，三公之位也，居一公之位，大總錄二公之事。眾多並吉，若疾風大雨。」此所引即當日博士之說。王肅號為傳古文，乃取今文家說，以與鄭立異。

【小結】此條抄自王鳴盛《尚書後案》卷一《虞夏書》。作偽方法有二：第一，點竄字句；第二，增加句子。

30. 鄭解《洪範》

《周書·洪範》「惟十有三祀，王訪於箕子」，蓋文王自虞、芮質成，始為受命之元年，七年而崩，武王嗣位，不改稱元年。十一年觀兵於商，十三年勝殷殺紂，還歸鎬京，訪於箕子，而作《洪範》。此鄭康成說也。晚出古文據《漢書·律曆志》，改為文王受命九年而崩。其言武王以十一年觀兵，十三年勝殷殺紂則同。故以十三祀為歸宗周，告武成之後。案伏生《大傳》云：「武王勝

殷，繼公子祿父，釋箕子之囚。箕子不忍為周之釋，走之朝鮮。武王聞之，因以朝鮮封之。箕子既受周之封，不得無臣禮，故於十三祀來朝。武王因其朝而問《鴻範》。」據此是十一年滅紂，十三年訪《洪範》矣。《大傳》鄭為之注，至解經復不從之。蓋鄭學擇善而從，無所偏主。又注經與注緯不同，與注傳亦不同。《中候》、《大傳》，鄭皆注之。《中候》言《書》有百二篇，《大傳》言十一年滅紂，鄭解經皆不從其說也。

【探源】《尚書後案》卷十二《周書》：

> 惟十有三祀，王訪於箕子。……文王自虞、芮質成，始為受命之元年，七年而崩，武王嗣位，不改稱元年。十一年觀兵於商，十三年勝殷殺紂，還歸鎬京，訪於箕子，而作此篇。此鄭氏說也。晚出古文據《漢書·律曆志》，改為文王受命九年而崩。其言武王以十一年觀兵，十三年勝殷殺紂則同。故以此十三祀為歸宗周，告武成之後。伏生《大傳》云：「武王勝殷，繼公子祿父，釋箕子之囚。箕子不忍為周之釋，走之朝鮮。武王聞之，因以朝鮮封之。箕子既受周之封，不得無臣禮，故於十三祀來朝。武王因其朝而問《洪範》。」觀此似十一年滅紂，十三年訪《洪範》矣。……《中候》言《書》有百二篇，《大傳》言十一年滅紂，解經皆不用其說。

【小結】此條抄自王鳴盛《尚書後案》卷十二《周書》。作偽方法為點竄字句。

31. 偽孔改字

【A】《說文·金部》「銳」注云：「侍臣所執兵也。《周書》曰：『一人冕執銳。』讀若允，余準切。」知《說文》所引皆真古文，鄭注必與之同。今《周書·顧命》，偽孔則改銳作銳。【B】《說文·金部》「銳」但云「芒也」。《左傳·成二年》：「銳司徒免乎。」杜注：「銳司徒，主銳兵者。」《漢書·高帝紀》：「朕親被堅執銳。」顏注：「謂利兵。」銳皆作虛字，無兵器解也。【C】又《漢書·揚雄傳》《長楊賦》有云：「兗鋋瘢者，金鏃淫夷者數十萬人。」臣泌按：「字書無兗字，今俗以為兗州字。」本作沇，此「兗鋋」合作「銳鋋」，《漢書》相承，誤為兗字。如淳乃云：「兗，括也。」師古又依孟康為「箭括」，愈無所據。且箭括非刃，豈能與鋋小矛同可傷夷人乎？考宋本《漢書》附此段於《雄傳》之末。所謂「臣泌」者，宋祁謂是張泌，江南人歸宋者。《說文》銳字與

鋌字相次，則「臣泌」說是也。【D】今偽孔妄改銳作銳，唐人不知檢察，且並鄭注亦改作「銳」矣。皆非也。

【探源】《尚書後案》卷二十五《周書》：

【B】《說文》卷十四上《金部》銳字但云「芒也」。……《左傳》成二年「銳司徒免乎」，杜注：「銳司徒，主銳兵者。」《漢書·高帝紀》「朕親被堅執銳」，顏注：「銳謂利兵。」銳皆作盧字，無兵器解也。

【A】金部銳字注云：「侍臣所執兵也。從金，允聲。《周書》曰：『一人冕執銳。』讀若允，余準切。」據此，知當作銳。《說文》所引皆真古文，鄭必與之同。偽孔妄改銳。

【D】唐人不識字，並所引鄭注亦作銳矣，皆非也。

【C】《漢書·揚雄傳·長楊賦》有云：「亢鋌瘢者，金鏃淫夷者數十萬人。」臣泌按：「字書無亢字，今俗以為亢州字。」亢州本作沇，此「亢鋌」合作「銳鋌」，《漢書》相承，誤為亢字。如淳乃云：「亢，括也。」師古又依孟康為「箭括」，愈無所據。且箭括非刃，豈與鋌小矛同可傷夷人乎？考宋本《漢書》附此段於《雄傳》之末。所謂「臣泌」者，宋祁謂是張泌，江南人歸宋者。《說文》銳字與鋌字相次，則「臣泌」說是也。

《蛾術編》卷三十二說字十八：

「銳」字注：「侍臣所執兵也。從金，允聲。《周書》：『一人冕執銳。』讀若允。」案：今《尚書》作「執銳」。上文「銳」字注但云「芒也」，無兵器解。《左傳·成二年》「銳司徒免乎」，杜注：「銳司徒，主銳兵者。」《漢高帝紀》「朕親被堅執銳」，顏注：「銳謂利兵。」蓋皆作盧字，無兵器解也。《說文》所引，係真古文，鄭必與之同，偽孔妄改為「銳」，唐人不識字，並所引鄭注亦作「銳」，非也。《揚雄傳》《長楊賦》云：「亢鋌瘢者，金鏃淫夷者數十萬人。」臣泌案：字書無「亢」字，今俗以為亢州字。亢州本作「沇」。此「亢鋌」合作「銳鋌」，《漢書》相承，誤為「亢」字。如淳乃云：「亢，括也。」師古依孟康為「箭括」，愈無所據。考宋本《漢書》附此段於《雄傳》之末。所謂臣泌者，宋祁謂是張泌，江南人歸宋者。《說文》「銳」字與「鋌」字相次，則臣泌說是也。

【小結】此條抄自《尚書後案》卷二十五《周書》，原文順序為 B、A、D、C。另王鳴盛《蛾術編》卷三十二說字十八亦與此文類似。作偽方法有三：第一，點竄字句；第二，增加句子；第三，改變順序。

32.《酒誥》古今文皆有

案揚子《法言・問神》篇云：「昔之說《書》者序以百，而《酒誥》之篇俄空焉，今亡夫！」《酒誥》今見在，何得言俄空，此言甚可疑。李軌、吳秘注又不明析。王應麟《困學紀聞》謂：「劉向以中古文校歐陽、大、小夏侯三家經文，《酒誥》脫簡一。俄空即脫簡之謂。而《大傳》引《酒誥》：『王曰：封，惟曰若圭璧。』今無此句。疑所脫即此等句。」應麟之說如此。然劉向校書，見有脫簡即應補入，必不任其脫落。但劉向以中古文校今文，所云脫簡者乃古文有而今文無。《大傳》則伏生今文之學，歐陽、大小夏侯三家所輯，「圭璧」之句，想是伏生於他處別得逸文，古文所無，故今《酒誥》亦無此句。其俄空自指全亡，非脫一簡之謂，不可以「圭璧」句當之。然則《酒誥》既已全亡，今《酒誥》甚完善，又何從而出？《朱子語類》「徐孟寶問」一條，竟以子雲不見孔壁古文為說。孔壁古文漢大儒多見之，況《酒誥》古文今文皆有，子雲豈有不見？《語類》亦非。反覆考之，韓非《說林》篇引《酒誥》之文以為《康誥》，蓋《尚書》或有別本，將《酒誥》混入《康誥》者，故子雲偶據其本，遂以為「俄空」耳。

【探源】《尚書後案》卷十六《周書》：

> 又案曰：揚子《法言》卷四《問神》篇云：「昔之說《書》者序以百，而《酒誥》之篇俄空焉，今亡夫！」《酒誥》今見在，何得言俄空，此言甚可疑。李軌、吳秘注皆不明確，徒亂人意。王應麟《困學紀聞》謂：「劉向以中古文校歐陽、大、小夏侯三家經文，《酒誥》脫簡一。俄空即簡脫之謂。而《大傳》引《酒誥》：『王曰：封，惟曰若圭璧。』今無此句。疑所脫即此等句。」應麟此說亦非也。劉向校書，見有脫簡即應補入，必不任其脫落。但劉向以中古文校今文，所云脫簡者乃古文有而今文無。《大傳》則伏生今文之學，歐陽、大小夏侯三家所輯，「圭璧」之句，想是伏生於他處別得逸文，古文所無，故今《酒誥》亦無此句。其俄空自指全亡，非脫一簡之謂，不可以「圭璧」句當之。然則《酒誥》既已全亡，今《酒誥》甚完善，

又何從而出？《朱子語類》徐孟寶問一條，竟以子雲不見孔壁古文為說。孔壁古文漢大儒多見之，況《酒誥》古今文皆有，子雲豈有不見？《語類》尤大誤。反覆考之，《韓非·說林》篇引《酒誥》之文以為《康誥》，蓋《尚書》或有別本，將《酒誥》混入《康誥》，揚雄偶據其本，遂以為「俄空」耳。

【小結】此條抄自王鳴盛《尚書後案》卷十六《周書》。作偽方法為點竄字句。

33. 虞翻駁鄭

裴松之引《虞翻別傳》，翻奏鄭解《尚書》：「《顧命》『執瑁』，古『冃』字似『同』，從誤作『同』，既不覺定，復訓為梧，謂之酒梧。」甚違不知蓋闕之義。《玉人》職曰「天子執瑁以朝諸侯」，謂之酒梧，誤莫大焉。馬融訓注亦以為「同者，大同天下」，今經益「金」就作「銅」字，詁訓言天子副璽。雖皆不得，猶愈於元推翻之意，因《說文·玉部》古文瑁字作珇，遂以經文本當作「上宗奉珇」，無同字。只緣今文作「瑁」，傳寫分為兩字，遂誤作「冃珇」，後人以「冃」似「同」，復誤作「同瑁」，鄭不能覺定其誤，從而訓為酒梧。馬融雖不能覺「同」為誤，而猶不解為酒梧，故訓為大同，以同瑁配介圭，尚為近理。又據翻所見別本，竟有同旁益金訓為璽者，故翻以為二說「雖皆不得，猶愈於元」。此則翻駁鄭之意也。翻見經典無以同為酒梧者，獨此一見，故不肯信，其實非也。假如其說，則下文「乃受同、瑁」，亦當作「乃受瑁」，猶可通也。而下文用以祭、用以醋、用以嚌者，是何物乎？豈皆當作瑁乎？豈瑁亦可酌酒乎？則瑁是鎮圭重器，奠於坐以示王之為主者也。乃於此獻醋行禮之際，屢相授受如兒戲，胡為乎？翻真大誤矣。且璽起秦漢，周初安得有此？乃云「猶愈於元」，則更誤矣。

【探源】《尚書後案》卷二十五《周書》：

> 裴松之引《虞翻別傳》，翻奏鄭解《尚書》違失事云：「《顧命》『執瑁』，古『冃』字似『同』，從誤作『同』，既不覺定，復訓為梧謂之酒梧。甚違不知蓋闕之義。《玉人》職曰『天子執瑁以朝諸侯』，謂之酒梧，誤莫大焉。馬融訓注亦以為『同者，大同天下』，今經益『金』就作『銅』字，詁訓言天子副璽。雖皆不得，猶愈於元。」推翻之意，因《說文》卷一上《玉部》古文瑁字作珇，遂以為經文本

當作「上宗奉珥」，無同字。只緣今文作「珥」，傳寫分為兩字，遂誤作「月珥」，後人以「月」似「同」，復誤作「同珥」，鄭不能覺定其誤，從而訓為栖。馬融雖不能覺「同」為誤，而猶不解為酒栖，故訓為大同，以同珥配介圭，尚為近理。又據翻所見別本，竟有同旁益金訓為璽者，故翻以為二說「雖皆不得，猶愈於元」。此則翻駁鄭之意也。翻見經典無以同為酒栖者，獨此一見，故不肯信，其實則大謬不然也。假如其說，則下文「乃受同、珥」，亦當作「乃受珥」，猶可通也？而下文用以祭、用以醋、用以嚌者，是何物乎？豈皆當作珥乎？豈珥亦可酌酒乎？若非酌酒，則珥是鎮圭重器，莫於坐以示王之為主者也。乃於此獻醋行禮之際，屢相授受如兒戲，何為乎？翻真妄人矣。璽起秦漢，周初安有此？乃云「猶愈於元」，更妄矣。

【小結】此條抄自《尚書後案》卷二十五《周書》。作偽方法為點竄字句。

34. 《酒誥・成王若曰》

【A】《周書・酒誥》：「王若曰：『明大命於妹邦。』」鄭注云：「成王，言成道之王。」《釋文》云：「『王若曰』，馬本作『成王若曰』。注云：『言成王者，未聞也。俗儒以為成王骨節始成，故曰成王。』或曰：『以成王為少成二聖之功，生號曰成王，沒因為諡。衛、賈以為戒成康叔以慎酒，成就人之道也，故曰成。』此三者吾無取焉。吾以為後錄《書》者加之，未敢專從，故曰未聞也。」傳曰：「周公以成王命誥，康叔順其事而言之。」疏曰：「馬、鄭、王本以文涉三家而有成字。鄭玄云『成王言成道之王』，三家云『王年長骨節成立』，皆為妄也。」據此是衛敬仲、賈景伯、馬季長、鄭康成、王子雍所注古文皆有「成」字，此漢學也。即歐陽、大小夏侯三家今文亦皆作「成王若曰」。孔本無「成」字，晉人刪也。疏云馬、鄭、王以文涉三家有「成」字，反以有為誤者，意在迴護偽孔也。不知《尚書》亦每言「成王顧命」。乙丑王崩，《釋文》云：「馬本作成王崩。注云：『安民立政曰成。』」【B】又王注云：「成王二十八年崩」。見劉恕《通鑑外紀》。王注在宋已無全本，但劉恕博學，所引當必不謬也。

【探源】《經義雜記》卷二十一「成王若曰」：

【A】《書・酒誥》：「王若曰：『明大命於妹邦。』」《釋文》：「『王

若曰」，……馬本作『成王若曰』。注云：『言成王者，未聞也。俗儒
以為成王骨節始成，故曰成王。』或曰：『以成王為少成二聖之功，
生號曰成王，沒因為諡。衛、賈以為戒成康叔以慎酒，成就人之道
也，故曰成。』此三者吾無取焉。吾以為後錄《書》者加之。」《正
義》曰：「馬、鄭、王本以文涉三家而有成字。鄭玄云『成王所言成
道之王』，三家云『王年長骨節成立』，皆為妄也。」據此知衛敬
仲、賈景伯、馬季長、鄭康成、王子雍所注古文皆作「成王若曰」，
即歐陽、大小夏侯今文亦作「成王」。……《正義》意在迴護偽孔。
因云馬、鄭、王以文涉三家而有成字，蓋反以有者為誤矣。不知
《尚書》亦每言「成王顧命」。王崩，馬本作成王崩。注云：「安民
立政曰成。」

《尚書後案》卷二十五《周書》：

【B】見《外紀》。王注在宋當已無全本，但劉恕博學，所引宜
不謬。

【小結】此條抄自《經義雜記》卷二十一「成王若曰」條和《尚書後案》
卷二十五《周書》。作偽方法有三：第一，點竄字句；第二，增加句子；第三，
多源組合，A 段抄自「成王若曰」條，B 段抄自《周書》。

35. 《孟子》引《書》

案：閻若璩曰，《書》有古、今文，自西漢始然，孟子時無有也，則同一
百篇而已。……試為道破，有令人失笑者。孟子引今文者六：「時日害喪」二
句，「若保赤子」一句，「舜流共工於幽州」五句，「二十有八載」五句，「殺越
人於貨」三句，「享多儀」四句。……「罔不譈」上有「凡民」二字。《說文》
所引正同，可知《孟子》非自增之也。至「天降下民」一段，玩其文義似應至
「武王恥之」止。今截至「曷敢有越厥志」止，趙岐讀「其助上帝寵之」為句，
「四方」屬下。今以「寵之四方」為句，「有罪無罪」下削去「惟我在」三字，
以「予」字代「天下」，是《書》原指民言，今竟指君言矣。「有攸不為臣」一
段截去首句，「東征」上增「肆予」二字，「綏厥士女」下復出「惟其士女」，
「紹我周王見休」一句變作「昭我周王，天休震動」二句：其不同如此。然猶
可言也。若義理之牴牾、敘議之錯雜，未有如「王曰無畏」一節者。豈孟子逆
知百餘年後《書》分古、今文，而於古文特多改竄？抑孟子引《書》原未改

𡩡，故今以真《書》校之只見其合。而作偽《書》者必多方改𡩡，以就已之
文勢，而不顧後有以《孟子》校之者耶？觀百詩此論甚明辨，第就《孟子》所
引舊文互相參證，已足鈐作偽者之口矣。

【探源】《尚書古文疏證》卷一第十四：

> 《書》有今文、古文，此自西漢時始然，孟子時固無有也。無
> 有則同一百篇而已矣。……試為道破，真有令人失笑者焉！《孟子》
> 引今文者六：「時日害喪」二句（一），「若保赤子」（二），「舜流共
> 工於幽州」五句（三），「二十有八載」五句（四），「殺越人於貨」三
> 句（五），「享多儀」四句（六）。……「罔不譈」上有「凡民」二字。
> 然許氏《說文》引《周書》正作「凡民罔不憝」，亦可證非《孟子》
> 自增之也。至「天降下民」為《書》辭，玩其文義，似應至「武王恥
> 之」止。今截至「曷敢有越厥志」，趙岐讀「其助上帝寵之」為句，
> 「四方」字屬下。今以「寵之四方」為句，「有罪無罪」下削去「惟
> 我在」三字，以「予」字代「天下」，是《書》原指民言，今竟指君
> 言矣。「有攸不為臣」一段截去首句，「東征」上增「肆予」二字，
> 「綏厥士女」下復出「惟其士女」，「紹我周王見休」一句變作「昭
> 我周王，天休震動」二句：其不同至如此。然猶可言也。若義理之
> 牴牾、敘議之錯雜，則未有如前所論「王曰無畏」一節者也。豈孟
> 子逆知百餘年後《書》分今文、古文，而於古文時多所改竄？抑孟
> 子當日引《書》原未嘗改竄，故今以真《書》校之只覺其合。而晚
> 作偽《書》者必須多方改竄，以與己一類，而遂不顧後有以《孟子》
> 校者之不合耶？

【小結】此條來自閻若璩《尚書古文疏證》卷一第十四。作偽方法有二。
第一，點竄字句；第二，增加句子。

36. 柳谷有三義

《虞書》「昧谷」，夏侯等皆作「昧谷」，鄭作「柳谷」。《三國·吳志·虞
翻傳》注翻以此當作「柳」，鄭作「昧」非是。亦見王應麟《困學紀聞》。考鄭
注《周禮》引此作「柳谷」，《尚書》疏則正作「柳谷」，翻謂鄭作「昧」者非
也。且柳谷有三義：聚也，蒙也，留也。《縫人》注「柳之言聚」，《正義》：「柳
者，諸色所聚。日將沒，其色赤，兼有餘色。」《太玄》云：「日沒，其光賁於

東方。」言日入之色如初出。賁者，五色雜也。《論衡》云：「日出扶桑，暮入細柳，故宅西曰柳谷。」是日夕為卯，五色錯聚。《莊子》「聚僂」，僂即柳也。此聚之義也。《爾雅》：「日所入為大蒙。」卯東方主開，卯西方主閉，閉則蒙也。《淮南子》：「日薄於虞淵，是謂黃昏。淪於蒙谷，是謂定昏。」蒙谷，柳谷也。日之將入有蒙昧之象也。《左傳》：「陳成子救鄭及留舒。」鄭箋《詩》引之作「柳舒」，是「柳」通「留」。日之將沒，又有繫留之象也。

【探源】《尚書後案》卷一《虞夏書》：

> 《三國·吳志》十二卷《虞翻傳》注，翻以此當作「柳」，鄭作「昧」非是。亦見王應麟《困學紀聞》二卷。考鄭注《周禮》引此作「柳谷」，《尚書》疏鄭作「柳」尤甚明，翻乃以鄭作昧為非，非也。

> 柳有三義：聚也，蒙也，留也。《縫人》注「柳之言聚」，《正義》：「柳者，諸色所聚。日將沒，其色赤，兼有餘色。」《太玄》云：「日沒，其光貫於東方。」言日入之色如初出。賁者，五色雜也。《論衡》云：「日出扶桑，暮入細柳，故宅西曰柳谷。」是日夕為卯，五色錯聚。《莊子》「聚僂」，僂即柳也。此聚之義也。《爾雅》「日所入為大蒙」，卯東方主開，卯西方主閉，閉則蒙也。《淮南子》：「日薄於虞淵，是謂黃昏。淪於蒙谷，是謂定昏。」蒙谷者，柳谷也。日之將沒有蒙昧之象也。《左傳》「陳成子救鄭及留舒」，鄭箋《詩》引之作「柳舒」，是「柳」通「留」。日之將沒，又有繫留之象也。

【小結】此條抄自《尚書後案》卷一《虞夏書》。作偽方法有二。第一，點竄字句；第二，增加句子。

37.《禹謨》十六字

案：「允執其中」見《論語·堯曰》篇，孔安國云：「舜亦以堯命己之辭命禹。」並不言見《大禹謨》。《荀子·解蔽》篇「昔者舜之治天下也」云云，「故《道經》曰：『人心之危，道心之微。』危微之幾，惟明君子而後能知之」。此篇前又有「精於道，一於道」之語，考《尚書》者，皆疑魏晉間人採取古經，矍括為四字云：「人心惟危，道心惟微，惟精惟一」，復續《論語》「允執其中」，成十六字，為《大禹謨》。然細味之，雖出後人搜輯補綴，實古聖相傳之精言，不可廢也。程子、朱子出闡發精密，其義益尊。亦有疑之者，如吳澄、郝敬輩，竟為刪去。至元王充耘、明梅鷟並加以駁難，謂堯舜本無此語，則又過矣。合

《荀子》前後篇讀之，凡引《尚書》共十六見，皆稱「書曰」，或冠以篇名，惟引「一人有慶，兆民賴之」作「《傳》曰」。傳，疑「書」字之訛。然《孟子》「於傳有之」，傳亦《書》也。獨此則云「《道經》」，則知此雖非出《尚書》，實是古《道經》所載堯舜之語也。楊倞注云：「今《虞書》有此語，而云《道經》，蓋有道之經也。」倞，唐元和間人，是時未有言《尚書》之偽者，至宋始有異議。故倞之言如是也。

【探源】《尚書古文疏證》卷二第三十一：

> 《荀子·解蔽》篇「昔者舜之治天下也」云云，「故《道經》曰：『人心之危，道心之微。』危微之幾，唯明君子而後能知之」。此篇前又有「精於道，一於道」之語，遂檃括為四字，復續以《論語》「允執厥中」，以成十六字。……合《荀子》前後篇讀之，引「無有作好」四句則冠以《書》曰，引「維齊非齊」一句則冠以《書》曰，以及他所引《書》者十皆然，甚至引「弘覆乎天若德裕乃身」，則明冠以《康誥》；引「獨夫紂」，則明冠以《泰誓》，以及《仲虺之誥》亦然。豈獨引《大禹謨》而輒改目為《道經》邪？予是以知「人心之危，道心之微」必真出古《道經》，而偽古文蓋襲用。

> 按《荀子》引今文、古文《書》者十六，惟「一人有慶，兆民賴之」作「《傳》曰」。傳，疑「書」字之訛。然《孟子》「於傳有之」，亦指《書》言也。

【小結】此條抄自閻若璩《尚書古文疏證》卷二第三十一。作偽方法有二。第一，點竄字句；第二，增加句子。

38. 平王文侯之命

案馬氏驌曰：《史記·周本紀》及《竹書紀年》皆謂幽王嬖褒姒，廢申后及世子宜臼，宜臼奔申。王立褒姒為后，褒姒之子伯盤為太子。申人及犬戎入周，弒王及伯盤，申侯、魯侯、許男、鄭子立宜臼於申，虢公翰立不子餘臣於攜，周二王並立。平王元年，東徙洛邑，晉侯會衛侯、鄭伯、秦伯，以師徙王，入於成周。二十一年，晉文侯殺不子餘臣於攜。《文侯之命》報其立己之功，望以殺攜王之效也。平王既立於申，自申還洛，又使周人為之戍申，則王之弒不可謂非平王之志也。諸侯但知其冢嗣當立，不察其與弒為可誅，虢公有見於此，而立攜王，文侯殺攜王而平王之位定。夫子錄《文侯之命》一篇，蓋

著其事而惡自見矣。

【探源】《尚書後案》卷三十序：

> 馬氏驌曰：《史記・周本紀》及《竹書紀年》皆謂幽王嬖褒姒，廢申后及世子宜臼，宜臼奔申。王立褒姒為后，褒姒之子伯盤為太子。申人及犬戎入周，弒王及伯盤，申侯、魯侯、許男、鄭子立宜臼於申，虢公翰立不子餘臣子攜，周二王並立。平王元年，東徙洛邑，晉侯會衛侯、鄭伯、秦伯以師從王，入於成周。二十一年，晉文侯殺不子餘臣子攜。《文侯之命》報其立己之功，望以殺攜王之效也。平王既立於申，自申還洛，又使周人為之戍申，則王之弒不可謂非平王之志矣。諸侯但知其家嗣為當立，不察其與弒為可誅，虢公有見於此，而立攜王，文侯殺攜王而平王之位定。夫子錄此篇，蓋著其事而惡自見。

【小結】此條抄自《尚書後案》卷三十序。作偽方法為點竄字句。

39. 左丘明受經於孔子

案自劉向、劉歆、桓譚、班固皆謂《春秋傳》出左丘明，左丘明受經於孔子。魏晉以來儒者，更無異議。至唐趙匡，始謂左氏非丘明。蓋欲攻傳之不合經，故必先攻作傳之人非受經於孔子也。宋元諸儒繼起，王安石有《春秋解》一卷，證左氏非丘明者十一事。陳振孫《書錄解題》謂出依託，未見其書。不知十一事者為何事。惟朱子謂「虞不臘矣」為秦人之語，葉夢得謂紀事終於智伯，當為六國時人，似皆近理。然考《史記・秦本紀》，稱惠文公十二年始臘。張守節《正義》稱秦惠文王始效中國為之，明古有臘祭，秦至是時始用，非至是時始創也。閻百詩《古文尚書疏證》亦駁此說曰：「史稱秦文公始有史以記事，秦宣公初志閏月，豈亦中國所無，待秦獨創哉？」則臘為秦禮之說，不足據也。《左傳》載豫斷禍福，無不徵驗，蓋不免從後傳合之。惟哀公九年稱趙氏其世有亂，後竟不然，是未見後事之證也。經止獲麟，而弟子續至孔子卒。傳載智伯之亡，殆亦後人所續。《史記・司馬相如傳》中有揚雄之語，豈得執此一事指司馬遷為後漢人乎？則載及智伯之說亦未可疑也。

【探源】《四庫全書總目》卷二十六《春秋左傳正義》提要：

> 自劉向、劉歆、桓譚、班固皆以《春秋傳》出左丘明，左丘明受經於孔子。魏晉以來儒者，更無異議。至唐趙匡，始謂左氏非丘

明。蓋欲攻傳之不合經，必先攻作傳之人非受經於孔子。……宋元諸儒相繼並起，王安石有《春秋解》一卷，證左氏非丘明者十一事。陳振孫《書錄解題》謂出依託。今未見其書，不知十一事者何據。……惟朱子謂「虞不臘矣」為秦人之語。葉夢得謂紀事終於智伯，當為六國時人。似為近理。然考《史記·秦本紀》稱惠文君十二年始臘。張守節《正義》稱秦惠文王始效中國為之，明古有臘祭。秦至是始用，非至是始創。閻若璩《古文尚書疏證》亦駁此說曰：「史稱秦文公始有史以記事，秦宣公初志閏月，豈亦中國所無，待秦獨創哉？」則臘為秦禮之說，未可據也。《左傳》載預斷禍福，無不徵驗，蓋不免從後傳合之。惟哀公九年稱趙氏其世有亂，後竟不然，是未見後事之證也。經止獲麟，而弟子續至孔子卒。傳載智伯之亡，殆亦後人所續。《史記·司馬相如傳》中有揚雄之語，不能執是一事指司馬遷為後漢人也。則載及智伯之說不足疑也。

【小結】此條抄自《四庫全書總目》卷二十六《春秋左傳正義》。作偽方法為點竄字句。

40.《左傳》衍文

《左傳·僖十五年》：「秦獲晉侯以歸。穆姬聞晉侯將至，以太子罃、宏與女簡璧登臺而履薪焉，使以免服衰絰逆，且告。」《正義》曰：「傳文於此或有曰：『上天降災，使我兩君相見不以玉帛，而以興戎。若晉君朝以入，則婢子夕以死；夕以入，則朝以死。唯君裁之。』」《左傳》本無此言，後人妄增之耳。何以知其然？《二十二年傳》曰：「寡君之使婢子侍執巾櫛。」杜云：「婢子，婦人之卑稱。若此有婢子，不當捨此而注彼也。又此注云且告夫人『將以恥辱自殺』，若有此辭，不煩彼注。服虔《解誼》，其文甚繁，傳本若有此文，服虔必應多解，何由四十餘字不解一言？直至二十二年始解婢子，明是本無之也。今定本亦無。」《釋文》云曰：「『上天降災』，此四十七字，檢古本皆無尋。杜注亦不得有。有是後人加也。」案《正義》言後人妄增者，自曰「上天降災」至「唯君裁之」，止凡四十二字。《釋文》云四十七字，則合下「捨諸靈臺」五字方合此數。然此句杜氏有注，《釋文》亦云「鄠縣，音戶」。是陸亦不數下五字，與《正義》同，當是七與二之訛耳。

【探源】《經義雜記》卷二十八「《左傳》衍文冊二」：

《左傳・僖十五年》:「秦獲晉侯以歸。穆姬聞晉侯將至,以太子罃、宏與女簡璧登臺而履薪焉,使以免服衰絰逆,且告。」《正義》曰:「傳文於此或有曰:『上天降災,使我兩君相見不以玉帛,而以興戎。若晉君朝以入,則婢子夕以死;夕以入,則朝以死。唯君裁之。』」《左傳》本無此言,後人妄增之耳。何以知其然?《二十二年傳》曰:「寡君之使婢子侍執巾櫛。」杜云:「婢子,婦人之卑稱。若此有婢子,不當捨此而注彼也。又此注云且告夫人『將以恥辱自殺』,若有此辭,不煩彼注。服虔《解誼》,其文甚煩,傳本若有此文,服虔必應多解,何由四十餘字不解一言?亦至二十二年始解婢子,明是本無之也。今定本亦無。」《釋文》云曰:「『上天降災,』此凡四十七字,撿古本皆無尋。杜注亦不得有。有是後人加也。」案《正義》說後人妄增者,至「唯君裁之」,止凡四十二字。《釋文》云四十七字,則連下「乃捨諸靈臺」五字方合數。然此句杜氏有注,《釋文》亦云「鄂縣,音戶」。則陸亦不數下五字,與《正義》同,七為二字之訛耳。

【小結】此條抄自《經義雜記》卷二十八「《左傳》衍文冊二」。作偽方法為點竄字句。

41.《左傳》引《商書》

《隱六年・左傳》:君子曰:《商書》曰「惡之易也,如火之燎於原」云云。杜預曰:「《盤庚》言惡易長,如火焚原野,不可鄉近,不可撲滅。」《莊十四年傳》所引同。據此知《盤庚》經文本有「惡之易也」句,偽孔因《尚書》無「也」字,故刪之。(《禮記》引《太甲》「無越厥命,以自覆也」,又引「天作孽,可為也」。《墨子》引《太誓》「乃聞不言也」。及此四處有「也」字。其伏生二十八篇,梅氏二十五篇,皆無也字。)考《左傳》前段以陳桓公長惡不悛,欲救不能。後段以蔡哀侯繩息媯,語楚子,楚滅息,取息媯,後欲悅息媯,遂伐蔡。各引《書》證之,皆言惡之易長,則此四字不可刪。且經文本言惡易長,非指浮言易動,今刪此四字,遂以此節專承浮言說。又以不可撲滅,改為尚可撲滅,正相違反。當從《左傳》及杜預注為是,偽孔之刪削及傳義皆不足據。

【探源】《尚書後案》卷六《商書》:

《隱六年·左傳》：君子曰：《商書》曰「惡之易也，如火之燎於原」云云。杜預曰：「《盤庚》言惡易長，如火焚原野，不可鄉近，不可撲滅。」《莊十四年》所引同。據此**則經有「惡之易也」句，偽孔因《尚書》無「也」字，遂刪之**。（《禮記》引《太甲》「無越厥命，以自覆也」，又引「天作孽，可為也」。《墨子》引《太誓》「乃聞不言也」。**惟此四處有「也」字**。……其伏生二十八篇，梅氏二十五篇，**則皆無之**。）考《左傳》前段以陳桓公長惡不悛，欲救不能。後段以蔡哀侯繩息媯，語楚子，楚滅息，取息媯，後欲悅息媯，遂伐蔡。各引《書》證之，皆言惡之易長，則此四字不可刪。且經本言惡易長，非指浮言易動，今刪去四字，遂以此節專承浮言說。又以不可撲滅，改作尚可撲滅，正相違反。**恐當從《左傳》及杜預注為是，偽孔之刪削及傳義皆非也**。

【小結】此條抄自《尚書後案》卷六《商書》。基本一致。作偽方法為點竄字句。

42.《公》、《穀》傳非高、赤自作

【A】徐彥疏引戴宏序曰：「子夏傳與公羊高，高傳與其子平，平傳與其子地，地傳與其子敢，敢傳與其子壽。至漢景帝時，壽乃與齊人胡母子都著於竹帛。」案今傳中有「子沈子曰」，「子司馬子曰」，「子女子曰」，「子北宮子曰」，又有「高子曰」，「魯子曰」，蓋皆傳授之經師，不盡出於公羊子。定公元年傳「正棺於兩楹之間」二句，《穀梁傳》引之，直稱沈子，不稱公羊，是並其不著姓氏者亦不盡出公羊子。且並有「子公羊子曰」，尤不出於高之明證。知傳確為壽撰，而胡母子都助成之也。【B】楊士勳疏稱穀梁名俶，字元始，一名赤。受經於子夏。為經作傳，而徐彥《公羊傳疏》又稱，公羊高五世相傳，至胡母生題其親師，故曰《公羊傳》。《穀梁》亦是著竹帛者題其親師，故曰《穀梁傳》。則傳當為其學者所作也。案《公羊傳》「定公即位」一條，引「子沈子曰」，何休《解詁》以為後師。《穀梁傳》「定公即位」一條亦稱「沈子曰」。公羊、穀梁既同師子夏，不應及見後師。又「初獻六羽」一條，稱「穀梁子曰」。傳既穀梁自作，不應自引己說。且此條又引「尸子曰」。尸佼為商鞅之師，鞅既誅，佼逃於蜀。其人亦在穀梁後，不應豫為引據。則是徐彥之言疑得其實，但未知誰著竹帛耳。

【探源】《四庫全書總目》卷二十六《春秋公羊傳注疏》提要：

【A】徐彥疏引戴宏序曰：「子夏傳與公羊高，高傳與其子平，平傳與其子地，地傳與其子敢，敢傳與其子壽。至漢景帝時，壽乃與齊人胡母子都著於竹帛。」……**今觀傳中有**「子沈子曰」，「子司馬子曰」，「子女子曰」，「子北宮子曰」，又有「高子曰」，「魯子曰」，蓋皆傳授之經師，不盡出於公羊子。定公元年傳「正棺於兩楹之間」二句，《穀梁傳》引之，直稱沈子，不稱公羊。是並其不著姓氏者亦不盡出公羊子。且並有「子公羊子曰」，尤不出於高之明證。知傳確為壽撰，而胡母子都助成之。

《四庫全書總目》卷二十六經部二十六《春秋穀梁傳注疏》提要：

【B】士勳疏稱**穀梁子名俶**，字元始，一名赤，受經於子夏。為經作傳。……徐彥《公羊傳疏》又稱，公羊高五世相授，**至胡母生乃著竹帛，題其親師**，故曰《公羊傳》。《穀梁》亦是著竹帛者題其親師，故曰《穀梁傳》。**則當為傳**其學者所作。案《公羊傳》「定公即位」一條，引「子沈子曰」，何休《解詁》以為後師。……**此傳「定公即位」一條，亦稱「沈子曰」。公羊、穀梁既同師子夏，不應及見後師。又「初獻六羽」一條，稱「穀梁子曰」。傳既穀梁自作，不應自引己說。且此條又引「尸子曰」。尸佼為商鞅之師，鞅既誅，佼逃於蜀。其人亦在穀梁後，不應預為引據。**疑徐彥之言為得其實。但誰著於竹帛，則不可考耳。**

【小結】此抄自《四庫全書總目》卷二十六經部二十六《春秋公羊傳注疏》提要、《春秋穀梁傳注疏》提要。A 段抄自《春秋公羊傳注疏》提要，B 段抄自《春秋穀梁傳注疏》提要。作偽方法為點竄字句。

43.《公》、《穀》經異同

【A】《春秋·文五年》：「三月辛亥，葬我小君成風。王使召伯來會葬。」《左氏》、《公羊》同杜注。「召伯，天子卿也。召，埰地。伯，爵也。」《釋文》：「召伯，上照反。」《穀梁》經作「毛伯」。《釋文》：「《左氏》、《公羊》、徐邈本並云『召伯』，此本作『毛伯』，疑誤也。」據此知徐仙民所注《穀梁》亦同二傳作「召伯」，今本誤也。然《元年》：「天王使毛伯來錫公命。」范注：「毛，采邑。伯，字也，天子上大夫。」於此無注。則範本作「毛伯」。又《元年》：

「天王使叔服來會葬。」疏引此亦作「毛伯」。【B】又《公羊·文十六年》：「六月戊辰，公子遂及齊侯盟於犀丘。」疏云：「盟於犀丘。」正本作「蒷丘」。故賈氏云「公羊曰蒷丘，穀梁曰師丘」是也。據此知《公羊》經本作「蒷丘」，當從賈氏《公羊》疏。【C】係唐以前人作，所據是晉、宋書，猶見正本。故與賈景伯合。【D】若陸氏《釋文》作「犀丘」，《穀梁音義》亦云《公羊》作「犀丘」，則是唐以來本多不作「蒷」矣。

【探源】《經義雜記》卷五「《穀梁》經召伯」：

【A】《春秋·文五年》：「三月辛亥，葬我小君成風。王使召伯來會葬。」《左氏》、《公羊》同杜注。「召伯，天子卿也。召，埰地。伯，爵也。」《釋文》：「召伯，上照反。」《穀梁》經作「毛伯」。**釋曰：「《左氏》、《公羊》及徐邈本並云『召伯』，此本作『毛伯』，疑誤也。」**據此知徐仙民所注《穀梁》亦同二傳作「召伯」，今本誤也。

《元年》：「天王使毛伯來錫公命。」范注：「毛，采邑。伯，字也，天子上大夫。」於此無注。則范注本作「毛伯」。又《元年》：「天王使叔服來會葬。」疏引此亦作「毛伯」。

《經義雜記》卷五「《公羊》經蒷丘」：

【B】《公羊·文十六年》：「六月戊辰，公子遂及齊侯盟於犀丘。」解云：「盟於犀丘。」正本作「蒷丘」。故賈氏云……「公羊曰蒷丘，穀梁曰師丘」是也。據此知《公羊》經本作「蒷丘」，**當從賈氏所見本。**

【D】陸氏《釋文》作「犀丘」……《穀梁音義》亦云《公羊》作「犀丘」，則唐以來本多不作「蒷」字矣。

【C】**《公羊》疏唐以前人為之，所據皆晉、宋古書，故**猶見正本。與賈景伯合也。

【小結】此條抄自《經義雜記》卷五「《穀梁》經召伯」、「《公羊》經蒷丘」條。A抄自「《穀梁》經召伯」條，B、D、C抄自「《公羊》經蒷丘」條。作偽方法有二。第一，點竄字句；第二，改變順序。

44. 三傳詳略不同處

三傳紀載，雖多詳略不同，亦有不相牴牾者。如《左傳》諫穆公毋襲鄭者，惟一蹇叔。《公羊》、《穀梁》則謂蹇叔與百里奚同諫，不見聽，遂使三帥帥師

而東，為晉敗於殽，虜三帥，已而歸之。《史記·秦本紀》與《公》、《穀》同。又《左傳》言三帥歸，穆公素服郊迎，向師哭曰：「孤違蹇叔，以辱二三子，孤之罪也。大夫何罪！」而《秦本紀》則云：「孤以不用百里奚、蹇叔言，以辱三子，三子何罪乎？」據《史記》，蹇叔本百里奚所薦，其意見議論必合。且《左傳》言蹇叔之子與師，哭而送之曰：「晉人禦師必於殽。余收爾骨焉。」而《公》、《穀》、《史記》皆言二人同送其子而哭之。《左傳》載三帥之名為百里孟明視、西乞術、白乙丙。《史記》以孟明視為百里奚子，西乞術、白乙丙為蹇叔子。《左傳》疏引《世族譜》云：「姓百里，名視，字孟明，百里奚之子。」《譜》又云：「或以西乞術、白乙丙為蹇叔子。」然則百里奚與蹇叔同送其子而哭之，以感悟穆公，是實有其事。三傳雖詳略各異，無大牴牾，不可執《左》以駁《公》、《穀》也。

【探源】《尚書後案》卷二十九《周書》：

> 據《左傳》諫穆公毋襲鄭者，惟一蹇叔。《公羊》、《穀梁》則謂蹇叔與百里奚同諫，不見聽，遂使三帥帥師而東，為晉敗於殽，虜三帥，已而歸之。《史記·秦本紀》與《公》、《穀》同。又《左傳》言三帥歸，穆公素服郊迎，向師哭曰：「孤違蹇叔，以辱二三子，孤之罪也。大夫何罪！」而《秦本紀》則云：「孤以不用百里奚、蹇叔言，以辱三子，三子何罪乎？」……據《史記》，蹇叔本百里奚所薦，其意見議論必合。且《左傳》言蹇叔之子與師，哭而送之曰：「晉人禦師必於殽。余收爾骨焉。」而《公》、《穀》、《史記》皆言二人同送其子而哭之。《左傳》載三帥之名為百里孟明視、西乞術、白乙丙。《史記》以孟明視為百里奚子，西乞術、白乙丙為蹇叔子。《左傳》疏引《世族譜》云：「姓百里，名視，字孟明，百里奚之子。」《譜》又云：「或以西乞術、白乙丙為蹇叔子。」然則百里奚與蹇叔同送其子而哭之，以感悟穆公，其事是實。三傳紀載雖詳略不同，無大牴牾，不可執《左》以駁《公》《穀》。

【小結】此條抄自《尚書後案》卷二十九《周書》。作偽方式有二。第一，點竄字句；第二，增加句子。

45. 鄭康成《春秋》無注

【A】劉義慶《世說新語》謂鄭注《春秋傳》未成，時行，與服子慎遇，

宿客舍，先未相識。服在外車上與人說己注傳意，鄭聽之良久，多與己同。就車與語，曰：「吾久欲注，尚未了。聽君向言，多與吾同，今當盡以所注與君。」遂為服氏注。【B】案《鄭康成傳》載鄭所注《周易》、《尚書》、《毛詩》、《儀禮》、《禮記》、《論語》、《孝經》、《尚書大傳》、《中候》、《乾象曆》，又著《天文七政論》、《魯禮禘祫志》、《六藝論》、《毛詩譜》、《駁許慎〈五經異義〉》、《答臨孝存〈周禮難〉》，凡萬餘言，而無《春秋注》。【C】當是服子慎注即鄭義也。然今服注雖亡，唐以前書徵引尚多，而鄭注絕未之見。【D】止有《發墨守》、《針膏肓》、《起廢疾》而已，今亦殘闕不完。【E】惟《針膏肓》二十餘條、《起廢疾》四十餘條、《發墨守》四條，不知誰氏從諸書所引掇拾以成編者，【F】然究是因何休著有《公羊墨守》、《左氏膏肓》、《穀梁廢疾》等書，鄭特取而反之，亦不得謂為《春秋注》也。

　　【探源】《經義雜記》卷二十「鄭氏五經」：

　　　　【B】《後漢書·鄭康成傳》載鄭所注《周易》、《尚書》、《毛詩》、《儀禮》、《禮記》、《論語》、《孝經》、《尚書大傳》、《中候》、《乾象曆》，又著《天文七政論》、《魯禮禘祫議》、《六藝論》、《毛詩譜》、《駁許慎〈五經異義〉》、《答臨孝存〈周禮難〉》，凡**百餘萬言，惟《春秋》無注**。

　　　　【D】止有《發墨守》、《針膏肓》、《起廢疾》而已。

　　　　【F】**任城何休好公羊學**，遂著《公羊墨守》、《左氏膏肓》、《穀梁廢疾》，**故鄭反之**。

　　　　【A】《世說新語》言鄭注《春秋傳》未成，時行，與服子慎遇，宿客舍，先未相識。服在外車上與人說己注傳意，鄭聽之良久，多與己同。就車與語，曰：「吾久欲注，尚未了。聽君向言，多與吾同，今當盡以所注與君。」遂為服氏注。

　　　　【C】**據此知服子慎《解誼》本之鄭君為多**。今服注雖亡，唐以前書徵引者尚多**有之**，而鄭注《左傳》絕未之見。

　　《四庫全書總目》卷二十六經部二十六《箴膏肓·起廢疾·發墨守》提要：

　　　　【E】**此本凡**《箴膏肓》二十餘條、《起廢疾》四十餘條、《發墨守》四條，**並從諸書所引，掇拾成編，不知出自誰氏**。

　　【小結】此條抄自《經義雜記》卷二十「鄭氏五經」條、《四庫全書總目》卷二十六《箴膏肓》、《起廢疾》、《發墨守》提要。作偽方式有四：第一，點竄

字句；第二，增加句子；第三，改變順序；第四，多源組合，Ｂ、Ｄ、Ｆ、Ａ、
Ｃ段抄自「鄭氏五經」條，Ｅ段抄自《箴膏肓・起廢疾・發墨守》提要。

46.《周禮》非偽託

【Ａ】《周禮》上自河間獻王，其出為最晚。後之議者紛如聚訟，有謂劉歆
贗託周公為之者。【Ｂ】案鄭樵《通志》引孫楚之言曰：「周公居攝六年之後，
書成歸豐，而實未嘗行。蓋周公之為《周禮》，亦猶唐之顯慶、開元禮，豫為
之以待他日之用，其實未嘗行也。惟其未經行，故僅述大略，俟臨事而損益之。
故建都之制，不與《召誥》、《洛誥》合，封國之制，不與《武成》、《孟子》合，
設官之制，不與《周官》合。」云云。考《禹貢》乃唐虞之制，《武成》、《周
官》乃梅賾古文《尚書》，《王制》乃漢文帝博士所述，其說雖稍有離合，然究
謂為周公未行之書，而不云出於偽託也。【Ｃ】且劉歆宗《左傳》，而《左傳》
所云《禮經》，皆不見於《周禮》。而《儀禮・聘禮》賓行饔餼之物，禾米芻薪
之數，籩豆簠簋之實，鉶壺鼎甒之列，與《掌客》之文不同。又《大射禮》天
子諸侯侯數侯制與《司射》之文不同。《禮記・雜記》載子、男執主與《典瑞》
之文不同。《禮器》天子諸侯席數與《司几筵》之文不同。皆與二《禮》顯相
違戾。歆果偽託周公，當必彌縫其文，亦與偽孔之假《尚書》多方牽合，委曲
遷就，使與經傳相合，以為徵驗，何為留此異同，以貽後世人之口實哉？【Ｄ】
惟張橫渠《語錄》云：「《周禮》是的當之書，然其間有末世增入者。」【Ｅ】今
案《考工記》所稱鄭之刀，又稱秦無廬。鄭封於宣王時，秦封於孝王時，其非
周公之舊典，已無疑義。【Ｆ】然則《周禮》一書，不盡原文，而亦非出於偽託，
已灼然可見矣。

【探源】《四庫全書總目》卷十九《周禮注疏》提要：

【Ａ】《周禮》一書上自河間獻王，於諸經之中，其出最晚。其
真偽亦紛如聚訟。

【Ｄ】惟橫渠《語錄》曰：「《周禮》是的當之書，然其間必有末
世增入者。」

【Ｂ】鄭樵《通志》引孫處之言曰：「周公居攝六年之後，書成
歸豐，而實未嘗行。蓋周公之為《周禮》，亦猶唐之顯慶、開元禮，
預為之以待他日之用，其實未嘗行也。惟其未經行，故僅述大略，
俟其臨事而損益之。故建都之制，不與《召誥》、《洛誥》合，封國

之制，不與《武成》、《孟子》合，設官之制，不與《周官》合……」
云云。（……《禹貢》乃唐虞之制，《武成》、《周官》乃梅頤古文《尚
書》，《王制》乃漢文帝博士所追述，……**其說蓋離合參半**）其說差
為近之，然亦未盡也。……

　　【C】劉歆宗《左傳》，而《左傳》所云《禮經》，皆不見於《周
禮》。……而《儀禮・聘禮》賓行饗餼之物，禾米芻薪之數，簋豆簠
簋之實，鉶壺鼎甕之列，與《掌客》之文不同。又《大射禮》天子
諸侯侯數侯制與《司射》之文不同。《禮記・雜記》載子、男執圭與
《典瑞》之文不同。《禮器》天子諸侯席數與《司几筵》之文不同。
**如斯之類，與二《禮》多相矛盾。歆果贋託周公為此書，又何難牽
就其文，使與經傳相合，以相證驗。而必留此異同，以啟後人之攻
擊？**

　　【F】然則《周禮》一書，不盡原文，而非出依託，**可概睹矣。**

　　【E】《考工記》稱鄭之刀，又稱秦無廬。鄭封於宣王時，秦封
於孝王時，其非周公之舊典，已無疑義。

　　【小結】此條抄自《四庫全書總目》卷十九《周禮注疏》提要。原文順序
為A、D、B、C、F、E。作偽方式有三。第一，點竄字句；第二，增加句子；
第三，改變順序。

47. 安石《周禮》

　　【A】案羅大經《鶴林玉露》《詠安石放魚詩》云：「錯認蒼姬六典書，中
原從此變蕭疏。」是真謂安石誤用《周禮》以禍宋者而不知其非也。【B】蓋安
石初知鄞縣時，曾行貸穀立息之法，民甚便之。及登朝柄用，【C】窺神宗喜功
好大之資，【D】值國家積弱之候，計惟有富強之術足以濟之。【E】遂欲以己
之事效一邑者，復令行之天下，此青苗法所由行也。【F】而又慮富強之說，
【G】必為光獻太后阻撓於內，【H】（神宗欲取燕雲，太后止之。）【I】韓、富
諸大臣排擊於外，則富強之術將終扞格而不得行，【J】故特假藉經義以鉗內外
之口耳。豈真謂《周禮》之可行於今哉？迨用呂惠卿、章惇等之不得其人，以
致頭會箕斂之不以其道，百弊叢生，生民罹害，而宋因以大壞。論安石者第責
其執經泥古之過，究未深窺其怙權遂私之巧謀也。考安石曾注《周禮新義》，
【K】蔡絛《鐵圍山叢談》云「《周禮新義》，手跡如斜風細雨，誠介甫親書」

云云，【L】故後儒攻《周禮》者因並攻安石所注之《周禮》，蓋意其所注必多舞文害道也。【M】及觀其書，惟訓詁多用《字說》，餘皆依經解義，多所發明，毫無舞文害道之弊。蓋解經、立法自是兩事，各不相蒙。論世者甚毋苟訑其人而並及其書也。

【探源】《四庫全書總目》卷十九《周禮新義》提要：

　　【K】蔡絛《鐵圍山叢談》曰「……《周禮新義》，筆跡如斜風細雨，誠介甫親書」云云。

　　【D】本以宋當積弱之後，而欲濟之以富強。

　　【F】又懼富強之說必為儒者所排擊。

　　【J】於是附會經義以鉗儒者之口，實非真信《周禮》為可行。迨其後用之不得其人，行之不得其道，百弊叢生，而宋以大壞。

　　【A】羅大經《鶴林玉露》《詠安石放魚詩》曰：「錯認蒼姬六典書，中原從此變蕭疏。」是猶為安石所紿，未究其假借六藝之本懷也。

　　【L】因是而攻《周禮》，因是而攻安石所注之《周禮》。

　　【M】今觀此書，惟訓詁多用《字說》……其餘依經詮義，……皆具有發明，無所謂舞文害道之處。

《廿二史劄記》卷二十六「青苗錢不始於王安石」：

　　【B】至安石則初知鄞縣時，貸穀與民，立息以償，俾新陳相易，民甚便之。

　　【E】及登朝柄用，以此事已效於一縣，遂欲行之天下。

《廿二史劄記》卷二十六「王安石之得君」：

　　【H】是帝久有取燕雲之志。後帝與大臣定議，將遂舉兵，朝慈聖光獻太后白其事，太后曰：「吉凶悔吝生乎動，得之不過南面受賀而已。萬一不諧，生靈所繫，可勝言哉！苟可取，則太祖、太宗已取之，何待今日？」

　　【G】甚至內而慈聖光獻太后。

　　【I】外而韓琦、富弼諸老臣，俱以安石為不可用。

　　【C】史臣亦謂神宗以好大喜功之資。

【小結】此條抄自《四庫全書總目》卷十九《周禮新義》提要、《廿二史劄記》卷二十六「青苗錢不始於王安石」、「王安石之得君」條。作偽方式有

四：第一，點竄字句；第二，增加句子；第三，改變順序；第四，多源組合，K、D、F、J、A、L、M 段抄自《周禮新義》提要，B、E 段抄自「青苗錢不始於王安石」條，H、G、I、C 段抄自「王安石之得君」條。

48. 陳澔《禮記》

【A】案元陳澔撰《禮記集說》在延佑之後，未為學者所重。【B】緣澔父大猷師饒魯，魯師黃榦，榦為朱子之婿。【C】當南宋寶慶以後，朱子之學大行，【D】遂藉考亭餘蔭，得立學官。【E】故至明詔胡廣等修《五經大全》，《禮記》以澔注為主，用以取士。民間誦習相沿，久而不廢職，是故也。蓋說《禮記》者，漢唐莫如鄭、孔，宋代莫如衛湜。然鄭注古奧，孔疏典贍，猝不易通。而衛注又卷帙繁富，端緒亦不易尋，皆不若澔注之淺顯簡易。【F】其所注《學記》「術有序」句，引《周禮・鄉大夫》：「春秋以禮會民而射於州序。」《周禮》實無此文。注《檀弓》「五十以伯仲」句，引賈公彥《儀禮疏》，乃孔穎達《禮記疏》文，正與賈疏相反。每為學者所議。然朱子注《詩》「騋牝三千」引《禮記》「問國君之富，數馬以對」，《禮記》無此文。注《孟子》「神農之言」引史遷「所謂農家者流」，《史記》無此文。蔡沈注《書》「釐降二女於媯汭」引《爾雅》「水北曰汭」，《爾雅》無此文。又注《西伯戡黎》引《史記》「紂使膠鬲觀兵」，注「星有好雨」句引《漢志》「軫星好雨」，《史記》、《漢志》亦均無此文。此皆偶而筆誤，不足為病。且何休漢代通儒，號稱學海，而注《公羊傳》「舟中之指可掬」句，引「天子造舟，諸侯維舟，卿大夫方舟，士特舟」語，尚誤記《爾雅》為《禮》文，又何論於澔乎？澔惟於禮制少證據，禮意欠發明，而箋釋文句，頗極清晰。【G】《禮》文奧賾，得此疏解，於初學不為無補。【H】朱竹垞《經義考》詆為「兔園冊子」亦太過矣。

【探源】《四庫全書總目》卷二十一《雲莊禮記集說》提要：

【A】澔成是書，又在延佑之後，亦未為儒者所稱。

【E】明初始定《禮記》用澔注。胡廣等修《五經大全》，《禮記》亦以澔注為主，用以取士，遂誦習相沿。蓋說《禮記》者，漢唐莫善於鄭、孔，而鄭注簡奧，孔疏典贍，皆不似澔注之淺顯。宋代莫善於衛湜，而卷帙繁富，亦不似澔注之簡便。

【C】又南宋寶慶以後，朱子之學大行。

【B】而澔父大猷師饒魯，魯師黃榦，榦為朱子之婿。

【D】遂藉考亭之餘陰，得獨列學官。

【F】其注《學記》「術有序」句，引《周禮·鄉大夫》：「春秋以禮會民而射於州序。」《周禮·鄉大夫》實無此文。注《檀弓》「五十以伯仲」句，引賈公彥《儀禮疏》，乃孔穎達《禮記疏》文，正與賈說相反。頗為論者所譏。然朱子注《詩》「騋牝三千」，引《禮記》「問國君之富數馬以對」，《禮記》無此文。注《孟子》「神農之言」引史遷「所謂農家者流」，《史記》無此文。蔡沈注《書》「釐降二女於媯汭」，引《爾雅》「水北曰汭」，《爾雅》無此文。又注《西伯戡黎》引《史記》「紂使膠鬲觀兵」，注「星有好雨」引《漢志》「軫星好雨」，《史記》、《漢書》亦均無此文。是皆偶然筆誤，未足以累全書。且何休漢代通儒，號為學海，而注《公羊傳》「舟中之指可掬」句，引「天子造舟，諸侯維舟，卿大夫方舟，士特舟」語。尚誤記《爾雅》為《禮》文，又何有於澔？澔所短者，在不知禮制當有證據，禮意當有發明，而箋釋文句，一如注《孝經》、《論語》之法。故用為蒙訓則有餘求，以經術則不足。

【H】朱彝尊《經義考》以「兔園冊子」詆之，固為已甚。

【G】特《禮》文奧賾，驟讀為難。因其疏解，得知門徑，以漸進而求於古，於初學之士，固亦不為無益。

【小結】此條抄自《四庫全書總目》卷二十一《雲莊禮記集說》提要。此條原文順序為A、E、C、B、D、F、H、G。作偽方式有二。第一，點竄字句；第二，改變順序。

49. 盧植注《禮記》

【A】盧植校定《禮記》，舊籍雖亡，……隋唐人猶有能稱述者。如《曲禮》：「猩猩能言，不離禽獸。」《釋文》云：「『禽獸』，盧本作『走獸』。」【B】《正義》曰：「禽獸之名，經記不同。《爾雅》云：『二足而羽謂之禽，四足而毛謂之獸。』鸚鵡是羽而曰禽，猩猩四足而毛，正可曰獸。今並云禽獸者，凡語有通別，別而言之，羽則曰禽，毛則曰獸。所以然者，禽者，擒也，言鳥力小，可擒捉而取之。獸者，守也，言其力多，不易可擒，先須圍守，然後乃獲，故曰獸也。通而為說，鳥不可曰獸，獸亦可曰禽。故鸚鵡不曰獸，而猩猩通曰禽也。」故《易》云：「王用三驅，失前禽。」則驅走者亦曰禽也。又《周

禮‧司馬職》云：「大獸公之，小獸私之。」以此而言，則禽未必皆鳥也。又康成注《周禮》云：「凡鳥獸未孕曰禽。」《周禮》又云：「以禽作六摯，卿羔，大夫鴈。」《白虎通》云：「禽者，鳥獸之總名。」以此諸經證禽名通獸者，以其小獸可擒，故得通名禽也。案孔氏所據甚精博，然盧氏定為「走獸」，與上「飛鳥」相對，是散言皆可通稱對文也，究不妨異名也。《孟子》「麒麟走獸」、「鳳凰飛鳥」亦是對文也。【C】《淮南子‧泛論》：「猩猩知往而不知來。」高注云：「《禮記》曰：『猩猩能言，不離走獸。』」誘蓋受業盧氏，故引師說如是也。

【D】案植曾上書，奏求校正石經《禮記》。當時雖未刊定，而所自撰《解詁》猶存。《隋》、《唐志》載盧植注《小戴禮記》二十卷是也。**植與鄭玄俱從馬融受古學，唐人表章鄭學，而不及盧，其書遂亡。**

【探源】《經義雜記》卷二十五「盧植《禮記注》」：

【A】盧氏校定《禮記》，**今日雖亡，漢唐人偶有稱述尚可得其略。**……《曲禮》：「猩猩能言，不離禽獸。」《釋文》：「『禽獸』，盧本作『走獸』。」

【C】述案《淮南子‧泛論》：「猩猩知往而不知來。」高注云：「《禮記》曰：『猩猩能言，不離走獸。』」高氏受業於盧，《尚書》故用師校本。

【B】《正義》曰：「禽獸之名，經記不同。《爾雅》云：『二足而羽謂之禽，四足而毛謂之獸。』鸚鵡是羽而曰禽，猩猩四足而毛，正可曰（舊訛是）獸。今並云禽獸者，凡語有通別，別而言之，羽則曰禽，毛則曰獸。所以然者，禽者，擒也，言鳥力小可，擒捉而取之。獸者，守也，言其力多，不易可擒，先須圍守，然後乃獲，故曰獸也。通而為說，鳥不可曰獸，獸亦可曰禽。故鸚鵡不曰獸，而猩猩通曰禽也。」故《易》云：「王用三驅，失前禽。」則驅走者亦曰禽也。又《周禮‧司馬職》云：「大獸公之，小禽私之。」以此而言，則禽未必皆鳥也。又康成注《周禮》云：「凡鳥獸未孕曰禽。」《周禮》又云：「以禽作六摯，卿羔，大夫鴈。」《白虎通》云：「禽者，鳥獸之總名。」以此諸經證禽名通獸者，以其小獸可擒，故得通名禽也。（……孔氏所據可稱精博，舊本禽獸盧氏定為「走獸」，與上「飛鳥」相對。）

《經義雜記》卷二十五「盧植奏定石經」：

【D】然石經《禮記》雖未刊定，而盧所自著《解詁》猶存。《隋》、《唐志》載盧植注《小戴禮記》二十卷是也。唐人表章鄭學，而未及盧氏，其書遂亡。

【小結】此條抄自《經義雜記》卷二十五「盧植《禮記注》」、「盧植奏定石經」條。A、C、B 段抄自「盧植《禮記注》」條，D 段抄自「盧植奏定石經」條。作偽方式有三。第一，點竄字句；第二，增加句子；第三，改變順序。

50. 王肅改《禮記》

【A】王肅好與鄭難，與虞翻同。凡有鄭與馬合者，則或遷就之，與馬稍有不合者，則必別立異解以證鄭注之非。私意妄改，有心立異，至有割裂經文以證合己意者。如《禮記・玉藻》：「君子之飲酒也，受一爵而色灑如也。」鄭注：「灑如，肅敬貌。」「二爵而言言斯」，注：「言言，和敬貌。斯，猶耳也。」「禮已三爵而油油」，注：「油油，說敬貌。」「以退」，注：「禮飲過三爵，則敬殺，可以去矣。」【B】蓋三句皆言飲酒之色，故一爵而色灑如，二爵而色言言斯，三爵而色油油斯。二爵、三爵不言色者，蒙上文也。鄭以「肅敬」、「和敬」、「說敬」解之，義甚精當，故《廣雅・釋訓》「言言，喜也」，《孟子・公孫丑上》「由由然與之偕，而不自失焉」，俱與鄭義合。【C】《釋文》云「灑如」，王肅作「察」，云「明貌也」。「言言」，王肅本作「二爵而言」，注云：「飲二爵可以語也。」又云：「『言斯』，《禮》注云：『語必以禮也。』」「三爵而油」，〔注〕（油）云「悅敬」。無「已而油油然也」。【D】是二爵而言，豈一爵、三爵皆不當言乎？妄改《禮》文，割裂語句，違背經旨，紕繆甚矣。

【探源】《經義雜記》卷十六「王肅改《玉藻記》」：

【A】《禮記・玉藻》：「君子之飲酒也，受一爵而色灑如也。」注：「灑如，肅敬貌。」……「二爵而言言斯」，注：「言言，和敬貌。斯，猶耳也。」「禮已三爵而油油」，注：「油油，說敬貌。」「以退」注：「禮飲過三爵，則敬殺，可以去矣。」

【C】《釋文》「灑如」，王肅作「察」，云「明貌也」。「言言」，王肅本作「二爵而言」，注云：「飲二爵可以語也。」又云：「『言斯』，《禮》注云：『語必以禮也。』」「三爵而油」，注云「悅敬貌」。無「已」及下「油」字也。

【B】此三句皆言飲酒之色，故一爵而色灑如，二爵而色言言斯，三爵而色油油斯。二爵、三爵不言色者，蒙上文也。鄭以「肅敬」、「和敬」、「說敬」解之，義甚精。《廣雅·釋訓》「言言，喜也」，《孟子·公孫丑上》「由由然與之偕，而不自失焉」，俱與鄭義合。

【D】若作二爵而言，豈一爵、三爵皆不言乎？

【小結】此條抄自《經義雜記》卷十六「王肅改《玉藻記》」條。原文順序為 A、C、B、D。此條作偽方式有三。第一，點竄字句；第二，增加句子；第三，改變順序。

51.《孝經·閨門》章

【A】元行沖《正義》載司馬貞議曰：「近儒欲崇古學，偽作《閨門》一章。劉炫詭隨，妄稱其善。且閨門之義，近俗之語，必非宣尼正說。案其文云：『子曰：閨門之內，具禮矣乎！嚴父嚴兄，妻子臣妾，猶百姓徒役也。』是比妻子於徒役。文句凡鄙，不合經典。」云云。【B】案《孝經》有今文、古文二本。今文稱鄭玄注，其說自荀昶，而《鄭志》不載其名。古文稱孔安國注，其書出自劉炫，而《隋書》已言其偽。至唐開元中，詔右庶子劉知幾主古文，立十二驗以駁鄭。國子祭酒司馬貞主今文，摘《閨門》章文句凡鄙，《庶人》章割裂舊文，妄加「子曰」字，及注中「脫衣就功」諸語，以駁孔。其文載《唐會要》中。【C】後明皇詔令鄭、孔並行，迨御注出而古文、今文皆廢。是非因貞議而廢孔也。【D】乃元熊禾作《董鼎〈孝經大義〉序》，遂謂貞去《閨門》章，卒啟玄宗無禮無度之禍。明孫本作《孝經辨疑》，並謂唐宮闈不肅，貞削《閨門》一章乃為國諱。夫削《閨門》一章，遂啟幸蜀之釁，使當時行用古文，果遂無天寶之亂乎？唐宮闈不肅誠有之，至於《閨門》章二十四字，絕與武、韋不相涉。【E】且玄宗所諱者莫如楊妃。然冊封妃在天寶四年，貞進議在開元七年，何得豫為避諱乎？【F】蓋禾等以朱子《刊誤》偶用古文，遂以為古文不可廢。又徒聞《中興書目》有「議者排毀，古文遂廢」之語，遂沿其誤說耳。【G】而近儒又有謂《閨門》一章文簡意足，理致精嚴，非後儒所能偽作，不當以貞議「文句凡鄙」廢之者，亦未免好古之過也。

【探源】《經義雜記》卷五「《孝經·閨門》章」：

【A】元氏《正義》載司馬貞議曰：「近儒欲崇古學，偽作《閨門》一章。劉炫詭隨，妄稱其善。且閨門之義，近俗之語，必非宣

尼正說。案其文云：『閨門之內，具禮矣！嚴親嚴兄，妻子臣妾，繇百姓徒役也。』是比妻子於徒役。文句凡鄙，不合經典。」

【G】但《閨門》一章文簡意足，理致精嚴，似非後儒所能偽作，不當以文句疑之。

《四庫全書總目》卷三十二經部三十二《孝經正義》提要：

【B】《孝經》有今文、古文二本。今文稱鄭玄注，其說傳自荀昶，而《鄭志》不載其名。古文稱孔安國注，其書出自劉炫，而《隋書》已言其偽。至唐開元**七年三月，詔令群儒質定**。右庶子劉知幾主古文，立十二驗以駁鄭。國子祭酒司馬貞主今文，摘《閨門》章文句凡鄙，《庶人》章割裂舊文，妄加「子曰」字，及《注》中「脫衣就功」諸語，以駁孔。其文具載《唐會要》中。

【D】元熊禾作《董鼎〈孝經大義〉序》，遂謂貞去《閨門》一章，卒啟玄宗無禮無度之禍。明孫本作《孝經辨疑》，並謂唐宮闈不肅，貞削《閨門》一章乃為國諱。夫削《閨門》一章，遂啟幸蜀之釁，使當時行用古文，果無天寶之亂乎？唐宮闈不肅誠有之，至於《閨門》章二十四字，則絕與武、韋不相涉。

【E】指為避諱，不知所避何諱也。

【C】御注既行，孔、鄭兩家遂並廢，亦未聞貞更建議廢孔也。

【F】禾等徒以朱子《刊誤》偶用古文，遂以**不用古文為大罪**。……徒聞《中興書目》有「議者排毀，古文遂廢」之語，遂沿其誤說。

【小結】此條抄自《經義雜記》卷五「孝經閨門章」條和《四庫全書總目》卷三十二《孝經正義》提要。作偽方式有三：第一，點竄字句；第二，改變順序；第三，多源組合，A、G段抄自「《孝經‧閨門》章」條，B、D、E、C、F段抄自《孝經正義》提要。

52. 經注引《蒼頡》

【A】王應麟《急就章補注序》云：「《漢‧藝文志》小學十家，《蒼頡篇》見《考工記》，注者唯鞄、甂、柯、欘四字。」【B】案《考工記》：「攻皮之工，函、鮑、韗、韋、裘。」鄭司農云：「鮑或為鞄，《蒼頡篇》有鞄、甂。」又車人之事。柯，欘有半謂之柯。鄭司農云《蒼頡篇》有柯、欘，王氏所舉蓋此四

字也。【C】然《公羊‧定四年傳》「朋友相衛」，注「同門曰朋，同志曰友」。解云：「出《蒼頡篇》。」【D】又《孝經‧庶人》章：「故自天子至於庶人，孝無終始，而患不及者，未之有也。」唐明皇注：「始自天子，終於庶人。尊卑雖殊，孝道同致。而患不及者，未之有也。言無此理，故曰未有。」《正義》曰：「鄭玄：『諸家皆以為患及身。』」《說文》云：「患，憂也。」《廣雅》云：「患，惡也。」惟《蒼頡篇》謂患為禍。孔、鄭、韋、王之學，引之以釋此經。據此知孔氏古文傳、鄭氏今文注皆引《蒼頡》訓「患」為「禍」矣。經云「孝無終始」者，謂「身體髮膚，受之父母，不敢毀傷」為始，「立身行道，揚名於後世以顯父母」為終。言人子不能全受全歸、立身行道而災禍不逮其身者，卒未之有。決言之以警人子之不能守身也。【E】今《孝經正義》雖經邢昺刪定，猶本唐人舊書。是古今傳注在唐時具存，故元行沖輩猶得博引為據也。

【探源】《經義雜記》卷二十六「漢注用《蒼頡篇》」：

　　【B】《考工記》：「攻皮之工，函、鮑、韗、韋、裘。」鄭司農云：「書或為鞄，《蒼頡篇》有鞄、䋄。」又鮑人之事。鄭司農云：「《蒼頡篇》有鞄、䋄。」車人之事。柯，欘有半謂之柯。鄭司農云《蒼頡篇》有柯、欘。

　　【A】王伯厚《急就章補注序》云：「《漢‧藝文志》小學十家，《蒼頡篇》見《考工記》，注者唯鞄、䋄、柯、欘四字。」

　　【C】《公羊傳‧定四年》「朋友相衛」，注「同門曰朋，同志曰友」。解云：「出《蒼頡篇》。」

　　【E】然則《孝經正義》雖經邢氏刪改，猶本唐人舊書。……唐時古今文具存，故元氏得博引為據。

《經義雜記》卷十六「《孝經‧庶人》章」：

　　【D】《孝經》：「故自天子至於庶人，孝無終始，而患不及者，未之有也。」唐明皇注：「始自天子，終於庶人。尊卑雖殊，孝道同致。而患不能及者，未之有也。言無此理，故曰未有。」《正義》曰：「鄭玄：『諸家皆以為患及身。』《說文》云：『患，憂也。』《廣雅》曰：『患，惡也。』惟《蒼頡篇》謂患為禍。孔、鄭、韋、王之學，引之以釋此經。」據此則孔氏古文傳、鄭氏今文注皆引《蒼頡篇》訓「患」為「禍」矣。經云：「身體髮膚，受之父母，不敢毀傷，孝之始也。立身行道，揚名於後世，以顯父母，孝之終也。」……言

人子不能全受全歸、立身行道而災禍不逮其身者，卒未之有。**決言有災禍**，以警人子之不守身者也。

【小結】此條抄自《經義雜記》卷十六「孝經庶人章」、卷二十六「漢注用《蒼頡篇》」。作偽方式有三：第一，點竄字句；第二，改變順序；第三，多源組合，B、A、C、E段抄自「漢注用《蒼頡篇》」條，D段抄自「《孝經·庶人》章」條。

53.《爾雅》列經部

【A】案《爾雅》係小學家綴集舊文，遞相增益。或言周公著，或言孔子增，皆依託之詞。大抵雜採諸書為之，亦非纂自一手也。【B】如《釋天》云：「暴雨謂之涷。」《釋艸》云：「卷施艸，拔心不死。」採《楚辭》文也。《釋天》云：「扶搖謂之猋。」《釋蟲》云：「蒺藜，蝍蛆。」採《莊子》文也。《釋詁》云：「嫁，往也。」《釋水》云：「濆，大出尾下。」採《列子》文也。《釋地·四極》云：「西王母。」《釋畜》云：「小領，盜驪。」採《穆天子傳》文也。《釋地》云：「東方有比目魚焉，不比不行，其名謂之鰈。南方有比翼鳥焉，不比不飛，其名謂之鶼鶼。」採《管子》文也。又云：「邛邛岠虛負而走，其名謂之蟨。」採《呂氏春秋》文也。又云：「北方有比肩民焉，迭食而迭望。」《釋地》云：「河出崑崙虛。」採《山海經》文也。《釋詁》云：「天、帝、皇、王、後、辟、公、侯。」又云：「洪、廓、宏、溥、介、純、夏、幠。」《釋天》云「春為青陽」至「謂之醴泉」，採《尸子》文也。《釋鳥》云：「爰居，雜縣。」採《國語》文也。如斯之類甚〔夥〕（黟），說經家多資以考證古義，故從其所重，特列之於經部耳。而郭璞注亦頗有可據，後人雖多補正，終不能出其範圍。邢昺疏亦多能引證，如《尸子·廣澤》篇、《仁意》篇，皆今人所未及見。惟犍為文學、樊光、李巡之注，見於陸氏《釋文》者，則尚有遺漏焉。

【探源】《四庫全書總目》卷四十《爾雅注疏》提要：

【A】大抵小學家綴緝舊文，遞相增益，周公、孔子皆依託之詞。……知非纂自一手也。

【B】如《釋天》云：「暴雨謂之涷。」《釋艸》云：「卷施艸，拔心不死。」此取《楚辭》之文也。《釋天》云：「扶搖謂之猋。」《釋蟲》云：「蒺藜，蝍蛆。」此取《莊子》之文也。《釋詁》云：「嫁，往也。」《釋水》云：「濆，大出尾下。」此取《列子》之文也。《釋地·四極》云：「西王母。」《釋畜》云：「小領，盜驪。」此

取《穆天子傳》之文也。《釋地》云:「東方有比目魚焉,不比不行,其名謂之鰈。南方有比翼鳥焉,不比不飛,其名謂之鶼鶼。」此取《管子》之文也。又云:「邛邛岠虛負而走,其名謂之蟨。」此取《呂氏春秋》之文也。又云:「北方有比肩民焉,迭食而迭望。」《釋地》云:「河出崑崙虛。」此取《山海經》之文也。《釋詁》云:「天、帝、皇、王、後、辟、公、侯。」又云:「洪、廓、宏、溥、介、純、夏、幠。」《釋天》云「春為青陽」至「謂之醴泉」。此取《尸子》之文也。《釋鳥》曰:「爰居雜縣。」此取《國語》之文也。如是之類,不可殫數。……特說經之家多資以證古義,故從其所重,列之經部耳。璞時去漢未遠,……故所注多可據。後人雖迭為補正,然宏綱大旨,終不出其範圍。昺疏亦多能引證。如《尸子·廣澤》篇、《仁意》篇,皆非今人所及睹。其犍為文學、樊光、李巡之注,見於陸氏《釋文》者雖多所遺漏。

【小結】此條抄自《四庫全書總目》卷四十《爾雅注疏》提要。作偽方式有二。第一,點竄字句;第二,增加句子。

54.《爾雅》句讀

【A】《爾雅·釋山》:「小山岋,大山峘。」郭注:「岋謂高過。」《埤蒼》云:「峘,大山。又音恒。」《說文·馬部》:「駁,馬行相及也,從馬從及,讀若《爾雅》『小山駁,大山峘』。」則許氏讀《爾雅》以六字為句,郭注謂「高過」,與許氏「馬行相及」義合。蓋岋者,及也。峘者,恒也。以小山而及於大山為長。《埤蒼》云:「峘,大山。」則張氏讀《爾雅》以「小山岋」為句,「大山峘」為句矣。又「大山宮,小山霍」,郭注:「謂宮圍繞之。」《水經注·廬江水》曰:「岩上有宮殿故基者三,以次而上,最上者極於山峰。山下又有神廟,號曰宮亭廟。胡彭湖亦有宮亭之稱焉。」余案《爾雅》:「大山曰宮」,宮之為名,蓋起於此。是酈氏讀《爾雅》以「大山宮」為句,「小山霍」為句矣。又「小山別,大山鮮」,郭注「不相連」,李云:「大山少,故曰鮮。或作巑,又音仙。」《詩·皇矣》「度其鮮原」,傳:「小山別,大山曰鮮。」《正義》引孫炎曰:「別,不相連也。」《公劉》「陟則在巘」,傳:「小山別於大山也。」蓋毛以「鮮」、「巘」為一字。案孫、郭皆云不相連,亦以六字為句。李云:「大山少,故曰鮮。」是以「小山別」為句,「大山鮮」為句矣。郭氏獨以毛公、

許君、孫氏讀為據而不從李巡、張揖、酈道元等，其學識宏通，為不可及矣。

【B】蓋郭氏去漢未遠，如「遂幠大東」稱《詩》，「釗我周王」稱逸《書》，所見尚多古本，其所注自較諸家多有可據也。

【探源】《經義雜記》卷四「誤讀《釋山》文」：

【A】《爾雅·釋山》：「小山岌，大山峘。」郭注：「岌謂高過。」……《埤蒼》云：「峘，大山。又音恒。」案《說文·馬部》：「馺，馬行相及也，從馬從及，讀若《爾雅》『小山馺，大山峘』。」則許讀《爾雅》以六字為句，郭注謂「高過」，與許氏「馬行相及」**訓亦合**。蓋岌者，及也。峘者，恒也。以小山而及於大山為長。……《埤蒼》云：「峘，大山。」則張氏讀《爾雅》以「小山岌」為句，「大山峘」為句矣。又「大山宮，小山霍」，郭注：「宮謂圍繞之。」……酈道元注《水經·廬江水》曰：「岩上有宮殿故基者三，以次而上，最上者極於山峰。山下又有神廟，號曰宮亭廟。**胡彭湖亦有宮亭之稱焉。**」余案《爾雅》云：「大山曰宮。」宮之為名，蓋起於此。……是酈氏讀《爾雅》以「大山宮」為句，「小山霍」為句矣。……又「小山別，大山鮮」，郭注「不相連」，……李云：「大山少，故曰鮮，或作巘，又音仙。」《詩·皇矣》「度其鮮原」，傳：「小山別，大山曰鮮。」《正義》引孫炎曰：「別，不相連也。」《公劉》「陟則在巘」，傳「巘小山別於大山也。」蓋毛意「鮮」、「巘」為一字。……案孫、郭皆云不相連。……李云：「大山少，故曰鮮。」是以「小山別」為句，「大山鮮」為句矣。……郭氏以毛公、許君、孫氏讀為據而不從李巡、張揖、酈元等，**其識較他差勝矣。**

《四庫全書總目》卷四十經部四十《爾雅注疏》提要：

【B】**璞時**去漢未遠，如「遂幠大東」稱《詩》，「釗我周王」稱逸書，所見尚多古本，故所注多可據。

【小結】此條抄自《經義雜記》卷四「誤讀《釋山》文」條、《四庫全書總目》卷四十《爾雅注疏》提要。作偽方式有二：第一，點竄字句；第二，多源組合，A 段抄自「誤讀《釋山》文」條，B 段抄自《爾雅注疏》提要。

55. 西漢儒解經

《春秋繁露·五行對》：「河間獻王問溫城董君曰：『《孝經》曰：夫孝，天

之經，地之義。何謂也？』對曰：『天有五行，木、火、土、金、水是也。木生火，火生土，土生金，金生水。水為冬，金為秋，土為季夏，火為夏，木為春。春主生，夏主長，季夏主養，秋主收，冬主藏，藏冬之所成也。是故父之所生，其子長之；父之所長，其子養之；父之所養，其子成之。諸父所為，其子皆奉承而續行之，不敢不致如父之意，盡為人之道也。故五行者，五行也。由此觀之，父授之，子受之，乃天之道也。故曰：夫孝者，天之經也。此之謂也。』王曰：『善哉！天經既得聞之矣，願聞地之義。』對曰：『地出雲為雨，起氣為風。風雨者，地之為。為地不敢有其功名，必上之於天命。若從天氣者，故曰天風、天雨也。莫曰地風、地雨也。勤勞在地，名一歸於天，非至有義，其孰能行此？故下事上如地事天也。可謂大忠矣。土者，火之子也。五行莫貴於土，土之於四時無所命者，不與火分功名。木名春，火名夏，金名秋，水名冬。忠臣之義，孝子之行，取之土。土者，五行最貴者也。其義不可以加矣。』王曰：『善哉！』（此下疑闕王問辭）『衣服容貌者所以說目也，聲言應對者所以說耳也，好惡去就者所以說心也。故君子衣服中而容貌恭，則目說矣；聲言理應對遜，則耳說矣；好仁厚而惡淺薄，就善人而遠僻鄙，則心說矣。故曰行意可樂，容止可觀（今本作容止可觀，進退可度，意似復），此之謂也。』」此西漢儒解經語，非東漢以後人所能道也。當存之以見其梗概焉。

【探源】《經義雜記》卷二十「董仲舒《孝經》解」：

《春秋繁露・五行對》：「河間獻王問溫城董君曰：『《孝經》曰：夫孝，天之經，地之義。何謂也？』對曰：『天有五行，木、火、土、金、水是也。木生火，火生土，土生金，金生水。水為冬，金為秋，土為季夏，火為夏，木為春。春主生，夏主長，季夏主養，秋主收，冬主藏，藏冬之所成也。是故父之所生，其子長之；父之所長，其子養之；父之所養，其子成之。諸父所為，其子皆奉承而續行之，不敢不致如父之意，盡為人之道也。故五行者，五行也。由此觀之，父授之，子受之，乃天之道也。故曰：夫孝者，天之經也。此之謂也。』王曰：『善哉！天經既聞得之矣，願聞地之義。』對曰：『地出雲為雨，起氣為風。風雨者，地之為。為地不敢有其功名，必上之於天命。若從天氣者，故曰天風、天雨也。莫曰地風、地雨也。勤勞在地，名一歸於天，非至有義，其孰能行此？故下事上如地事天也。可謂大忠矣。土者，火之子也。五行莫貴於土，土之於四時無

所命者，不與火分功名。木名春，火名夏，金名秋，水名冬。忠臣之義，孝子之行，取之土。土者，五行最貴者也。其義不可以加矣。』……王曰：『善哉！』（此下**當有王問之**。）『衣服容貌者所以說目也，聲言應對者所以說耳也，好惡去就者所以說心也。故君子衣服中而容貌恭，則目說矣；聲言理應對遜，則耳說矣；好仁厚而惡淺薄，就善人而遠僻鄙，則心說矣。故曰行意可樂，容止可觀（今文《孝經》作容止可觀，進退可度。……進退可度與容止可觀意復。……），此之謂也。』」案西漢儒解經之言不可多得，存此以見其概然，非東漢以後人所能言也。

【小結】此條抄《經義雜記》卷二十「董仲舒《孝經》解」條。作偽方式為點竄字句。

56. 古用「優賢揚歷」語

【A】案《文選·魏都賦》劉淵林注，引《尚書·般庚》「優賢揚歷」，【B】裴松之注《三國志》亦引此語。【C】《漢咸陽令唐扶頌》已云「優賢揚歷」，載洪适《隸釋》。又《國三老袁良碑》云「優賢之寵」，【D】謂溥求賢者而優禮之，揚其所歷試也。【E】鄭本《尚書》作「憂腎陽」，夏侯等《書》誤以一憂字，分作心腹二字。「腎陽」當作「賢揚」，亦以字形相似致誤。【F】今本作「**心腹腎腸**」，歷字屬下古義遂微。亦猶《大誥》「不少延」為句，「洪」惟屬下讀，而毛氏奇齡據裴度《中和節賜百官尺》連用「延洪」字，以為唐人猶知古義。不知「延洪」之解出晚晉偽傳，古實無此義也。

【探源】《尚書後案》卷六《商書》：

【A】《文選·魏都賦》劉淵林注引《尚書·般庚》曰「優賢揚歷」，若依今本，則《盤庚》不見有此文。

【E】乃知鄭本作「憂腎陽」者，「憂」本「優」字。夏侯等《書》以一憂字，誤分作心腹二字。「腎陽」者，當作「賢揚」，皆以字形相似而致誤。

【B】裴松之注《三國志》亦引此。

【D】溥求賢者而優禮之，揚其所歷試也。

【C】而前此《漢咸陽令唐扶頌》已云「優賢揚歷」，載洪适《隸釋》。《隸釋》又載《國三老袁良碑》有云「憂臥之寵」。

《尚書後案》卷十四《周書》：

【F】而毛氏奇齡據唐裴度《中和節賜百官尺》詩，連用「延洪」字，以為唐人猶知古義。然《翟義傳》亦以「洪」屬下句，則知「延洪」之解出晚晉偽傳，古無此訓也。

【小結】此條抄自《尚書後案》卷六《商書》、卷十四《周書》。A、E、B、D、C 段抄自《商書》，F 段抄自《周書》。作偽方式有三。第一，點竄字句；第二，增加句子；第三，改變順序。

57.「蒼生」不作民解

【A】考《晉書》，山濤謂王衍「誤蒼生者必此人也」。《世說》云：「安石不肯出，將如蒼生何！」是晉人皆謂民為蒼生。【B】不知《尚書》「海隅蒼生」傳謂「蒼生」為「蒼蒼然生草木」者。言所及廣遠也。【C】謂蒼生為民乃後世義，古無是訓也。

【探源】《尚書後案》卷二《虞夏書》：

【B】海隅蒼生。傳曰：「……蒼蒼然生草木。言所及廣遠。」

【A】《晉書》山濤謂王衍「誤天下蒼生」。《世說》云：「安石不肯出，將如蒼生何！」是晉人皆謂民為蒼生。

【C】然古無是訓，不可施於經典也。

【小結】此條抄自《尚書後案》卷二《虞夏書》。原文順序為 B、A、C。作偽方式有三。第一，點竄字句；第二，增加句子；第三，改變順序。

58. 有治人無治法

案《荀子·君道》篇云：「有治人無治法。法不能獨立，得其人則存，故明主急得其人。勞於索之，而休於使之。《書》曰：『惟文王敬忌，一人以擇。』此之謂也。」據此知《尚書》懌當作擇，謂擇人而用也。擇得其人，一人已足致治。今《尚書》本作懌，以為悅懌，且多「乃裕民」二句，疑由偽孔所增改也。

【探源】《尚書後案》卷十五《周書》：

《荀子》卷八《君道》篇云：「有治人無治法。法不能獨立，得其人則存，故明主急得其人。勞於索之，而休於使之。《書》曰：『惟文王敬忌，一人以擇。』此之謂也。」據此則懌當作擇，謂擇人而用也。擇得其人，一人已足致治。……偽孔作懌，以為悅懌，且多

「乃裕民」二句，疑皆偽孔所增改也。

【小結】此條抄自《尚書後案》卷十五《周書》。作偽方式為點竄字句。

59. 漢儒言性

【A】《說文·心部》：「情，人之陰氣有欲者，從心青聲。性，人之陽氣性善者也，從心生聲。」自孔子後言性者多矣，以性為善者，惟孟子、韓子，而許氏亦與之同。然叔重詮解，或自古相傳舊義無論矣。【B】至醇儒如董子，其言性且不能醇而無疵。【C】《春秋繁露·實性》云：「無教之時，何處能善？善如米，性如禾。禾雖出米，而禾未可謂米也。性雖出善，而性未可謂善也。米與善人之繼天而成於外也，非在天所為之內也。天之所為止於繭、麻與禾。以麻為布、以繭為絲、以米為飯、以性為善，此皆聖人所繼天而進也，非性情質樸之能至也。聖人言中，本無性善名，而有曰：『善人吾不得見之矣。』使萬民之性皆已能善，善人者何為不見也？觀孔子言此之意，以為善難當甚。而孟子以為萬民性皆能當之，過矣。聖人之性不可以名性，斗筲之性又不可以名性，名性者，中民之性。中民之性如繭如卵。卵待復二十日而後能為雛，繭待繰以綰湯而後能為絲，性待漸於教訓而後能為善。善，教誨之所然也。」云云。是謂性不能本善，必待教而後能善。殆即告子以人性為仁義，猶以杞柳為桮棬而小變之。但不至如荀子之言性惡耳。【D】《韓詩外傳》有曰：「子曰：『不知命，無以為君子。』」言天之所生皆有仁、義、禮、智、順善之心，不知天之所以命生則無仁、義、禮、智、順善之心，無仁、義、禮、智、順善之心謂之小人。故曰：「不知命，無以為君子。」《小雅》曰：「天保定爾，亦孔之固。」言天之所以仁、義、禮、智保定人之甚固也。《大雅》曰：「天生蒸民，有物有則，民之秉彝，好是懿德。」言民之秉德以則天也。不知所以則天，又焉得為君子乎？斯言也，即孟子性善之說也。【E】孔子雖無性善之說，然《論語》云：「性相近，習相遠。」謂性與善相近，亦即性善之說矣。若必待教而後善，將何解於《生民》之詩乎？【F】余謂性善之說，孟子而後，惟有取於韓子。其闡發精密而無遺者，其惟程朱乎？

【探源】《經義雜記》卷三「《說文》言性善」：

　　【A】《說文·心部》云：「情，人之陰氣有欲者，從心青聲。性，人之陽氣性善者也，從心生聲。」自孔子後言性者紛紛矣，以性為善者，獨孟子、韓子，而許氏亦與之同。……要知《說文》之書非

許叔重自撰，乃記集三代以來遺文，故其詮解亦俱自古相傳。

《經義雜記》卷十八「董子言性」：

【C】《春秋繁露·實性》云：「無教之時，何處能善？善如米，性如禾。禾雖出米，而禾未可謂米也。性雖出善，而性未可謂善也。米與善人之繼天而成於外也，非在天所為之內也。天之所為止於繭、麻與禾。以麻為布、以繭為絲、以米為飯、以性為善，此皆聖人所繼天而進也，非情性質樸之能至也。聖人言中，本無性善名，而有（當脫曰字）：『善人吾不得見之矣。』使萬民之性皆已能善，善人者何為不見也？觀孔子言此之意，以為善難當甚。而孟子以為萬民性皆能當之，過矣。聖人之性不可以名性，斗筲之性又不可以名性，名性者，中民之性。中民之性如繭如卵。卵待復二十日而後能為雛，繭待繰以綰湯而後能為絲，性待漸於教訓而後能為善。善，教誨之所然也。」……謂性不能本善，必待教而後能善。殆即告子以人性為仁義，猶以杞柳為桮棬之說而小變之。但不如荀子之言性惡耳。

【E】孔子雖無性善之言，然《論語》云：「性相近。」謂性與善相近，斯即聖人性善之說矣。若謂必待王教而後善，蒸民之詩將何說焉？

《經義雜記》卷十九「韓子知命說」：

【D】其書有曰：「子曰：『不知命，無以為君子。』」言天之所生皆有仁、義、禮、智、順善之心，不知天之所以命生則無仁、義、禮、智、順善之心，無仁、義、禮、智、順善之心謂之小人。故曰：「不知命，無以為君子。」《小雅》曰：「天保定爾，亦孔之固。」言天之所以仁、義、禮、智保定人之甚固也。《大雅》曰：「天生蒸民，有物有則，民之秉彝，好是懿德。」言民之秉德以則天也。不知所以則天，又焉得為君子乎？斯言也，即孟子性善之說也。

【B】如毛公、董生皆可為見道之醇儒矣。而性善之說則俱未能言也。

【F】琳謂孟子之後，程朱以前，知性善者韓君一人而已，故特為表出之。

【小結】此條抄自《經義雜記》卷三「《說文》言性善」、卷十八「董子言

性」、卷十九「韓子知命說」。A 段抄自「《說文》言性善」條，C、E 段抄自「董子言性」條，D、B、F 段抄自「韓子知命說」條。作偽方式有三。第一，點竄字句；第二，增加句子；第三，改變順序。

60.《周書‧柴誓》

鄭注《周禮‧雍氏》及《禮記‧曾子問》皆引作《柴誓》。《史記》云：「伯禽帥師伐之於肸。」徐廣曰：「一作鮮，一作獮。」裴駰曰：「《尚書》作柴。」司馬貞曰：「《尚書大傳》作《鮮誓》。」《鮮誓》即《肸誓》，古今字異，義亦變也。鮮，獮也。言於肸地誓眾，自行獮田之禮，以取鮮獸而祭。故字或作鮮，或作獮。考柴本地名，作肸、作鮮、作獮皆非。司馬貞又強為之說，皆謬也。《說文‧米部》柴注云：「惡米也。從米，北聲。《周書》有《柴誓》。」《廣韻》、《五經文字》略同，此古義也。柴為魯東郊地，則應在今曲阜縣，而已無考，唐人改為費。考春秋之初，費自為國，《隱元年左傳》云：「費伯帥師城郎。」後並於魯，為季氏邑，《僖元年左傳》云「公賜季友汶陽之田及費」是也。漢為縣，屬東海郡，故城在今兗州府費縣西北二十里，去曲阜且三百里，後人疑此即作誓之地，非也。

【探源】《尚書後案》卷三十序：

> 鄭注《周禮‧雍氏》及《禮記‧曾子問》皆引作《柴誓》。《史記》云：「伯禽帥師伐之於肸。」徐廣曰：「一作鮮，一作獮。」裴駰曰：「《尚書》作柴。」司馬貞曰：「《尚書大傳》作《鮮誓》。」《鮮誓》即《肸誓》，古今字異，義亦變也。鮮，獮也。言於肸地誓眾，自行獮田之禮，以取鮮獸而祭。故字或作鮮，或作獮。愚考柴本地名，作肸、作鮮、作獮皆非。司馬貞又強為之說，並謬也。《說文》卷七上《米部》柴字注云：「惡米也。從米，北聲。《周書》有《柴誓》。」《廣韻》、《五經文字》略同，此古義也。柴為魯東郊地，則應在今曲阜縣，而已無考，唐人改為費。考春秋之初，費自為國，《隱元年左傳》云：「費伯帥師城郎。」後並於魯，為季氏邑，《僖元年左傳》「公賜季友汶陽之田及費」是也。漢為縣，屬東海郡，故城在今兗州府費縣西北二十里，去曲阜且三百里，後人疑作誓之地即在此，皆非也。

【小結】此條抄自王鳴盛《尚書後案》卷三十序。作偽方式為點竄字句。

61.《荀子》引經

　　案《荀子‧天論》篇云：「道之所善，中則可從，畸則不可為。」「萬物為道一偏，一物為萬物一偏，愚者為一物一偏，而自以為知道，無知也。慎子有見於後，無見於先。老子有見於詘，無見於信。墨子有見於齊，無見於畸。宋子有見於少，無見於多。有後無先，則群眾無門。有詘無信，則貴賤不分。有齊無畸，則政令不施。有少無多，則群眾不化。《書》曰：『無有作好，遵王之道。無有作惡，遵王之路。』此之謂也。」蓋言道貴中不貴偏，乃斷章取義耳。其實「作好、惡」是黨私害公，不但畸偏而已也。

　　【探源】《尚書後案》卷十二《周書》：

　　　　《荀子》卷十一《天論》篇云：「道之所善，中則可從，畸則不可為。」「萬物為道一偏，一物為萬物一偏，愚者為一物一偏，而自以為知道，無知也。慎子有見於後，無見於先。老子有見於詘，無見於信。墨子有見於於齊，無見於畸。宋子有見於少，無見於多。有後無先，則群眾無門。有詘無信，則貴賤不分。有齊無畸，則政令不施。有少無多，則群眾不化。《書》曰云云，此之謂也。」此言道貴中不貴偏，乃斷章取義。其實「作好」、「作惡」是黨私害公，不但畸偏，與《荀子》意異。

　　【小結】此條抄自《尚書後案》卷十二《周書》。作偽方式為點竄字句。

62.《說文》古訓

　　【A】案《說文》卷一：「王，天下所歸往也。董仲舒曰：『古之造文者，三畫而連其中謂之王。三者，天地人也。而參通之者王也。』」【B】考《韓詩外傳》云：「王者，往也。天下往謂之王。」《白虎通》、《風俗通》及蔡邕《獨斷》，說皆與《詩外傳》同。《春秋繁露‧滅國上》篇云：「王者，民之所往。君者，不失其群。能使萬民往之而得天下之群者，無敵於天下。」又《深察名號》篇云：「深察王號大意，其中有五科：皇科、方科、匡科、黃科、往科，合此五科以一言，謂之王。王者皇也，王者方也，王者匡也，王者黃也，王者往也。是故王意不普大皇，則道不能正直而方；道不能正直而方，則德不能匡運周偏；不能匡運周偏，則美不能黃；美不能黃，則四方不能往；四方不能往，則不全於王。」《漢書‧刑法志》：「歸而往之，是謂王矣。」【C】以上諸說皆與《說文》合，真先漢古義也。

【探源】《尚書後案》卷十二《周書》：

> 【B】《韓詩外傳》卷五云：「王者，往也。天下往之謂之王。」
> 《白虎通》、《風俗通》及蔡邕《獨斷》，說皆與《詩外傳》略同。《春
> 秋繁露》卷四《滅國上》篇云：「王者，民之所往。君者，不失其群。
> 能使萬民往之而得天下之群者，無敵於天下。」又卷十《深察名號》
> 篇云：「深察王號大意，其中有五科：皇科、方科、匡科、黃科、往
> 科，合此五科以一言，謂之王。王者皇也，王者方也，王者匡也，
> 王者黃也，王者往也。是故王意不普大皇，則道不能正直而方；道
> 不能正直而方，則德不能匡運周徧；德不匡運周徧，則美不能黃；
> 美不能黃，則四方不能往；四方不能往，則不全於王。」《漢書》卷
> 二十三《刑法志》云：「歸而往之，是為王矣。」
>
> 【A】《說文》卷一上《王部》云：「王，天下所歸往也。三畫連
> 其中，三者天地人，參通之者王。」
>
> 【C】以上諸文皆與王注合，此先漢古義也。

【小結】此條抄自《尚書後案》卷十二《周書》。原文順序為 B、A、C。
作偽方式有有二。第一，點竄字句；第二，改變順序。

63.《周書》非出汲冢

案：汲冢《周書》，《隋·經籍志》、《唐·藝文志》俱稱此書以晉太康二年
得於魏安釐王冢中，則汲冢之說由來久矣。然《晉書·武帝紀》及《荀勖》、
《束皙傳》載汲郡人不准所得《竹書》七十五篇，俱有篇名，無所謂《周書》，
杜預《春秋集解後序》載汲冢諸書，亦不列《周書》之目，是《周書》不出汲
冢也。考《漢書·藝文志》先有《周書》七十一篇。史遷紀武王克商事，多與
此書相應。許氏《說文》引《周書》「大翰若翬雉」。又引《周書》「豲有爪而
不敢以撅」。馬融注《論語》，引《周書·月令》。鄭玄注《周禮》，引《周書·
王會》，注《儀禮》，引《周書·北唐戎以閭》。皆在汲冢前，知為漢代相傳之
舊。郭璞注《爾雅》，稱《逸周書》。李善注《文選》所引，亦稱《逸周書》。
知晉至唐初尚不題「汲冢」。其相沿稱汲冢者，殆以梁任昉得《竹簡漆書》，不
能辨識，以示劉顯。顯識為孔子刪書之餘。其時《南史》未出，流傳不審，遂
誤合汲冢竹簡為一事，而修《隋志》者誤採之。《唐志》亦竟標「汲冢周書」，
此相沿致誤之由也。惟舊本載嘉定十五年丁黻跋，反覆考證，確以為不出汲

冢。斯定論矣。其書載有太子晉事，則當成於靈王以後。所云文王受命稱王，武王、周公私計東伐，俘馘殷遺，暴殄原獸，輦括寶玉，懸紂首太白，又用之南郊，皆古人必無之事。故陳振孫以為戰國後人所為。然《左傳》引《周志》「勇則害上，不登於明堂」。又引《書》「慎始而敬終，終乃不困」。又引《書》「居安思危」。又稱「周作九刑」。其文皆在今《書》中，則春秋時已有之。特戰國以後又輾轉附益之，故其言龐雜耳。究其實，終為三代之遺文，不可廢也。

【探源】《四庫全書總目》卷五十《逸周書》提要：

舊本題曰《汲冢周書》。考《隋‧經籍志》、《唐‧藝文志》俱稱此書以晉太康二年得於魏安釐王冢中。則汲冢之說，其來已久。然《晉書‧武帝紀》及《荀勖》、《束晳傳》，載汲郡人不准所得《竹書》七十五篇，具有篇名。無所謂《周書》。杜預《春秋集解後序》，載汲冢諸書，亦不列周書之目。是《周書》不出汲冢也。考《漢書‧藝文志》先有《周書》七十一篇。……司馬遷紀武王克商事，亦與此書相應。許慎作《說文》，引《周書》「大翰若翬雉」。又引《周書》「獫有爪而不敢以撅」。馬融注《論語》，引《周書‧月令》。鄭玄注《周禮》，引《周書‧王會》。注《儀禮》，引《周書‧北唐以閭》。皆在汲冢前，知為漢代相傳之舊。郭璞注《爾雅》，稱《逸周書》。李善《文選注》所引，亦稱《逸周書》。知晉至唐初舊本尚不題「汲冢」。其相沿稱汲冢者，殆以梁任昉得《竹簡漆書》，不能辨識，以示劉顯。顯識為孔子刪書之餘。其時《南史》未出，流傳不審。遂誤合汲冢竹簡為一事，而修《隋志》者誤採之耶。……惟舊本載嘉定十五年丁黼跋，反覆考證，確以為不出汲冢。斯定論矣。其書載有太子晉事，則當成於靈王以後。所云文王受命稱王，武王、周公私計東伐，俘馘殷遺，暴殄原獸，輦括寶玉，……懸紂首太白，又用之南郊，皆古人必無之事。陳振孫以為戰國後人所為。……然《左傳》引《周志》「勇則害上，不登於明堂」。又引《書》「慎始而敬終，終乃不困」。又引《書》「居安思危」。又稱「周作九刑」。其文皆在今《書》中，則春秋時已有之。特戰國以後又輾轉附益，故其言駁雜耳。究厥本始終，為三代之遺文，不可廢也。

【小結】此條抄自《四庫全書總目》卷五十《逸周書》提要。作偽方式有

二。第一，點竄字句；第二，增加句子。

今按，此條曾經被《續修四庫全書總目提要（稿本）》肯定：「考證甚為確鑿，足正《隋經籍志》、《唐藝文志》之誤焉。」未考辨真偽，遂妄下結論，徒貽笑大方之家。

64.《說文》旁採諸說

【A】許氏敘今篆文，合以古籀，其解字往往旁採諸家之說，信而有證。如《王部》「王」，《蟲部》「螾」用董仲舒說，《玉部》「玼」用宋宏說，《屮部》「屮」用尹彤說，《艸部》「芸」，《蟲部》「蜮」、「蜗」，《田部》「畜」用《淮南子》說，《艸部》「蔞」用劉向說，《艸部》「菱」重文「薐」，「茵」重文「鞇」，「營」重文「苪」，《鳥部》「鷄」及「鵙」重文「鴂」，《蟲部》「蠁」重文「蚼」，「蠮」重文「蠵」，《車部》「軨」重文「轠」，【B】《口部》「嗙」，《禾部》「稟」，《豕部》「豦」用司馬相如說。【C】《東部》「東」，《華部》「華」，「糞」用官溥說。【D】《水部》「汶」，「溺」用桑欽說。《八部》「背厶為公」，《厶部》「自營為厶」用韓非說。【E】《艸部》「斳」，《辵部》「造」，【F】《口部》「嘽」重文「㺚」，《片部》「牖」，《蚰部》「蠱」重文「蝨」，《水部》「沙」重文「沘」，《又部》「叚」重文「叚」用譚長說。【G】《廾部》「抙」，《肉部》「臁」，「窒」重文「肺」，《晶部》「迭」，《系部》「綷」，《黽部》「晁」，《斗部》「斡」，《頁部》「俯」，《手部》「擊」，《氏部》「氏」，《舛部》「舜」重文「踳」用揚雄說。案注中所引，多與《方言》合。許氏卒未實指其名者，蓋當時《方言》之名尚未著也。《廾部》「畀」用黃顥說。【H】《丌部》「典」用莊都說。【I】《卤部》「桌」古文「靈」用徐巡說。《用部》「用」，【J】《㳉部》「籲」用衛宏說。【K】《爪部》「為」，《禿部》「禿」，《女部》「女」，《亡部》「無」，《酉部》「醫」用王育說，【L】《亡部》「匈」用逯安說。《蟲部》「螵」用劉歆說。《艸部》「芧」、「葊」，《廾部》「畀」，《木部》「構」，《女部》「娸」、「娿」、「婪」，《巢部》「畢」，【M】《水部》「渭」，《邕部》「齘」，《犬部》「狂」重文「悝」，《宋部》「索」，《車部》「轊」用杜林說。惟《耳部》「耿」從光聖省，《黽部》「晁」以為「朝旦」則不從其說。【N】《辛部》「辛」用張林說。《於部》「平」用爰禮說。【O】《帀部》「帀」用周盛說。【P】《内部》「離」用歐陽喬說。《人部》「俟」，《火部》「燽」用呂不韋說。【Q】《金部》「鉊」用張徹說。【R】《牛部》「犧」，《是部》「尟」，《辵部》「迹」，《言部》「讄」，《囮部》「囮」，《鼎部》「鼎」，《象部》「豫」，《木

部》「橢」,《禾部》「䅩」,《門部》「厄」,《女部》「㜮」,《毋部》「毒」,《阜部》「陘」,《亞部》「亞」,《己部》「目」,《酉部》「酏」用賈侍中說。案許氏本從逵受古學,故引師說獨多。惟《犾部》「獄」引復說「獄司空」。惠定宇云復說未詳,疑是律說也。

【探源】《蛾術編》卷十七「引諸家言」:

> 【A】《說文》引諸家之言,如《王部》引董仲舒曰:「古之造文者,三畫而連其中謂之王。三者,天、地、人也,而參通之者王也。」見《春秋繁露》;《中部》首引尹彤說,《艸部》「芸」字注引《淮南子》;【E】「㪍」字注引譚長說;【R】《牛部》「犠」字注引賈侍中說;(獨逵稱官不名)【B】《口部》「噝」字注引司馬相如說,【F】「噪」字重文引譚長說;……【N】《辛部》首引張林說;【G】《廾部》首重文「拜」字注引揚雄說;……【K】《爪部》引王育說;【C】《草部》、《皿部》、《東部》皆引官溥說;【H】《丌部》「典」字注引莊都說;【O】《帀部》引周盛說;【I】《鹵部》「桌」字重文「𪔀」字注引徐巡說;……【J】《㡀部》「黺」字注引衛宏說「黺,畫粉也」;……【D】《水部》「溺」字注引桑欽說,【M】「渭」字注引杜林說;【L】《亡部》「匃」字注引逯安說,《蟲部》「螟」字注引劉歆、董仲舒說,……【Q】《金部》「鉊」字注「大鎌也。從金,召聲。」張徹說。
>
> 【P】《內部》「離」字注引歐陽喬說。不能備引,隨舉數條。

【小結】此條以《蛾術編》卷十七「引諸家言」條為粉本,又據《說文解字》補充部分例證。王玉樹曾掩襲他書而成《說文拈字》一書,他對《說文解字》並不陌生。作偽方式有三:第一,點竄字句;第二,改變順序,原文順序為A、E、R、B、F、N、G、K、C、H、O、I、J、D、M、L、Q、P;第三,增加例證。

65.《論語》改字

【A】李翱《論語筆解》世傳與韓愈同注,非也。蓋翱之所作,而退之評騭者也。【B】或疑後人託撰,然亦有可備一解者。【C】如「事君數」章,謂「數」當為「頻數」之「數」,是與朱子《集注》合也。「子見南子」章,謂「矢,陳也。『否』,當為『否泰』之『否』,『厭』當為『厭亂』之『厭』」。案《釋文》引蔡謨云:「矢,陳也。」否,王弼、李充「備鄙反」。厭,「於琰反,

又於豔反」。是與蔡、王、李充等合也。「自行束脩」章謂束脩為束脩。案漢人皆以束脩為約束、修絜，是與舊說合也。子曰：「由，知德者鮮矣。」謂此一句當在「子路慍見」下。案《集解》載王肅注云：「君子固窮而子路慍見，故謂之少於知德。」是與王意合也。「君子不施其親」，謂施當為弛。【D】案凡沿及陳設義，當作施，凡廢解義，當作弛。古多互通，是與古義合也。【E】據此數條，似非宋以後學者所能偽託。【F】若「六十而耳順」，云「『耳』當為『爾』」；「曾謂泰山」，云「『謂』當作『為』」；「宰予晝寢」，云「『晝』當作『畫』」；「人之生也直」，云「『直』當作『惪』」；「子所雅言」，云「『音』作『言』字誤」；「三嗅而作」，云「『嗅』作『嗚嗚』之『嗚』，雉聲也」；「而貨殖焉」，云「『貨』當為『資』，『殖』當為『權』」；「吾以女為死矣」，云「『死』當為『先』」；「浴乎沂」，云「『浴』當為『沿』」；「硜硜然小人哉」，云「『小』當為『之』」；「善人教民七年」，云：「『七』當作『五』」；「君子而不仁者有矣夫，未有小人而仁者也」，云「『仁』當為『備』」；「以杖叩其脛」，云「古文『叩』作『扣』，當作『指』」；「君子貞而不諒」，云「『諒』當為『讓』」；「孔子時其亡也」，云「『時』當為『待』」；「鄉原，德之賊也」，云「『原』類『柔』，字之誤」；「猶之與人也」，云「『猶之』當為『猶上』」。凡此皆改易本文，殊屬淺陋，毫無根據矣。

【探源】《經義雜記》卷八「《論語筆解》纂」：

【C】「事君數」章，謂「數」當謂「頻數」之「數」。……此解與《集注》同。「子見南子」章，……李云：「矢，陳也。否，當為『否泰』之『否』，『厭』當為『厭亂』之『厭』。」……案《釋文》引蔡謨云：「矢，陳也。」否，王弼、李充「備鄙反」。厭，「於琰反，又於豔反」。……此解與蔡、王、李充等合。「自行束脩」章，……謂以束脩為束脩。……案漢人皆以束脩為約束、修絜，李解與舊說合。子曰：「由，知德者鮮矣。」云此一句是簡編脫漏，當在「子路慍見」下文一段為得。案《集解》載王肅注云：「君子固窮而子路慍見，故謂之少於知德。」此解與王意合。「君子不施其親」，云施當為弛。

【B】或疑此為後人託撰。

【E】然即以茲數端論之，似非宋以來學者所能言。

《經義雜記》卷十七「《論語筆解》好改字」：

【F】唐李習之《論語筆解》好改本文。「六十而耳順」，云「『耳』當為『爾』」；……「『曾謂泰山』」，云「『謂』當作『為』」；「宰予晝寢」，云「『晝』當為『畫』」；……「人之生也直」，云「『直』當為『惠』」；「子所雅言」，云「『音』作『言』字誤也」；……「三嗅而作」，云「『嗅』當作『嗚嗚』之『嗚』，雉聲也」；……「而貨殖焉」，云「『貨』當為『資』，『殖』當為『權』」；……「吾以女為死矣」，云「『死』當為『先』」；「浴乎沂」，云「『浴』當為『沿』」；……「硜硜然小人哉」，云「『小』當為『之』」；……「善人教民七年」，云「當作五年」；「君子而不仁者有矣夫，未有小人而仁者也」，云「『仁』當為『備』」；……「以杖叩其脛」，云「古文『叩』作『扣』，當作『指』」；「君子貞而不諒」，云「『諒』當為『讓』」；「孔子時其亡也」，云「『時』當為『待』」；「鄉原，德之賊也」，云「『原』類『柔』，字之誤」；「猶之與人也」，云「『猶之』當為『猶上』」。凡所改易皆無依，據義又淺陋，不可從也。

《經義雜記》卷七「施弛古通」：

【D】凡延及陳設義，當作施，凡廢解義，當作弛。**古書既**互通。

《經義雜記》卷八「李翱《論語筆解》」：

【A】世傳《論語筆解》題唐韓愈著。余讀其書，知是李習之所為，蓋韓退之評騭者也。

【小結】此條抄自《經義雜記》卷七「施弛古通」、卷八「李翱《論語筆解》」、「《論語筆解》纂」、卷十七「《論語筆解》好改字」。作偽方式有三：第一，點竄字句；第二，改變順序；第三，多源組合，A段抄自抄「李翱《論語筆解》」條，C、B、E段抄自「《論語筆解》纂」條，F段抄自「《論語筆解》好改字」條，D段抄自「施弛古通」條。

66.《洪範》改字

【A】《新唐志》開元十四年，玄宗以《洪範》「無偏無頗」，聲不協，詔改為「無偏無陂」。《冊府元龜》天寶三載敕曰：「典謨既作，雖曰不刊，文字或訛，豈必相襲。朕聽政之暇，乙夜觀書，非徒閱於微言，實欲暢於精理。每讀《尚書·洪範》至『無偏無頗，遵王之義』，三復茲句，常有所疑。據其下文，並皆協韻，惟頗一字，實則不倫。又《周易·泰卦》『無平不陂』，《釋文》云陂字亦有頗音。陂之與頗，訓古無別，為陂則亦會義，為頗則聲不成文。應由

煨燼之餘，編簡墜缺，傳授之際，差舛相沿。原始要終，須有刊革。朕雖先覺，兼訪諸儒，僉以為然，終非獨斷。其『無偏無頗』字，宜改為陂，庶使先儒之義，去彼膏肓，後學之徒，正其魚魯。仍宜示國學主者施行。」《文苑英華》亦載此敕，是孫逖草。但陸氏《釋文》成於貞觀，「陂音秘」云云，雖陸氏原本亦有之，恐為後人所加也。【B】案蔡邕石經及《尚書》舊本皆作「無頗」，唐明皇據《周易》改「陂」。然《楚辭》「修繩墨而不頗」，王逸注：「頗，傾也。《易》曰：『無平不頗。』」是古《易》本作「頗」。乃反據改壞之《易》以改無誤之《書》，誤矣。【C】且「遵王之義」，義古本音莪。東吳顧氏曰：《周禮·肆師》：「治其禮儀，以佐宗伯。」注：「故書儀為義。」鄭司農云：「義讀為儀。」洪适《隸釋》云：「《周禮》注儀、義二字，古皆音莪。」以今考之，漢《孔耽神祠碑》「竭凱風以惆悵，惟蓼儀以愴恨」，《平都相蔣君碑》「感慕詩人，蓼蓼者儀」，並以儀為莪也。《衛尉卿衡方碑》「感衛人之凱風，悼蓼義之劬勞」，《司隸校尉魯峻碑》「恐蓼義之不報，痛昊天之靡嘉」，並以義為莪也。吳才老《韻補》：「儀，牛何反。」《周禮》注：「儀作義，古皆音俄。」《詩》：「泛彼柏舟，在彼中河。髧彼兩髦，實惟我儀，之死矢靡他。」又：「九十其儀。其新孔嘉，其舊如之何。」又：「菁菁者莪，在彼中阿。既見君子，樂且有儀。」又：「飲酒孔嘉，維其令儀。」又：「其告維何，籩豆靜嘉。朋友攸攝，攝以威儀。」又：「慎爾出話，無不柔嘉。」又：「辟爾為德，俾臧俾嘉。淑慎爾止，不愆于儀。」《穆天子傳》黃澤謠：「黃澤之阤，其馬歕沙，皇人威儀。」《管子·弟子職》：「相切相磋，各長其儀。」劉向《說苑》：「食則有節，飲則有儀。往則有文，來則有嘉。」揚雄《太玄經》：「陽氣泛施，不偏不頗。物與爭訟，各遵其儀。」韓敕《孔廟禮器碑》：「上合紫臺，稽之中和。下合聖製，事得禮儀。」儀皆音俄。自中山王《文木賦》「載重雪而捎勁風，將等於二儀」，始與枝、雌、知、斯為韻。是《洪範》「無偏無陂，遵王之義」，陂本作頗，義古音俄，顧說甚是。

【探源】《尚書後案》卷十二《周書》：

　　《新唐志》開元十四年，玄宗以《洪範》「無偏無頗」，聲不協，詔改為「無偏無陂」。《冊府元龜》天寶三載敕曰：「典謨既作，雖曰不刊，文字或訛，豈必相襲。朕聽政之暇，乙夜觀書，匪徒閱於微言，實欲暢於精理。每讀《尚書·洪範》至『無偏無頗，遵王之義』，三復茲句，常有所疑。據其下文，並皆協韻，惟頗一字，實則不倫。

又《周易・泰卦》『無平不陂』,《釋文》云陂字亦有頗音。陂之與頗,訓詁無別,為陂則亦會意,為頗則聲不成文。應由煨燼之餘,編簡墜缺,傳授之際,差舛相沿。原始要終,須有刊革。朕雖先覺,兼訪諸儒,僉以為然,終非獨斷。其『無偏無頗』字,宜改為陂,庶使先儒之義,去彼膏肓,後學之徒,正其魚魯。仍宣示國學主者施行。」《文苑英華》亦載此敕,是孫逖草。但陸氏《釋文》成於貞觀,「陂音秘」云云,雖陸氏原本亦有之,恐是後人所加也。東吳顧氏曰:《周禮・肆師》:「治其禮儀,以佐宗伯。」注:「故書儀為義。」鄭司農云:「義讀為儀。」……洪适《隸釋》云:「《周禮》注儀、義二字,古皆音莪。」以今考之,漢《孔耽神祠碑》「竭凱風以惆悵,惟蓼儀以愴悢」,《平都相蔣君碑》「感慕詩人,蓼蓼者儀」,並以儀為莪也。《衛尉卿衡方碑》「感衛人之凱風,悼蓼義之劬勞」,《司隸校尉魯峻碑》「悲蓼義之不報,痛昊天之靡嘉」,並以義為莪也。吳才老《韻補》:「儀,牛何反。」《周禮》注:「儀作義,古皆音俄。」《詩》:「汎彼柏舟,在彼中河。髧彼兩髦,實惟我儀,之死矢靡他。」又:「九十其儀。其新孔嘉,其舊如之何。」又:「菁菁者莪,在彼中阿。既見君子,樂且有儀。」又:「飲酒孔嘉,維其令儀。」又:「其告維何,籩豆靜嘉。朋友攸攝,攝以威儀。」又:「慎爾出話,敬爾威儀,無不柔嘉。」又:「辟爾為德,俾臧俾嘉。淑慎爾止,不愆于儀。」《穆天子傳》黃澤謠:「黃之陂,其馬歕沙,皇人威儀。」《管子・弟子職》:「相切相磋,各長其儀。」劉向《說苑》:「食則有節,飲則有儀。往則有文,來則有嘉。」揚雄《太玄經》:「陽氣泛施,不偏不頗。物與爭訟,各遵其儀。」韓敕《孔廟禮器碑》:「上合紫臺,稽之中和。下合聖製,事得禮儀。」儀皆音俄。自中山王《文木賦》「載重雪而捎勁風,將等於二儀」,始與枝、雌、知、斯為韻。顧說近是。……蔡邕石經及《尚書》舊本皆作「無頗」,唐明皇據《周易》改「陂」。然《楚辭》「修繩墨而不頗」,王逸注:「頗,傾也。《易》曰:『無平不頗。』」是古《易》本作「頗」。乃反據改壞之《易》以改無誤之《書》,何也?

【小結】此條抄自《尚書後案》卷十二《周書》。原文順序為 A、C、B。作偽方式有三:第一,點竄字句;第二,增加句子;第三,改變順序。

《經史雜記》探源卷三

67.《史記》各本互異

王應麟云：「五者來備，《史記》作『五是來備』。」今刻《史記》仍作「五者來備」，蓋應麟所見猶裴駰本。今考《洪範》經文，上文列「庶徵」五目，繼以「曰時」云云，言其休；「一極」云云，言其咎。當以「曰時五者來備」為句，言是五者皆備至也。「時，是」，本《釋詁》文。此以時為是，與上「立時人」之時同也。《後漢書・李雲傳》云：「得其人則五氏來備。」《荀爽傳》云：「五韙咸備，各以其敘。」李賢兩注皆引《史記》，一作「五者」，一作「五是」。又釋韙為是，氏與是通。李、荀約舉經文，故云爾。此漢學也。偽孔以「曰時」屬上讀，如此則時即以敘，何用重言耶？司馬遷傳孔安國學，必從古讀。王應麟誤以作「是」為傳寫之誤，裴駰又誤採偽孔傳，不採鄭注，致《史記》諸本互異，皆俗儒所亂也。

【探源】《尚書後案》卷十二《周書》：

案曰王應麟云：「五者來備，《史記》作『五是來備』。」今刻《史記》仍作「五者」，應麟所見猶裴駰本。考其實，上文列「庶徵」五目，繼以「曰時」云云言其休，「一極」云云言其咎。當以「曰時五者來備」為句，言是五者皆備至也。「時，是」，本《釋詁》文。此以時為是，與上「立時人」之時同也。《後漢書・李雲傳》云：「得其人則五氏來備。」《荀爽傳》云：「五韙咸備，各以其敘。」李賢兩注皆引《史記》，一作「五者」，一作「五是」。又釋韙為是，氏與是通。李、荀約舉經文，故云爾。此漢學也。偽孔以「曰時」屬上讀，如此

則時即以敘，何用重言邪？司馬遷傳孔安國學，所載必從古讀。王應麟不識古，反以作「是」為傳習之差。……裴駰亦無識，於此節採偽孔傳，不采鄭注，致《史記》諸本互異，皆俗儒所亂也。

【小結】此條抄自《尚書後案》卷十二《周書》。作偽方式為點竄字句。

68.《史記》紀年體例

案《魏世家》，裴駰引《紀年》曰：「梁惠成王九年四月甲寅，徙都大梁。」「四月」上不見「夏」字，乃知古人文各有例，《紀年》體雖似《春秋》，終有不盡同處。馬遷踵《秦記》成《秦本紀》，頗書時，然多略，不似《漢書》於秦二世元年書「秋七月」，漢元年書「冬十月」，盡從而整齊其體。疑後代史冊遵《春秋》例者，自班氏始也。

【探源】閻若璩《尚書古文疏證》卷四第五十四：

> 考《魏世家》，裴駰引《紀年》曰：「梁惠成王九年四月甲寅，徙都大梁。」「四月」上不見「夏」字，乃知古人文各有例，雖似《春秋》，終有不盡同處。馬遷踵《秦記》成《秦本紀》，頗書時，然多略，不似《漢書》於秦二世元年書「秋七月」，漢元年書「冬十月」，盡從而整齊其體。疑後代史冊遵《春秋》例者，自班氏始。

【小結】此條全抄閻若璩《尚書古文疏證》卷四第五十四。作偽方式為點竄字句。

69.《史記》有後人竄入者

【A】案《司馬相如傳贊》有「揚雄以為靡麗之賦，勸百諷一」語，雄乃哀、平、王莽時人，史遷何由豫引其言？【B】又《公孫弘傳》中有「平帝元始中，詔賜弘子孫爵」語。《賈誼傳》中有「賈嘉最好學，至孝昭時列為九卿」語。亦皆史遷所不及見。【C】今《漢書》各傳贊與《史記》正同，當是班書所有，而後人反移入《史記》傳贊中，【D】並非少孫所補也。【E】若《田儋傳贊》，忽云：「蒯通辯士，著書八十一篇，項王欲封之而不受。」此事與儋何涉而贊及之？【F】當亦是後人所竄入者。

【探源】《廿二史劄記》卷一「《史記》有後人竄入處」：

> 【E】《史記·田儋傳贊》，忽言「蒯通辨士，著書八十一篇，項羽欲封之而不受」，此事與儋何涉而贊及之？
>
> 【A】《司馬相如傳贊》謂「……楊雄以為靡麗之賦，勸百諷

一……」云云。按雄乃哀、平、王莽時人，史遷何由預引其語？

【D】此並非少孫所補。

【F】而後人竄入者也。

【C】《漢書·相如傳贊》正同。豈本是班固引雄言作贊，而後人反移作《史記》傳贊耶？

《四庫全書總目》卷四十五史部一《史記》提要：

【B】又摘《公孫弘傳》中有「平帝元始中，詔賜弘子孫爵」語。……《賈誼傳》中有「賈嘉最好學，至孝昭時列為九卿語」。皆非遷所及見。

【小結】此條抄自《廿二史劄記》卷一「《史記》有後人竄入處」條和《四庫全書總目》卷四十五《史記》提要。作偽方式有三：第一，點竄字句；第二，改變順序；第三，多源組合，E、A、D、F、C段抄自「《史記》有後人竄入處」條，B段抄自《史記》提要。

70.《史》、《漢》互異處

【A】案《漢書·高帝紀》及《諸王侯年表》、諸臣列傳，多與《史記》同，並有全用《史記》文一字不改者。其間亦有互異者，【B】如《史記·項羽紀》、《高帝紀》皆言項羽徙義帝長沙，都郴，使衡山王、臨江王擊殺義帝。《漢書》則云羽使九江王布擊殺義帝於郴。【C】《史記》田榮擊殺濟北王田安，並王三齊，《漢書》則云彭越擊殺田安，榮遂王三齊。【D】《史記》項羽立田都為齊王，田榮怒，乃殺都自立為齊王。《漢書》則云榮攻都，都走降楚。【E】《史記·項羽紀》楚軍敗於定陶，項梁死。楚懷王恐，乃從盱眙徙彭城，並項羽、呂臣軍自將之。《漢書》則云羽與沛公等聞項梁死，乃徙懷王都於彭城。【F】《史記·任敖傳》高后崩，敖不與大臣共誅諸呂，故免官。《漢書》則云與大臣共誅諸呂，後坐事免官。《史記》沛公破豐，命雍齒守之。齒以豐降魏，沛公攻之，不能下。項梁益沛公五千兵攻豐，而不言攻之勝負。《漢書》則云攻豐拔之，雍齒奔魏。《史記·李陵傳》陵降匈奴，漢聞單于以女妻陵，遂族其母妻子。《漢書》則云漢聞李陵教匈奴為兵，遂族其母妻子。後乃知教兵者李緒，非李陵也。【G】至紀事年歲亦有不同處。如韓信擊魏豹，《史記》在漢三年，《漢書》在二年。韓信襲殺龍且，《史記》在三年，《漢書》在四年。諸侯會垓下，《史記》在四年，《漢書》在五年。項羽使海春侯曹咎守成皋，為漢王所虜，《史記》

在劉項同軍廣武之後，《漢書》在同軍廣武之前。徙王韓信於楚，《史記》在漢王即帝位後，《漢書》在殺羽未即位前。蕭何造未央宮，《史記》在八年，《漢書》在七年。黥布封九江王後，《史記》謂七年朝陳，八年朝洛陽，《漢書》謂六年朝陳，七年朝洛陽。二史紀事，亦每差一年也。

【探源】《廿二史劄記》卷一「《史》、《漢》不同處」：

【A】如《高祖紀》及《諸王侯年表》、諸臣列傳，多與《史記》同，並有全用《史記》文一字不改者。……其間有不同者。

【G】韓信擊魏豹，《史記》在漢三年，《漢書》在二年。韓信襲殺龍且，《史記》在三年，《漢書》在四年。諸侯會垓下，《史記》在四年，《漢書》在五年。項羽使海春侯曹咎守成皋，為漢王所虜，《史記》在劉項同軍廣武之後，《漢書》在同軍廣武之前。徙王韓信於楚，《史記》在漢王即帝位後，《漢書》在殺羽未即位前。蕭何造未央宮，《史記》在八年，《漢書》在七年。黥布封九江王後，《史記》謂七年朝陳，八年朝洛陽，《漢書》謂六年朝陳，七年朝洛陽。二書紀事，每差一年。

【D】《史記》，項羽立田都為齊王，田榮怒，乃殺都自立為齊王。《漢書》謂榮攻都，都走降楚。

【B】《史記・項紀》、《高紀》皆言項羽徙義帝長沙，都郴，使衡山王、臨江王擊殺義帝。《漢書・高紀》則云羽使九江王布擊殺義帝於郴。

【E】《史記・項紀》楚軍敗於定陶，項梁死。楚懷王恐，乃從盱眙徙彭城，並項羽、呂臣軍自將之。《漢書》謂羽與沛公等聞項梁死，乃徙懷王都於彭城。

【C】《史記》田榮擊殺濟北王田安，並王三齊，《漢書》彭越擊殺田安，榮遂王三齊。

【F】《任敖傳》，《史記》謂高后崩，敖不與大臣共誅諸呂，故免官。《漢書》皆與大臣共誅諸呂，後坐事免官。……《史記》，沛公破豐，命雍齒守之。齒以豐降魏，沛公攻之，不能下。項梁益沛公五千兵攻豐，而不言攻之勝負。《漢書》則云攻豐拔之，雍齒奔魏。……《李陵傳》，《史記》陵降匈奴，漢聞單于以女妻陵，遂族其母妻子。《漢書》謂漢聞李陵教匈奴為兵，遂族其母妻子。後乃知

　　教兵者李緒，非李陵也。

　　【小結】此條抄自《廿二史劄記》卷一「《史》、《漢》不同處」。原文順序為A、G、D、B、E、C、F。作偽方式有三。第一，點竄字句；第二，增加句子；第三，改變順序。

71.《史》勝《漢》處

　　【A】案《漢書》不及《史記》處甚多，姑就易見者約舉數條焉。如彭城之戰，《史記》取漢王父、母、妻、子置宮中，《漢書》則但云取太公、呂后，而不言父母妻子。不知高祖母雖已前死，（高祖起兵時，母死於小黃）而楚元王為高祖異母弟，則是高祖尚有庶母也。孝惠帝有庶兄肥，後封魯，為悼惠王。當時既未與孝惠、魯元偕行，又別無投歸之事，自必與太公、呂后俱同為楚所得者，則是高祖尚有子在項軍也。《漢書》止云太公、呂后，轉疏漏矣。【B】《高帝紀》垓下之戰。《史記》敘韓信、孔將軍、費將軍等戰頗詳，《漢書·高帝紀》但撮敘數語。滅項羽為漢王第一大事，《漢書》略之，殊失輕重。七國反時。《史記》謂膠西聽吳王計，約同反，遂發使約齊、臨菑、膠東、濟南、濟北，皆許諾。是七國同反也。而《漢書》獨無濟北。夫濟北以城壞未完，又為郎中令劫守不得發，與齊孝王因漢兵且至，遂堅守不敢發，同為約反而未成反也，何以齊王自殺，遂坐以謀反，濟北免罪，不列黨內，並其欲反不得反之處亦概為隱諱耶？失其實矣。四國攻臨菑時。《史記》謂膠西為渠率，與膠東、菑川、濟南共攻臨菑，《漢書》則云膠西、膠東為渠率，與菑川、濟南共攻臨菑。夫膠西實聽吳王之謀，約諸王同反，是主兵者膠西也。《漢書》增膠東，亦非。《淮南厲王傳》，《史記》高帝過趙，趙王獻美人，帝幸之，有身。會貫高等謀反，帝令盡捕趙王家屬。美人亦在繫中，告吏曰：「得幸上，有身。」而《漢書》敘事同，而改美人告吏曰：「得幸上，有子。」是時厲王尚未生，何得豫言有子？【C】《高帝紀》，《史記》高祖為亭長，以竹皮為冠，令求盜之薛治之。《漢書》但云令求盜之薛治，刪一「之」字，便不明晰。又《帝紀》，《史記》秦始皇以東南有天子氣，乃東遊以厭之。高祖即自疑，隱於芒碭山澤之間。「即自疑」三字，正見高祖以匹夫而以天子自疑，志氣不凡處。《漢書》刪此三字，便覺少味。《韓信傳》，《史記》漢王之敗彭城，信收兵與漢王會榮陽。《漢書》謂信發兵與漢王會榮陽。是時信未有分地，何從發兵？蓋收合潰卒耳，《史記》收字得其實也。【D】案《史記》採眾說成書，徵引浩博，間有

牴牾，後人往往駁摘。惟邵泰衢《史記疑問》謂《高祖紀》解縱罪人，坦然回沛之非情實。《留侯世家》諸將偶語沙中之不可信。《李陵傳》兵矢既盡尚殺匈奴萬餘人之言為誇誕。據《功臣表》漢九年呂澤已死而駁《留侯世家》所紀漢十一年不應又有呂澤，數條皆據理校勘，尚屬得間。

【探源】《廿二史劄記》卷一「漢王父母妻子」條：

【A】據《史記》謂是時羽取漢王父、母、妻、子置軍中，《漢書》則但謂取太公、呂后，而不言父母妻子。……蓋以高祖之母久已前死，（高祖起兵時，母死於小黃。）……不知高祖母雖已前死，而楚元王為高祖異母弟，則高祖尚有庶母也。……孝惠帝尚有庶兄肥，後封魯，為悼惠王。……悼惠既未偕行，又別無投歸高祖之事，則必與太公、呂后同為羽所得，故高祖有子在項軍也。……而《漢書》改云太公、呂后，轉疏漏矣。

《廿二史劄記》卷一「《史》、《漢》互有得失」：

【B】垓下之戰。《史記·高祖紀》敘韓信、孔將軍、費將軍等戰頗詳，《漢書·高紀》但撮敘數語。然殺項羽是漢王一大事，《漢書》略之，殊失輕重。……七國反時。《史記》謂膠西王聽吳王計，約同反，遂發使約齊、臨菑、膠東、濟南、濟北，皆許諾。《漢書》獨無濟北。……時孝王狐疑不同反，……會路中大夫來告漢兵且至，遂堅守。……而濟北王以城壞未完，郎中令劫守其王不得發兵，……豈以齊王自殺，遂坐以反謀，濟北免罪，則並其先欲從而不得反之處概為隱諱耶？四國攻臨菑時。《史記》謂膠西為渠率，與膠東、菑川、濟南共攻臨菑，《漢書》則云膠西、膠東為渠率，與菑川、濟南共攻臨菑。案膠西聽吳王之謀，使人約諸王反，則主兵者膠西也。《漢書》增膠東為主謀，亦非。《淮南厲王傳》。《史記》高帝過趙，趙王獻美人，帝幸之，有身。會貫高等謀反，帝令盡捕趙王家屬繫之，美人亦在繫中，告吏曰：「得幸上，有身。」……《漢書》敘事亦同，而改美人告吏曰：「得幸上，有子。」按是時厲王尚未生也，何得先言有子？

《廿二史劄記》卷一「《史》、《漢》不同處」：

【C】《史記》，高祖為亭長，以竹皮為冠，令求盜之薛治之。……《漢書》但云令求盜之薛治（刪一「之」字，便不明）。《史記》秦

始皇以東南有天子氣，乃東遊以厭之。高祖即自疑，隱於芒碭山澤之間。……《漢書》刪卻「即自疑」三字，高祖以匹夫而以天子自疑，正見其志氣不凡也。《漢書》刪此三字，便覺無意。《韓信傳》，《史記》漢王之敗彭城，信收兵與漢王會滎陽。《漢書》謂信發兵與漢王會滎陽。按是時信未有分地，從何發兵？蓋收集潰卒耳，收字得實。

《四庫全書總目》卷四十五史部一《史記疑問》提要：

【D】《史記》採眾說以成書，徵引浩博，不免牴牾。……謂《高祖紀》解縱罪人，坦然回沛之非情實。《留侯世家》諸將偶語沙中之不可信。《李陵傳》兵矢既盡尚殺匈奴萬餘人之言為誇誕。據《功臣表》漢九年呂澤已死而駁《留侯世家》所紀漢十一年不應又有呂澤。大抵皆參互審勘，得其間隙，故所論多精確不移。

【小結】此條抄自《廿二史劄記》卷一「漢王父母妻子」條、「史漢互有得失」條、「史漢不同處」條和《四庫全書總目》卷四十五《史記疑問》提要。作偽方式有三：第一，點竄字句；第二，增加句子；第三，多源組合，A段抄自「漢王父母妻子」條，B段抄自「《史》、《漢》互有得失」條，C段抄自「《史》、《漢》不同處」條，D段抄自《史記疑問》提要。

72.《漢》勝《史》處

《史記》亦有不及《漢書》處，姑就易見者約舉數條焉。【A】如荊王劉賈，《史記》謂不知何屬，《漢書》則謂高祖從父兄。燕王劉澤，《史記》謂諸劉遠屬，《漢書》則謂高祖從祖兄弟。【B】《周仁傳》，《史記》謂仁以不潔清得幸，景帝崩，仁尚在郎中令，終無所言，景帝以此再自幸其家。案既云「景帝崩」，又云「景帝再幸其家」，文義不順。《漢書》則刪去「景帝崩」三字便明。【C】《循吏傳》，《史記》載周秦間人孫叔敖、子產、公孫儀休、石奮、李離。《漢書》則載文翁、王成、黃霸、朱邑、龔遂、召信臣，皆漢人也。《田蚡傳》，《史記》景帝後三年，封蚡為武安侯。《漢書》則云武帝初即位，以舅封武安侯。案景帝後三年，正武帝即位之年，實是武帝所封，特是時尚未改元耳。【D】《高帝紀》末。《史記》但記其諸子，《漢書》則總敘高祖之明達好謀，雖日不暇給而規模宏遠。《史記》少此議論。《吳王濞傳》，《史記》先云削吳之豫章、會稽，下又方議削吳，是又於二郡外再議削矣。下文所謂及削豫章、會稽

書至，作何解耶？《漢書》則刪去「削豫章、會稽」字，但云削楚及趙膠西地，廷臣方議削吳，及削豫章、會稽書至，吳王遂反，較為明晰。厲王以罪徙蜀。《史記》謂一路傳送者不敢聽發封。王謂使者曰：「吾以驕故，不聞過至此。人生一世間，安能邑邑如此？」乃不食死。至雍，雍令發封，以死聞。案既不發封，王在車中與誰語？若有人共語，餓死豈有不知，直至雍發封乃知耶？《漢書》先敘王語，後方敘傳送者不敢發封以致餓死，文義較明。【E】又有增益處，如《楚元王傳》，《漢書》增元王少時嘗與穆生、申生受詩於浮丘伯，後隨高祖軍中，出入臥內。及封楚王，又遣子郢至長安，與申公仍從浮丘伯卒業云云。《史記》但載其封國生卒及子孫承襲而已。【F】淮南王安好文學及神仙事，本賢王也。《漢書》則增其好學，作《內書》二十一篇，《外書》甚多。書中八篇，言神仙黃白之事。武帝好文，每作報書，必令司馬相如等視草。及安入朝獻賦頌等事。《史記》但敘其父厲王死，怨望欲叛，初不述其賢行，並諫伐南粵之事也。【G】景帝子為王者十三人，《史記》以同母者為一宗，作《五宗世家》，《漢書》則十三王皆增立傳。而《河間獻王傳》詳敘其好古愛儒，所積書與漢朝等；《魯共王傳》敘其好治宮室，壞孔子宅廣其宮，因得壁中古書。《史記》皆不載。【H】《王陵傳》，《史記》呂后欲王諸呂，問陵，陵曰不可，問平，平曰可。《漢書》則增陵責平負先帝約，及平自解之語。【I】《石慶傳》，《漢書》增武帝責丞相一詔。《李廣傳》，《漢書》增廣斬霸陵尉自劾，武帝不責，反加獎譽一詔。《公孫弘傳》，《漢書》增弘沒後為相者李蔡等十人盡誅，惟石慶得善終，正以見弘之能得君也。惟《衛青傳》，《漢書》增青初為平陽公主騎奴，及後貴為大將軍，而平陽主以夫曹壽有惡疾，當另嫁，問左右列侯誰賢，左右皆以大將軍對。主笑曰：「是常騎從我，奈何用為夫？」左右曰：「於今尊貴無比。」遂以青尚主。此班氏從褚少孫《外戚世家》所補者增之也。史遷當日實目擊其事，而不載入傳者，蓋其時青正貴盛，不敢直書以取怨耳。

【J】案固作是書，有受金之謗，又有竊據父書之議。然觀劉勰《文心雕龍·史傳》篇云：「徵賄鬻筆之愆，公理辨之究矣。」韋賢、翟方進、元後三傳俱稱「司徒掾班彪曰」。顏師古注發例，於《韋賢傳》曰：「《漢書》諸贊皆固所為。其叔皮先論述者，固亦顯以示後人。」而或者謂固竊盜父名，觀此可以免矣。據此是皆無其事也。

【探源】《廿二史劄記》卷一「《史》、《漢》不同處」：

【A】荊王劉賈，《史記》謂不知其何屬，《漢書》謂高祖從父兄。燕王劉澤，《史記》謂諸劉遠屬，《漢書》謂高祖從祖兄弟。

【C】《史記·循吏傳》載周、秦間人孫叔敖、子產、公儀休、石奢、李離。《漢書》所載則文翁、王成、王霸、朱邑、龔遂、召信臣，皆漢人也。……《史記·田蚡傳》，景帝後三年，封蚡為武安侯。《漢書》則云武帝初即位，蚡以舅封武安侯。按景帝後三年，正是武帝即位之歲。蚡乃武帝所封，特是時尚未改元故耳。

《廿二史劄記》卷一「《史記》自相岐互處」：

【B】《周仁傳》，仁以不潔清得幸，景帝崩，仁尚為郎中令，終無所言，景帝以此再自幸其家。按既云「景帝崩」，乃又云「景帝再幸其家」，文義不順。《漢書》刪「景帝崩」三字便明。

《廿二史劄記》卷二「《史》、《漢》互有得失」：

【D】《高祖紀》末。《史記》但記其諸子，《漢書》獨總敘高祖之明達好謀，雖日不暇給而規模弘遠。《史記》少此議論。……先云削吳之豫章、會稽，下又云方議削吳，是又於二郡外再議削矣。則下文所謂及削豫章、會稽書至者，又何說耶？《漢書》先刪去「削豫章、會稽」字，但云削楚及趙膠西地，廷臣方議削吳，及削豫章、會稽書至，吳王遂反，較為明析。……厲王以罪廢徙蜀。《史記》謂一路傳送者皆不聽發車封。王謂侍者曰：「吾以驕故，不聞過至此。人生一世間，安能邑邑如此？」乃不食死。至雍，雍令發封，以死聞。按既不發封，則王在車中與誰語？若有人共語，則餓死後豈不**聲言**，直待雍令發封始知耶？《漢書》先敘王語，方敘傳送者不敢發封以致餓死，文義較明。

《廿二史劄記》卷二「《漢書》增事蹟」：

【E】《楚元王傳》，《史記》但載其封國生卒及子孫承襲之事。《漢書》增元王少時嘗與穆生、申生受詩於浮丘伯，後隨高祖軍中，出入臥內。及封楚王，又遣子郢至長安，與申公仍從浮丘卒業。

【H】《王陵傳》，《史記》呂后欲王諸呂，問陵，陵曰不可，問陳平，平曰可。《漢書》增陵責平負先帝約，及平自解之語。

【F】淮南王安好文學及神仙之事，其始固賢王也。《史記·世家》開首即敘其以父厲王死，怨望欲叛，初不述其賢行，並其諫伐

南粵一書最可傳者，亦但載入《嚴助傳》，而《安世家》內不載。《漢書》則增其好學，作《內書》二十一篇，《外書》甚多，《中書》八篇，言神仙黃白之事。武帝好文，每作報書，必令司馬相如等視草。及安入朝獻賦頌等事。

【I】《石慶傳》，《漢書》增武帝責丞相一詔。《李廣傳》，《漢書》增廣斬霸陵尉自劾，武帝不責，反加獎譽一詔。《衛青傳》，《漢書》增青初為平陽公主騎奴，及後貴為大將軍，而平陽主以夫曹壽有惡疾，當另嫁，問左右列侯誰賢，左右皆以大將軍對。主笑曰：「是常騎從我，奈何用為夫？」左右曰：「於今尊貴無比。」遂以青尚主。按此事本在褚少孫《外戚世家》遺事內，史遷是時目擊其事而不載入傳，蓋其時青正貴盛，不敢直書以取怨也。《公孫弘傳》，《漢書》增弘沒後為相者李蔡等十餘人盡誅，惟石慶得善終，正以見弘之能得君也。

《廿二史劄記》卷二「《漢書》增傳」：

【G】景帝子為王者十三人，《史記》以同母者為一宗，作《五宗世家》，《漢書》則十三王各立傳。而《河間獻王傳》詳敘其好古愛儒，所積書與漢朝等；《魯共王傳》敘其好治宮室，壞孔子宅廣其宮，因得壁中古書。《史記》皆不載。

《四庫全書總目》卷四十五史部一《漢書》提要：

【J】固作是書，有受金之謗。……然《文心雕龍・史傳》篇曰：「微賄鬻筆之愆，公理辨之究矣。」……又有竊據父書之謗。然韋賢、翟方進、元後三傳俱稱「司徒掾班彪曰」。顏師古注發例，於《韋賢傳》曰：「《漢書》諸贊皆固所為。其有叔皮先論述者，固亦顯以示後人。而或者謂固竊盜父名，觀此可以免矣。」是亦無其事也。

【小結】此條抄自《廿二史劄記》卷一「《史》、《漢》不同處」條、「《史記》自相岐互處」條、「《史》、《漢》互有得失」條、卷二「《漢書》增傳」條、「《漢書》增事蹟」條、《四庫全書總目》卷四十五《漢書》提要。作偽方式有四：第一，點竄字句；第二，增加句子；第三，改變順序；第四，多源組合，A、C 段抄自「《史》、《漢》不同處」條，B 段抄自「《史記》自相岐互處」條，D 段抄自「《史》、《漢》互有得失」條，E、H、F、I 段抄自「《漢書》增事蹟」條，G 段抄自「《漢書》增傳」條，J 段抄自《漢書》提要。

73. 荀悅《漢紀》

【A】漢荀悅《漢紀》（共三十卷）。顧寧人《日知錄》惟取其宣帝賜陳遂璽書一條，及元康三年封海昏侯詔一條，謂能改正《漢書》三四字。其餘則病其敘事索然無味，或首尾不備。其小有不同，皆以班書為長。又云：「紀王莽事自始建國元年以後，則云其二年、其三年以至十五年，以別於正統而盡沒其天鳳、地皇之號。」不知班書莽自為傳，自可載其偽號。荀書以漢繫編年，豈可以莽紀元哉？寧人之說似非確論。【B】蓋荀書詞約事詳，論辨多美，唐宋人甚重其書。劉知幾《史通・六家》篇，以悅書為「《左傳》家」之首。其《二篇體》又稱其歷代寶之，有逾本傳。班、荀二體，角力爭先，故唐人試士，以悅《紀》與《史》、《漢》為一科。《文獻通考》載李燾跋曰：「悅為此紀，固不出班書，亦時有刪潤。而諫大夫王仁、侍中王閎諫疏，班書皆無之。」又稱司馬光《資治通鑒》，書太上皇事及五鳳郊泰畤之月，要皆捨班而從荀。又稱其「君蘭」、「君簡」，「端」、「瑞」，「興」、「譽」，「寬」、「竟」諸字與《漢書》互異者，先儒皆兩存之。其中若壺關三老茂，《漢書》無姓，悅書云姓令狐。朱雲請上方劍，《漢書》作斬馬，悅書乃作斷馬。證以唐張渭詩「願得上方斷馬劍，斬取朱門公子頭」句，知《漢書》字誤。其足資考證者甚多，【C】後人偶有糾正，究不足為悅病也。

【探源】《四庫全書總目》卷四十七《漢紀》提要：

【B】《漢紀》三十卷，漢荀悅撰。……詞約事詳，論辨多美。……唐劉知幾《史通・六家》篇，以悅書為「《左傳》家」之首。其《二體》篇又稱其歷代寶之，有逾本傳。班、荀二體，角力爭先。……故唐人試士，以悅《紀》與《史》、《漢》為一科。《文獻通考》載宋李燾跋曰：「悅為此紀，固不出班書，亦時有所刪潤。而諫大夫王仁、侍中王閎諫疏，班書皆無之。」又稱司馬光編《資治通鑒》，書太上皇事及五鳳郊泰畤之月，要皆捨班而從荀。……又稱其「君蘭」、「君簡」，「端」、「瑞」，「興」、「譽」，「寬」、「竟」諸字與《漢書》互異者，先儒皆兩存之。……其中若壺關三老茂，《漢書》無姓，悅書云姓令狐。朱雲請上方劍，《漢書》作斬馬，悅書乃作斷馬。證以唐張渭詩「願得上方斷馬劍，斬取朱門公子頭」句，知《漢書》字誤。資考證者亦不一。

【A】近時顧炎武《日知錄》乃惟取其宣帝賜陳遂璽書一條，及

元康三年封海昏侯詔一條，能改正《漢書》三四字。其餘則病其敘事索然無意味，間或首尾不備。其小有不同，皆以班書為長。……又曰「紀王莽事自始建國元年以後，則云其二年、其三年以至其十五年，以別於正統而盡沒其天鳳、地皇之號」云云。……不知班書莽自為傳，自可載其偽號。茍書以漢繫編年，豈可以莽紀元哉？是亦非確論，

【C】不足為悅病也。

【小結】此條抄自《四庫全書總目》卷四十七《漢紀》。原文順序為 B、A、C。作偽方式有三。第一，點竄字句；第二，增加句子；第三，改變順序。

74.《史記》書金縢事

案《史記·魯周公世家》所載金縢事，其牴牾甚多。而尤異者有二說焉。其前一說則云：作詩貽王之後，營成周雒邑，以朝諸侯，七年之後還政成王。「初，成王少時，病，周公乃自揃其蚤沈之河，以祝於神曰：『王少未有識，奸神命者乃旦也。』亦藏其策於府。成王病有瘳。及成王用事，人或譖周公，周公奔楚。成王發府見周公禱書，乃泣，反周公。」此一說也。其後一說則曰：周公病將沒，曰：「必葬我成周，以明吾不敢離成王。」公卒，王葬公於畢，「從文王，以明予小子不敢臣周公。」周公卒後，秋未獲，暴風雷雨。王開金縢見書，曰「朕小子其迎」云云。此又一說也。又《蒙恬列傳》秦二世令人賜恬死，恬對使者稱引周公之事，其說與前一說同。譙周謂秦既燔書，時人欲言金縢之事，失其本末，故有此說。王充《論衡·感類》篇亦並載二說，與《史記》略同，而以前一說為古文家說，則後一說為今文家說。前說於代武王外增代成王，居東都為奔楚，雖誤猶近之。後說所云公欲葬成周，王葬之於畢，出亡篇《亳姑》序，事誠有之，然是周公致政退老歸豐以後事，與風雷示變，開金縢書無涉，乃合而為一。且周公既卒，所云親迎，又何迎乎？此不可信也。

【探源】《尚書後案》卷十三《周書》：

又案曰：《史記·魯周公世家》所載《金縢》一篇事，其牴牾者甚多，而尤異者有二說焉。其前一說則云：作詩貽王之後，營成周雒邑，以朝諸侯，七年之後還政成王。「初，成王少時，病，周公乃自揃其蚤沈之河，以祝於神曰：『王少未有識，奸神命者乃旦也。』

亦藏其策於府。成王病有瘳。及成王用事，人或譖周公，周公奔楚。成王發府見周公禱書，乃泣，反周公。」此一說也。其後一說則云：周公病將沒，曰：「必葬我成周，以明吾不敢離成王。」公卒，王葬公於畢，「從文王，以明予小子不敢臣周公」。周公卒後，秋未獲，暴風雷雨。王開金縢見書，曰「朕小子其迎」云云。此又一說也。又《蒙恬列傳》秦二世令人賜恬死，恬對使者稱引周公之事，其說與前一說同。譙周謂秦既燔書，時人慾言金縢之事，失其本末，故有此說。王充《論衡》卷十八《感類》篇亦並載二說，與《史記》略相似，而以前一說為古文家說，則後一說乃今文家說也。前說於代武王外增代成王，居東都為奔楚，雖誤猶近之。後說所云公欲葬成周，王葬之於畢，出亡篇《亳姑》序，事誠有之，然是周公致政老歸豐以後事，與雷風示變，開金縢書無涉，乃合而為一。……夫周公既卒，所云親迎，又何迎乎？此不可信也。

【小結】此條抄自王鳴盛《尚書後案》卷十三《周書》。作偽方式為點竄字句。

75.《後漢書》鋪敘有法

【A】范書體例多仿班書、馬史，有時代不同而各就其人之生平，以類相從者。如郭汲、杜詩、孔奮、張堪、廉范，國初人，王堂、蘇章，安帝時人，羊續、賈琮、陸康，桓靈時人，因其皆治行卓著，即同為一卷。張純國初人，鄭康成漢末人，因其皆深於經學，即同為一卷。張宗、法雄國初人，度尚、楊璇漢末人，因其皆為郡守能討賊，即同為一卷。王充國初人，王符、仲長統漢末人，因其皆著書恬於榮利，即同為一卷。又如鄧彪、張禹、徐防、胡廣，因其和光取榮，人品相似，即同為一卷。袁安、張輔、韓陵、周榮、郭躬、陳寵，因其皆能決獄平允，即同為一卷。班超、梁慬，因其皆立功絕域，即同為一卷。楊終、李法、翟輔、應奉，因其皆有文學，即同為一卷。杜根、劉陶、李堂，因其皆仗節直諫，即同為一卷。蘇竟、楊厚、郎顗、襄楷，因其皆明於天文，能規切時政，即同為一卷。周燮、黃憲、徐稚、姜肱、申屠蟠，因其皆高士，即同為一卷。惟樊宏、樊謙、樊準、陰識、陰興、陰就皆外戚，因其皆有功績可紀，故不入《外戚》而仍同為一卷。此編次之詳慎也。有詳簡得宜以避繁複者，如《吳漢傳》敘其破公孫述之功，故《述傳》不復詳載。《耿弇傳》敘其

破降張步之功，故《步傳》亦不復詳載。宦者孫程以張防誣構虞詡，上殿力爭，事已見《詡傳》矣，則《程傳》不覆載。張儉奏劾中常侍侯覽，籍沒其家，事已見《覽傳》矣，則《儉傳》不復。儉避難投孔褒，褒弟融藏之，事泄，褒兄弟爭相死，事已見《融傳》矣，則《儉傳》不覆載。《公孫瓚傳》不載劉虞以十萬眾來攻，以事已見《虞傳》矣。《袁紹傳》不載紹盡誅宦官二千餘人，無少長皆死，以事已見《何進傳》矣。此皆悉心核訂，無迭出之弊也。【B】然亦間有小誤者。如《光武紀》書帝崩，年六十二。然紀中又書帝起兵時年二十八，更始元年破王尋、王邑，持節渡河，鎮慰州郡，二年誅王郎，更始拜帝為蕭王，明年六月始即位，改元建武，是帝年三十一矣。建武凡三十二年，又加以中元二年始崩，則應是六十四歲。《本紀》所云六十二，不相符矣。又安帝以延光元年三月崩，閻後立北鄉侯懿即位，是年十月薨。北鄉侯在帝位已閱八月，應有《本紀》，而范書無之。或以未逾年未改元故也。然殤帝在位僅一年，沖帝在位僅半年，何以皆為立紀耶？凡史傳敘事皆書名，未有以字行者。范書惟光武兄演字伯升，凡紀、傳皆書其字，蓋因帝親兄，首事舂陵，其功最大故也。且班書《王莽傳》內已書伯升矣，然範式、張劭合傳，前半敘劭事則稱元伯，敘式事則稱巨卿，何復自亂其例耶？

【C】案范撰是書，以志屬謝瞻。范敗後，瞻悉蠟以覆車，遂無傳本，今本八志為司馬彪所撰，【D】洪容齋《隨筆》、孫北海《藤陰劄記》俱誤引為《後漢書》，【E】蓋因唐以後以《續漢志》併入范書耳。

【探源】《廿二史劄記》卷四「《後漢書》編次訂正」：

【A】范書又有不拘時代，而各就其人之生平以類相從者。……郭伋、杜詩、孔奮、張堪、廉范皆國初人，王堂、蘇章皆安帝時人，羊續、賈琮、陸康皆桓、靈時人，而同為一卷，亦以其治行卓著也。張純國初人，鄭康成漢末人，而亦同卷，以其深於經學也。張宗、法雄國初人，度尚、楊璿漢末人，而亦同卷，以其皆為郡守能討賊也。王充國初人，王符、仲長統漢末人，而亦同卷，以其皆著書恬於榮利也。鄧彪、張禹、徐防、胡廣等同卷，以其皆和光取容，人品相似也。袁安、張輔、韓陵、周榮、郭躬、陳寵等同卷，以其皆……決獄平允也。班超、梁慬同卷，以其立功絕域也。楊終、李法、翟酺、應奉同卷，以其文學也。杜根、劉陶、李雲同卷，以其皆仗節能直諫也。樊宏、樊謙、樊準、陰識、陰興、陰就同卷，以其皆外戚

而有功績可紀，故不入《外戚》而仍列一卷也。蘇竟、楊厚、郎顗、襄楷同卷，以其皆明於天文，能以之規切時政也。周燮、黃憲、徐穉、姜肱、申屠蟠同卷，以其皆高士也。此編次之用意也。……又有詳簡得宜而無復出迭見之弊者，《吳漢傳》敘其破公孫述之功，則《述傳》不復詳載。《耿弇傳》敘其破降張步之功，則《步傳》亦不復詳載。宦者孫程以張防誣構虞詡，上殿力爭，事見《詡傳》，則《程傳》不覆載。張儉奏劾中常侍侯覽，籍沒其家，事見《覽傳》，則《儉傳》不覆載。儉避難投孔褒，褒弟融藏之，後事泄，褒兄弟爭相死，事見《融傳》，則《儉傳》不覆載。……劉虞以十萬眾攻公孫瓚，事見《虞傳》，則《瓚傳》不覆載。袁紹盡誅宦官二千餘人，無少長皆死，事見《何進傳》，則《紹傳》不覆載。此更可見其悉心核訂，以避繁複也。

《廿二史劄記》卷四「《後漢書》間有疏漏處」：

【B】《光武紀》書帝崩年六十二。然紀又書帝起兵時年二十八，下有更始元年破王尋、王邑，持節北渡河，鎮慰州郡，二年誅王郎，更始拜帝為蕭王，明年六月始即位，改元建武，是帝年已三十一矣。建武凡三十二年，又加以中元二年始崩，則應是六十四歲。《本紀》所云六十二，殊不符也。……

安帝以延光元年三月崩，閻後立北鄉侯懿即位，是年十月薨。計北鄉侯在帝位已閱八月，應有《本紀》，乃范書無之。蓋以未逾年未改元故耳。然殤帝在位僅一年，沖帝在位並只半年，皆為立紀。……史傳敘事皆書名，未有以字行文者。范書惟光武兄演字伯升，凡紀、傳皆書其字，蓋帝之親兄，春陵首事，其功最大。且班書《王莽傳》內已書伯升。……乃范式、張劭合傳，前半篇敘劭事則稱元伯，敘式事則稱巨卿，皆其字也，殊非史體。

《四庫全書總目》卷四十五史部一《後漢書》提要：

【C】范撰是書，以志屬謝瞻。范敗後，瞻悉蠟以覆車，遂無傳本。今本八志……以昭所注司馬彪《續漢書志》，

【E】與范書合為一編。……疑唐以前已並八志入范書。

【D】故孫北海《藤陰箚記》亦誤出「蔚宗志律曆之文」云云，考洪邁《容齋隨筆》已誤以八志為范書。

【小結】此條抄自《廿二史劄記》卷四「《後漢書》編次訂正」條、「《後漢書》間有疏漏處」條、《四庫全書總目》卷四十五《後漢書》提要。作偽方式有四：第一，點竄字句；第二，增加句子；第三，改變順序；第四，多源組合，A 段抄自「《後漢書》編次訂正」條，B 段抄自「《後漢書》間有疏漏處」條，C、E、D 段抄自《後漢書》提要。

76.《後漢書》與《三國志》書法不同處

陳壽修書於晉，不能不為晉迴護，即不能不為魏迴護。故歷代史家《本紀》多用迴護之法者，循壽例也。范蔚宗修書於宋，事隔兩朝，時閱百年，則據事直書，不從其例。故《獻帝紀》與《魏紀》每多互異。今姑校之。如陳志《魏紀》書天子以公領冀州牧，范書《獻帝紀》則謂曹操自領冀州牧。《魏紀》漢罷三公官，置丞相，以公為丞相，《獻紀》則謂曹操自為丞相。《魏紀》天子使都慮策命公為魏公，加九錫，《獻紀》則謂曹操自立為魏公，加九錫。《魏紀》漢皇后伏氏坐與父完書，後廢黜死，兄弟皆伏法，《獻紀》則謂曹操殺皇后伏氏，滅其族及其二子。《魏紀》天子進公爵為魏王，《獻紀》則謂曹操自進爵為魏王。《魏紀》韋晃等反，攻許，燒長史王必營，必與嚴巨討，斬之，《獻紀》則謂耿紀、韋晃起兵誅曹操，不克，夷三族。至禪代，《魏紀》書漢帝使張音奉璽綬禪位，《獻紀》則謂魏王丕稱天子，奉帝為山陽公。他如董承、孔融等之誅，皆書操殺，蓋史法也。至荀彧，陳志以彧為操謀主，列魏臣傳，范書以彧乃心王室，特編入漢臣傳。尤見能主持公道。蓋曹操加九錫在彧死後，倘彧不死，操尚不至僭竊也。其餘所紀事蹟亦有不同者。《袁紹傳》，陳志謂何進召董卓，范書謂袁紹勸何進召董卓。《呂布傳》，陳志謂布畏惡涼州人，以致李郭之亂，范書謂王允不赦涼州人，以致激變。又《呂布傳》，陳志謂布投袁術，術拒而不納，乃投袁紹，范書謂布投術後恣兵抄掠，術患之，布不安去，投張揚。《董卓傳》，李傕劫帝幸其營，陳志謂傕使公卿詣泛請和，泛皆執之，范書謂帝使楊彪、張嘉和郭泛，泛留公卿。《荀彧傳》，陳志謂因沮九錫事留壽春，以憂卒，范書謂彧因病留壽春，操遣人饋食，發乃空器，遂飲藥而卒。此皆各有所據，不妨並存其說也。

【探源】《廿二史劄記》卷六「《後漢書》、《三國志》書法不同處」：

> 自《三國志·魏紀》創為迴護之法，歷代《本紀》遂皆奉以為式。……雖陳壽修書於晉，不能無所諱。蔚宗修書於宋，已隔兩朝，

可以據事直書。固其所值之時不同，然史法究應如是也。陳壽《魏紀》書天子以公領冀州牧；蔚宗《獻帝紀》則曰曹操自領冀州牧。《魏紀》漢罷三公官，置丞相，以公為丞相；《獻紀》則曰曹操自為丞相。《魏紀》天子使郗慮策命公為魏公，加九錫；《獻紀》則曰曹操自立為魏公，加九錫。《魏紀》漢皇后伏氏坐與父完書，……後廢黜死，兄弟皆伏法；《獻紀》則曰曹操殺皇后伏氏，滅其族及其二子。《魏紀》天子進公爵為魏王；《獻紀》則曰曹操自進號魏王。《魏紀》韋晃等反，攻許，燒丞相長史王必營，必與嚴巨討，斬之；《獻紀》則曰耿紀、韋晃起兵誅曹操，不克，夷三族。至禪代之際，《魏紀》書漢帝眾望在魏，乃召群公卿士，使張音奉璽綬禪位；《獻紀》則曰魏王丕稱天子，奉帝為山陽公。他如董承、孔融等之誅，皆書操殺，此史家正法也。……惟荀彧一傳，陳壽以其為操謀主，已列魏臣傳內，蔚宗以其乃心王室，特編入漢臣，此則其主持公道處。壽志雖列之於魏臣，而傳末云「彧死之明年，曹公遂加九錫」，可見彧不死，操尚不得僭竊也。……至二書所紀事蹟有彼此不同者。《袁紹傳》，壽志謂何進召董卓；范書謂袁紹勸何進召董卓。《呂布傳》，壽志謂布畏惡涼州人，以致李傕、郭汜之亂，范書謂王允不赦涼州人，以致激變。《呂布傳》，壽志謂布投袁術，術拒而不納，乃投袁紹；范書謂布投術後，恣兵抄掠，術患之，布不安，去從張揚。《董卓傳》，李傕劫帝幸其營，壽志謂傕使公卿詣汜請和，汜皆執之；范書謂帝使楊彪、張嘉和傕、汜，汜留質公卿。《荀彧傳》，壽志謂以阻九錫事留壽春，以憂薨；范書謂彧病留壽春，曹操遣人饋之食，發之乃空器也。遂飲藥而卒。二書不同，蓋皆各有所據，固可兩存其說。

【小結】此條抄自《廿二史劄記》卷六「《後漢書》、《三國志》書法不同處」條。作偽方式有二。第一，點竄文句；第二，增加句子。

77. 袁宏《後漢紀》

【A】晉袁宏因范書繁穢雜亂，別撰《後漢紀》（共三十卷）。雖自序稱所綴會《漢紀》、謝承書、司馬彪書、華嶠書、謝沈書、《漢山陽公記》、《漢靈獻起居注》、《漢名臣奏》，旁及諸部《耆舊先賢傳》等書，復以張璠《漢紀》為

準。然考《隋志》載璠書三十卷，雖已散佚，尚有散見於《三國志注》及《後漢書注》者。取與比校，璠紀所有而宏紀往往不載，所載者又多互有詳略不同處。如璠紀稱「盧芳，安定人，屬國夷數十畔在蠻，芳從之，詐姓劉氏」。宏書則作「劉芳，安定三川人，本姓盧氏。王莽末，天下咸思漢，芳由是詐稱武帝後，變姓名為劉文伯。及莽敗，芳與三川屬國羌胡起兵北邊」。以及朱穆論梁冀池中舟覆、吳佑諫父寫書事，皆校璠紀為詳。璠紀稱明德馬皇后不喜出遊，未嘗臨御窗牖。宏紀則作不喜出入遊觀。璠紀稱楊秉嘗曰：「我有三不惑，酒、色、財也，天下以為名公。」宏紀刪下一句。又如敘王龔與薛勤喪妻事，璠紀先敘龔而追敘勤。宏紀則先敘勤而後敘龔。敘呂布兵敗，勸王允同逃事，璠紀敘在長安陷時，宏紀追敘於後。頗有移置然。覈其文義，宏書較長。蓋宏之體例實仿荀悅書，而悅書因班舊文，剪裁尚易。宏書抉擇去取，自出心裁，較悅尤難。【B】故王銍作《兩漢紀後序》云：「荀袁二紀，於朝廷紀綱、禮樂刑政、治亂成敗、忠邪是非之際，指陳論著，每致意焉。反覆辨達，明白條暢，啟告當代，而垂訓無窮。」【C】信非溢美也。

【探源】《四庫全書總目》卷四十七《後漢紀》提要：

【A】是書前有宏自序，稱：「嘗讀《後漢書》，煩穢雜亂，聊以暇日，撰集為《後漢紀》。其所綴會《漢紀》、謝承書、司馬彪書、華嶠書、謝沈書、《漢山陽公記》、《漢靈獻起居注》、《漢名臣奏》，旁及諸部《耆舊先賢傳》……」蓋大致以《漢紀》為準也。案《隋志》載璠書三十卷，今已散佚。惟《三國志注》及《後漢書注》間自變量條。今取與此書互勘，璠記所有，此書往往不載。其載者亦多所點竄，互有詳略。如璠《紀》稱：「盧芳，安定人，屬國夷數十畔在參蠻，芳從之，詐姓劉氏。」此書則作：「劉芳，安定三川人，本姓盧氏。王莽末，天下咸思漢，芳由是詐稱武帝後，變姓名為劉文伯。及莽敗，芳與三川屬國羌胡起兵北邊。」以及朱穆論梁冀池中舟覆、吳佑諫父寫書事，皆較璠記為詳。璠記稱明德馬皇后不喜出遊，未嘗臨御窗牖。此書則作性不喜山入遊觀。璠記稱楊秉嘗曰：「我有三不惑，酒、色、財也，天下以為名公。」此書刪下一句。又如序王龔與薛勤喪妻事，璠記先敘龔而追敘勤。此書則先敘勤而後敘龔。敘呂布兵敗，勸王允同逃事，璠記敘在長安陷時。此書追敘於後。亦頗有所移置。而覈其文義，皆此書為長。其體例雖仿荀悅書，而悅

書因班固舊文，翦裁聯絡。此書則抉擇去取，自出鑒裁，抑又難於悅矣。

【C】要非溢美也。

《四庫全書總目》卷四十七史部三《漢紀》提要：

【B】王銍作《兩漢紀後序》亦稱：「荀袁二紀，於朝廷紀綱、禮樂刑政、治亂成敗、忠耶是非之際，指陳論著，每致意焉。反覆辨達，明白條暢。啟告當代，而垂訓無窮。」

【小結】此條抄自《四庫全書總目》卷四十七《漢紀》、《後漢紀》提要。作偽方式有二：第一，點竄字句；第二，多源組合，A、C段抄自《後漢紀》提要，B段抄自《漢紀》提要。

78.《三國志》注徵引之博

【A】裴松之在宋元嘉中奉詔注陳壽《三國志》，鳩集傳紀，增廣異聞，
【B】其所引用書凡五十餘種：謝承《後漢書》、司馬彪《續漢書》、《九州春秋》、《戰略》、《序傳》、張璠《漢紀》、袁暐《獻帝春秋》、孫思光《獻帝春秋》、袁宏《漢紀》、習鑿齒《漢晉春秋》、孔衍《漢魏春秋》、華嶠《漢書》、《靈帝紀》、《獻帝紀》、《獻帝起居注》、《山陽公載記》、《三輔決錄》、《獻帝傳》、《漢書‧地理志》、《續漢書‧郡國志》、蔡邕《明堂論》、《漢末名士錄》、《先賢行狀》、《汝南先賢傳》、《陳留耆舊傳》、《零陵先賢傳》、《楚國先賢傳》、荀綽《冀州紀》、《襄陽記》、《英雄記》、王沈《魏書》、夏侯湛《魏書》、陰澹《魏紀》、魏文帝《典論》、孫盛《魏世籍》、孫盛《魏氏春秋》、《魏略》、《魏世譜》、《魏武故事》、《魏名臣傳》、《魏末傳》、吳人《曹瞞傳》、魚氏《典略》、王隱《蜀記》、《益都耆舊傳》、《益部耆舊雜記》、《華陽國志》、《蜀本紀》、汪隱《蜀記》、郭仲《記諸葛五事》、郭頒《魏晉世語》、孫盛《蜀世譜》、韋曜《吳書》、胡沖《吳歷》、張勃《吳錄》、虞溥《江表傳》、《吳志》、環氏《吳紀》、虞預《會稽典錄》、王隱《交廣記》、王隱《晉書》、虞預《晉書》、干寶《晉紀》、《晉陽秋》、傅暢《晉諸公贊》、陸機《晉惠帝起居注》、《晉泰始起居注》、《晉百官表》、《晉百官名》、太康三年《地理記》、《帝王世紀》、《河圖括地象》、皇甫謐《逸士傳》、《列女傳》、張隱《文士傳》、虞喜《志林》、陸氏《異林》、荀勗《文章敘錄》、《文章志》、《異物志》、《博物記》、《列異傳》、《高士傳》、《文士傳》、孫盛《雜語》、孫盛《雜記》、孫盛《同異評》、徐眾《三國評》、《袁子》、《傅子》、干寶

《搜神記》、葛洪《抱朴子》、葛洪《神仙傳》、衛桓《書勢序》、張儼《默記》、殷基《通語》、顧禮《通語》、摯虞《決疑》、《曹公集》、《孔融集》、《傅咸集》、《嵇康集》、《高貴鄉公集》、《諸葛亮集》、《王朗集》、庾闡《揚都賦》、《孔氏譜》、《庾氏譜》、《孫氏譜》、《嵇氏譜》、《劉氏譜》、《王氏譜》、《郭氏譜》、《陳氏譜》、《諸葛氏譜》、《崔氏譜》、華嶠《譜敘》、《袁氏世紀》、《鄭玄別傳》、《荀彧別傳》、《禰衡傳》、《荀氏家傳》、《邴原別傳》、《程曉別傳》、《王弼傳》、《孫資別傳》、《曹志別傳》、《陳思王傳》、《王朗家傳》、《何氏家傳》、《裴氏家記》、《劉廙別傳》、《任昭別傳》、《鍾會母傳》、《虞翻別傳》、《趙雲別傳》、《費禕別傳》、《華佗別傳》、《管輅別傳》、《諸葛恪別傳》、何邵作《王弼傳》、繆襲撰《仲長統〈昌言〉表》、傅玄撰《馬先生序》、會稽《邵氏家傳》、陸機作《顧譚傳》、《陸氏世頌》、《陸氏祠堂像贊》、陸機所作《陸遜銘》、《機雲別傳》、蔣濟《萬機論》、陸機《辨亡論》。【C】凡此所引書，皆六朝舊籍今多所不傳者，尚可因以見其崖略焉。【D】其奏進表云：「壽書銓敘可觀，然失在於略，時有所脫漏。臣奉旨尋詳，務在周悉。其壽所不載，而事宜存錄者，罔不畢取。或同說一事而辭有乖雜，或事出本異，疑不能判者，並皆抄內以備異聞。」此松之作注，大旨在於搜輯之富，以補壽志之所闕，其有訛謬乖違者，則出己意辨正，以附於注內。【E】可見其採輯之博矣。【F】惟於《袁紹傳》中之胡母班，本因為董卓使紹而見，乃注曰：「班嘗見太山府君及河伯，事在《搜神記》，語多不載。」似覺太贅。《鍾繇傳》中乃引《陸氏異林》一條載繇與鬼婦狎昵事。《蔣濟傳》中引《列異傳》一條載濟子死為泰山伍伯，迎孫阿為泰山令。事未免嗜奇愛博，稍傷蕪雜。然網羅繁富，足資考證，實為注史家所罕覯也。

【探源】《廿二史劄記》卷六「裴松之《三國志注》」：

【A】宋文帝命裴松之採三國異同，以注陳壽《三國志》。松之鳩集傳紀，增廣異聞。

【D】其表云：「壽書銓敘可觀，然失在於略，時有所脫漏。臣奉旨尋詳，務在周悉，其壽所不載而事宜存錄者，罔不畢取。或同說一事而辭有乖雜，或出事本異疑不能判者，並皆鈔內以備異聞。」此松之作注大旨在於搜輯之博，以補壽之闕也。其有訛謬乖違者，則出己意辨正，以附於注內。

【B】今按松之所引書凡五十餘種：謝承《後漢書》、司馬彪《續漢書》、《九州春秋》、《戰略》、《序傳》、張璠《漢紀》、袁曄《獻

帝春秋》、孫思光《獻帝春秋》、袁宏《漢紀》、習鑿齒《漢晉春秋》、孔衍《漢魏春秋》、華嶠《漢書》、《靈帝紀》、《獻帝紀》、《獻帝起居注》、《山陽公載記》、《三輔決錄》、《獻帝傳》、《漢書・地理志》、《續漢書・郡國志》、蔡邕《明堂論》、《漢末名士錄》、《先賢行狀》、《汝南先賢傳》、《陳留耆舊傳》、《零陵先賢傳》、《楚國先賢傳》、荀綽《冀州紀》、《襄陽記》、《英雄記》、王沈《魏書》、夏侯湛《魏書》、陰澹《魏紀》、魏文帝《典論》、孫盛《魏世籍》、孫盛《魏氏春秋》、《魏略》、《魏世譜》、《魏武故事》、《魏名臣奏》、《魏末傳》、吳人《曹瞞傳》、魚氏《典略》、王隱《蜀記》、《益都耆舊傳》、《益部耆舊雜記》、《華陽國志》、《蜀本紀》、汪隱《蜀記》、郭沖記諸葛五事、郭頒《魏晉世語》、孫盛《蜀世譜》、韋曜《吳書》、胡沖《吳歷》、張勃《吳錄》、虞溥《江表傳》、《吳志》、環氏《吳紀》、虞預《會稽典錄》、王隱《交廣記》、王隱《晉書》、虞預《晉書》、干寶《晉紀》、《晉陽秋》、傅暢《晉諸公贊》、陸機《晉惠帝起居注》、《晉泰始起居注》、《晉百官表》、《晉百官名》、太康三年《地理記》、《帝王世紀》、《河圖括地象》、皇甫謐《逸士傳》、《列女傳》、張隱《文士傳》、虞喜《志林》、陸氏《異林》、荀勖《文章敘錄》、《文章志》、《異物志》、《博物志》、《博物記》、《列異傳》、《高士傳》、《文士傳》、孫盛《雜語》、孫盛《雜記》、孫盛《同異評》、徐眾《三國評》、《袁子》、《傅子》、干寶《搜神記》、葛洪《抱朴子》、葛洪《神仙傳》、衛桓《書勢序》、張儼《默記》、殷基《通語》、顧禮《通語》、摯虞《決疑》、《曹公集》、《孔融集》、《傅咸集》、《嵇康集》、《高貴鄉公集》、《諸葛亮集》、《王朗集》、庾闡《揚都賦》、《孔氏譜》、《庾氏譜》、《孫氏譜》、《嵇氏譜》、《劉氏譜》、《王氏譜》、《郭氏譜》、《陳氏譜》、《諸葛氏譜》、《崔氏譜》、華嶠《譜敘》、《袁氏世紀》、《鄭玄別傳》、《荀彧別傳》、《禰衡傳》、《荀氏家傳》、《邴原別傳》、《程曉別傳》、《王弼傳》、《孫資別傳》、《曹志別傳》、《陳思王傳》、《王朗家傳》、《何氏家傳》、《裴氏家記》、《劉廙別傳》、《任昭別傳》、《鍾會母傳》、《虞翻別傳》、《趙雲別傳》、《費禕別傳》、《華佗別傳》、《管輅別傳》、《諸葛恪別傳》，何邵作《王弼傳》，繆襲撰《仲長統昌言表》，傅玄撰《馬先生序》、會稽《邵氏家傳》，陸機作《顧譚傳》、

《陸氏世頌》、《陸氏祠堂像贊》，陸機所作《陸遜銘》、《機雲別傳》，蔣濟《萬機論》、陸機《辨亡論》。

【E】凡此所引書皆注出書名，可見其採輯之博矣。

《四庫全書總目》卷四十五史部一《三國志》提要：

【F】其中往往嗜奇愛博，頗傷蕪雜。如《袁紹傳》中之胡母班，本因為董卓使紹而見，乃注曰：「班嘗見太山府君及河伯，事在《搜神記》，語多不載。」斯已贅矣。《鍾繇傳》中乃引《陸氏異林》一條，載繇與鬼婦狎昵事。《蔣濟傳》中引《列異傳》一條，載濟子死為泰山伍伯，迎孫阿為泰山令事。……然網羅繁富。

【C】凡六朝舊籍今所不傳者，尚一一見其厓略。……故考證之家取材不竭。

【小結】此條抄《廿二史劄記》卷六「裴松之《三國志注》」條、《四庫全書總目》卷四十五《三國志》提要。作偽方式有三：第一，點竄字句；第二，改變順序；第三，多源組合，A、D、B、E段抄自「裴松之《三國志注》」條，F、C段抄自《三國志》提要。

79.《晉書》多舛漏

【A】唐貞觀中詔，前後《晉史》十八家未能盡善，敕房喬等重撰，（共一百三十卷）書成之日，即不愜於眾論。【B】第謂其多取《世說》，體近稗官，是其所短。不知紀傳記載中，其褒貶失實採擇疏漏者更多。今細案之。【C】如《列傳》中惟陶潛本屬晉完節之臣，因不應列《宋書‧隱逸》之首，仍列其傳於本書隱逸之內。愍懷太子妃，王衍之女抱冤以死者，因太子妃不應入《后妃傳》特入之於《列女傳》內，尚屬位置得體，【D】而恭王之妃夏侯氏通小吏牛金，事當入《夏侯太妃傳》內，乃反載在《元帝紀》後。【E】毛德祖本屬宋功臣，已入《宋書列傳》中，乃於毛寶之傳內復敘德祖事，殊為舛誤。【F】至王導為元帝功臣，歷事三朝，固稱賢相，然盡略其祖親負友、黨惡遂私之疵累，而直比之管仲、孔明。陶侃勤王，因溫嶠三邀，始率兵東下，未免偶不達義，乃因其八翼昇天之夢，而即坐以無將之罪，亦覺褒貶失當。【G】馬汧立功孤城，死於非罪，後加封贈祭，而不為之立傳。郭琦不仕趙王倫，終老於家，是始終亮節之士，亦削而不書。忠義尚多脫落，尤疏漏之大者矣。【H】至苻堅記載內不應附苻朗一傳，苻登記載內不應附索泮一傳，而《姚興記載》內又忽敘

西胡梁國兒作壽冢，將其妻妾入冢飲燕，此事與興何涉而闌入之？亦未免淆雜。惟列傳中所載論疏尚有關於體要者。【I】如《劉寔傳》載《崇讓論》，見當時營競之風。《裴頠傳》載《崇有論》，見當時清談之習。《李重傳》論九品之害，見當時選舉之弊。《傅玄傳》載興學校、務農功疏，見切於時政。《郭璞傳》載《刑獄疏》，見當時刑罰之濫。《段灼傳》載申理鄧艾一疏，《閭纘傳》載申理愍懷太子一疏，尤見急於申冤理枉。【J】今十八家舊史皆不傳，欲稽考晉事者，捨是書而莫由。當亦考史家所不可廢也。

【探源】《廿二史劄記》卷七「《晉書》二」：

【C】如陶潛已在《宋書·隱逸》之首，而潛本晉完節之臣，……故仍列其傳於晉隱逸之內。愍懷太子妃，王衍之女，抱冤以死，而太子妃不便附入《后妃傳》內，則入之於《列女傳》，此皆位置得當者。

【I】如《劉寔傳》載《崇讓論》，見當時營競之風也。《裴頠傳》載《崇有論》，見當時談虛之習也。《劉毅傳》載論九品之制有八損，……見當時選舉之弊也。……《傅玄傳》載興學校、務農功等疏，固切於時政也。《段灼傳》載申理鄧艾一疏，《閭纘傳》載申理愍懷太子一疏，以二人皆冤死也。……《郭璞傳》不載《江賦》、《南郊賦》，而獨載《刑獄》一疏，見當時刑罰之濫也。

【D】《元帝紀》後敘其父恭王之妃夏侯氏通小吏牛金生帝，而《夏侯太妃傳》內不載，諱其醜於傳，而轉著其惡於紀。亦屬兩失。

【H】《苻堅載記》後附王猛、苻融二人，以其為堅功臣也。苻朗不過一達士，亦附一傳。《苻登載記》後又附一索泮。……《姚興載記》忽敘西胡梁國兒作壽冢，每將妻妾入冢燕飲，升靈床而歌。此於興有何關係而拉雜及之？

【E】毛德祖為宋功臣，《宋書》已立傳，……乃毛寶之傳後又敘德祖事甚詳。

《四庫全書總目》卷四十五史部一《晉書》提要：

【A】唐房喬等奉敕撰。……貞觀中詔，前後《晉史》十八家，未能盡善，……書成之日，即有不愜於眾論者乎？

【G】馬汧立功孤城，死於非罪，後加贈祭。而《晉書》不為立傳。……琦曰：「我已為武帝吏，不能復為今世吏。」終於家。琦蓋

始終亮節之士也，而《晉書》亦削而不載。

【B】取劉義慶《世說新語》。……是直稗官之體。

【J】十八家之書並亡，考晉事者捨此無由，故歷代存之不廢耳。

《廿二史劄記》卷七「王導、陶侃二傳褒貶失當」：

【F】導為元帝佐命功臣，歷事三朝，以宏厚鎮物，固稱賢相。……而《晉書‧導傳論》至比之管仲、孔明。……陶侃……不肯勤王，經溫嶠等再三邀說，始率兵東下，此是其見小不達大義之處。……夢生八翼……因其一夢而懸坐以無將之罪，豈非褒貶失當乎？

【小結】此條抄自《廿二史劄記》卷七「《晉書》二」、「王導、陶侃二傳褒貶失當」、《四庫全書總目》卷四十五《晉書》。作偽方式有四：第一，點竄字句；第二，增加句子；第三，改變順序；第四，多源組合，A、G、B、J段抄自《晉書》提要，C、I、D、H、E段抄自「《晉書》二」條，F段抄自「王導、陶侃二傳褒貶失當」條。

80. 史家子孫附傳之例

案《史記》世家凡傳一人而其子孫皆附傳內。至列傳則各傳其人，不必及其後裔。間有父子祖孫各有可傳，則牽連書之。如《前漢書》楚元王之裔孫向、歆，周勃之子亞夫，李廣之孫陵，張湯之子安世、孫延壽，金日磾之子安上，疏廣之兄子受，蕭望之子育、咸、由，翟方進之子宣、義，韋賢之子元成。《後漢書》來歙之曾孫歷，鄧禹之子訓、孫騭，寇恂之曾孫榮，耿弇之弟國、子秉、夔，竇融之弟固、曾孫憲、元孫章，馬援之子廖、防，伏湛之子隆，梁統之子竦、曾孫商、元孫冀，桓榮之子郁、孫焉、曾孫鸞、元孫典、彬，班彪之子固、班超之子勇、楊震之子秉、孫賜、曾孫彪、元孫修，荀淑之子爽、孫悅，陳實之子紀。《三國志》袁紹之子譚、尚，公孫度之子康、孫淵，曹真之子爽，荀彧之子惲、孫覬，鍾繇之子毓，王朗之子肅，杜畿之子恕、預，胡質之子威，諸葛亮之子喬、瞻，張昭之子承、休，步騭之子闡，呂范之子據，朱桓之子異，陸遜之子抗，陸凱之弟允，代不過十餘人。然《後漢書》班彪與固各為一傳，班超與勇又各為一傳。《三國志》諸葛瑾與諸葛恪亦各為傳，惟沈約《宋書》始有以子孫附祖父傳內者，然蕭思話、蕭惠開，徐羨之、**徐湛**，謝宏微、謝莊，王宏、王僧達，范泰、范奕，王曇首、王僧綽，顏延之、顏峻，

皆父子。檀道濟、檀韶、檀祗，謝晦、謝瞻，皆兄弟，猶皆各自為傳，不相牽混，使閱者一覽了然。終不似別史，凡立一人傳，並其子孫兄弟宗族，不論可傳不可傳，一概附入，竟似代人作家譜者。如《魏書》一傳數十人，《南》、《北史》並其子孫之仕於列朝者，亦皆附書焉。非史法也。

【探源】《廿二史劄記》卷十「南北史子孫附傳之例」：

> 傳一人而其子孫皆附傳內，此《史記》世家例也，至列傳則各因其人之可傳而傳之，自不必及其後裔。間有父子祖孫各可傳者，則牽連書之。如《前漢書》之於楚元王（裔孫向、歆）、周勃（子亞夫）、李廣（孫陵）、張湯（子安世，孫延壽）、金日磾（子安上）、疏廣（兄子受）、蕭望之（子育、咸、由）、翟方進（子宣、義）、韋賢（子玄成），《後漢書》之於來歙（曾孫歷）、鄧禹（子訓，孫騭）、寇恂（曾孫榮）、耿弇（弟國，子秉、夔）、竇融（弟固，曾孫憲，玄孫章）、馬援（子廖、防）、伏湛（子隆）、梁統（子竦，曾孫商，玄孫冀）、桓榮（子郁，孫焉，曾孫鸞，玄孫典、彬）、班彪（子固）、班超（子勇）、楊震（子秉，孫賜，曾孫彪，玄孫修）、荀淑（子爽，孫悅）、陳寔（子紀），《三國志》之於袁紹（子譚、尚）、公孫度（子康，孫淵）、曹真（子爽）、荀彧（子惲，孫頵）、鍾繇（子毓）、王朗（子肅）、杜畿（子恕、預）、胡質（子威）、諸葛亮（子喬、瞻）、張昭（子承、休）、步騭（子闡）、呂范（子據）、朱桓（子異）、陸遜（子抗）、陸凱（弟允），代不過十餘人。然《後漢書》班彪與固為一傳，班超與勇又為一傳，一家父子尚各為傳。《三國志》，諸葛瑾與諸葛恪父子也，而亦各為傳。其以子孫附祖父傳之例，沈約《宋書》已開其端，然如蕭思話、蕭惠開，徐羨之、徐湛之，謝宏微、謝莊，王宏、王僧達，范泰、范奕，王曇首、王僧綽，顏延之、顏峻，皆父子也，檀道濟、檀韶、檀祗，謝晦、謝瞻，皆兄弟也，猶皆各自為傳……故不牽混，使閱者一覽瞭如也。若一人立傳，而其子孫兄弟宗族，不論有官無官，有事無事，一概附入，竟似代人作家譜。……《魏書》一傳數十人。……《南》、《北史》則並其子孫之仕於列朝者，俱附此一人之後。

【小結】此條抄自《廿二史劄記》卷十「南北史子孫附傳之例」。作偽方法有二：第一，點竄字句；第二，增加句子。

81.《魏書》多黨齊毀魏

【A】北齊魏收撰《魏書》，共紀傳一百十四卷，內亡逸者二十九篇，皆後人取《北史》之文以足之。或謂《太宗紀》闕，補以魏澹《後魏書》，志闕《天象》二篇，補以張太素《後魏書》，疑未能明也。【B】而論史者乃謂收受尒朱榮子金，為減榮傳之惡。【C】又謂楊愔、高德正勢傾朝野，遂為作佳傳，號為穢史。【D】案收仕於北齊，修史正當齊文宣時，故凡涉齊神武（高歡）在魏朝時事，不得不曲為迴護。如《孝莊紀》，建義元年書齊獻武王破羊侃於瑕丘。二年書破邢杲於濟南。《前廢帝紀》普泰元年書齊獻武王弭尒朱榮之亂，《尒朱榮傳》內書榮欲篡立，齊獻武王勸止，仍奉莊帝。皆深著齊神武之功。孝武遷為西魏，神武立孝靜帝為東魏，其於西魏之君臣則多貶辭。如孝武崩，則書宇文黑獺，南陽王寶炬則書僭尊號，斛斯椿隨入關，則謂其狡獪多事，好亂樂禍，賀拔勝自魏奔梁，自梁奔西魏，則謂其好行小數，志大膽薄。凡仕於西魏者，多肆為詆訾。當時已有謂其黨齊毀魏，肆情褒貶者，信有之矣。若謂受金諱惡，附勢作傳，稱為穢史，非平情之論也。【E】案《尒朱榮傳》其兇惡未嘗不書，觀論中云：「若修德義之風，則韋、彭、伊、霍夫何足數。」反言見意，正史家之微詞。【F】至楊愔之先世為楊椿、楊津，德正之先世為高允、高佑，椿、津之孝友亮節，允之名德，佑之文學，皆為一代聞人，豈能因其門祚方昌，遂引嫌不書耶？【G】又有謂孝靜帝后高氏，帝崩後，書下嫁楊遵彥，為諂附楊愔，欲見其聯姻帝室之榮，【H】不知《皇后傳》已亡，為後人所補，非收原本也。【I】至謂盧同位至儀同不為立傳，崔綽位止功曹乃為首傳，更不足以服收矣。蓋收早有驚蛺蝶之名，本不愜人望，又值魏齊世近，凡冊名史籍者，皆有後裔，不能顯榮其先世，遂為當時所詬厲，穢史之論有自來矣。

【探源】《廿二史劄記》卷十三「《魏書》多曲筆」：

【D】魏收仕於北齊，修史正在齊文宣時（高洋），故凡涉齊神武（高歡）在魏朝時事，必曲回迴護。如《孝莊紀》，建義元年書齊獻武王（高歡先諡）與於暉等大破羊侃於瑕丘。……二年書齊獻武王與上黨王天穆大破邢杲於濟南。……《前廢帝紀》，普泰元年書齊獻武王以尒朱榮逆亂，興義於信都。……又《尒朱榮傳》，……榮欲篡立，齊獻武王及司馬子如勸止之，乃仍奉莊帝。……此皆深著齊神武之功也。孝武西遷為西魏，神武立孝靜帝為東魏，則於西魏之君臣率多貶詞。孝武之殂，則書宇文黑獺。……南陽王寶炬僭尊

號。……斛斯椿隨入關，……則謂其狡獪多事，好亂樂禍，……賀拔勝自魏奔梁，又自梁歸西魏，……則謂其好行小數，志大膽薄。……皆以其仕於西魏，故肆為詆訾。當時已謂其黨齊毀魏，褒貶肆情。

【G】惟《后妃傳》內孝靜帝后高氏，……而書帝崩後下嫁楊遵彥，……正見收之諂附遵彥，欲以見其聯姻帝室之榮。

《四庫全書總目》卷四十五史部一《魏書》提要：

【A】收書闕《太宗紀》，以魏澹書補之，志闕《天象》二卷，以張太素書補之。

【H】卷十三《皇后傳》亡，亦後人所補。

【B】如云收受尒朱榮子金，故減其惡。

【E】其實榮之凶悖，收未嘗不書於冊。至論中所云：「若修德義之風，則韓、彭、伊、霍夫何足數。」反言見意，正史家之微詞。

【C】又云楊愔、高德正勢傾朝野，……作佳傳。

【F】案愔之先世為楊椿、楊津。德正之先世為高允、高佑。椿、津之孝友亮節，允之名德，佑之好學，實為魏代聞人。寧能以其門祚方昌，遂引嫌不錄？

【I】又云盧同位至儀同，功業顯著，不為立傳。崔綽位止功曹，本無事蹟，乃為首傳。……是亦未足服收也。蓋收恃才輕薄，有驚蛺蝶之稱，其德望本不足以服眾。又魏齊世近，著名史籍者並有子孫，孰不欲顯榮其祖父？既不能一一如志，遂譁然群起而攻。

【小結】此條抄自《廿二史劄記》卷十三「《魏書》多曲筆」條、《四庫全書總目》卷四十五《魏書》。作偽方式有四。第一，點竄字句；第二，增加句子；第三，改變順序，第四，多源組合，D、G段抄自「《魏書》多曲筆」條，A、H、B、E、C、F、I段抄自《魏書》提要。

82.《宋書》告成之速

【A】考史遷編纂《史記》，自元封二年至征和二年，凡閱十八年始成。班固受詔著《漢書》，自永平迄建初中，積二十年。其八表及《天文志》尚未就，其妹昭始續成之。其餘李延壽之修《南》、《北史》，歐、宋二公之修《新唐書》俱歷十七年。司馬溫公之修《資治通鑑》，自治平二年受詔，至元豐七年始奏上，更閱十九年。惟元末修宋、遼、金三史，成書最速。然亦尚須三年。【B】

乃沈約修《宋書》，於齊永明五年奉敕，於次年二月即告成，共紀志列傳一百卷，從古修史未有若是之速者也。**推求其故**，蓋由宋著作郎何承天已撰《宋書》，紀、傳止武帝功臣，其諸志亦惟《天文》、《律曆》而已，餘皆命山謙之作。謙之亡後，詔蘇寶生續撰，亦止及元嘉諸臣。寶生誅後，又命徐爰。爰即因何、蘇之本，勒為一史，起自義熙之初，迄於大明之末，《臧質》、《魯爽》、《王僧達》三傳，尚皆孝武所作，惟永光以後至亡國十餘年，記載皆缺。然後知約書是取徐爰舊本踵成。其《宋書》內自永光以後紀傳，蓋為約等所補也。然亦有**刪削者**。如晉末諸臣及桓玄、盧循等身為晉賊，吳隱、謝混等義止前朝，並劉毅、何無忌等與宋武同起義者，亦意非造宋，徐爰皆列於書，約則概從刪除，不入書內。其餘皆從爰本，故成書若是之速且易也。

【C】案宋元嘉中，裴松之續修何承天《宋書》，未成而卒，曾孫子野常欲繼成先業。及沈約撰《宋書》既行，子野因撰《宋略》二十卷。約見歎曰：「吾弗逮也。」鄧氏《函史》謂沈書因於子野，方氏《釋疑》又謂裴略乃刪約書為之，皆非也。《宋略》李善《文選注》猶引之，不知亡於何時，而馬貴與《經籍考》已無其目，惜其不得與荀、袁兩《漢紀》並傳也。

【探源】《廿二史劄記》卷九「《宋書》多徐爰舊本」：

> 【B】沈約於齊永明五年奉敕撰《宋書》，次年二月即告成，共紀志列傳一百卷，古來修史之速未有若此者。今按其自序而細推之，知約書多取徐爰舊本而增刪之者也。宋著作郎何承天已撰《宋書》，紀、傳止於武帝功臣，其諸志惟《天文》、《律曆》，此外悉委山謙之。謙之亡，詔蘇寶生續撰，遂及元嘉諸臣。寶生被誅，又以命徐爰。爰因蘇、何二本勒為一史，起自義熙之初，迄於大明之末，其《臧質》、《魯爽》、《王僧達》三傳，皆孝武所造，惟永光以後至亡國十餘年，記載並缺。今《宋書》內永光以後紀傳，蓋約等所補也。……約以為桓玄、焦縱、盧循，身為晉賊，無關後代；吳隱、郗僧施、謝混，義止前朝，不宜入宋；劉毅、何無忌、諸葛長民、魏詠之、檀憑之，志在匡晉，亦不得謂之宋臣，故概從刪除。……其餘則皆爰書之舊，是以成書若此之易也。〔註1〕

《韓門綴學》卷二「裴子野《宋略》」：

> 【C】宋元嘉中，裴松之續修何承天《宋史》，未成而卒，曾孫

〔註 1〕今按：《蠹勺編》卷十一「《宋書》多徐爰舊本」條亦撮錄此條。

子野常欲繼成先業。及沈約撰《宋書》既行，子野更撰為《宋略》二十卷。約見而歎曰：「吾弗逮也。」鄧氏《函史》謂沈書因於子野，固謬。方氏《釋疑》謂裴略乃刪沈約之書，亦臆度耳。《宋略》則李善《文選注》猶引之，不知亡於何時，而馬氏《經籍考》已無其目，惜不得與荀、袁兩《漢紀》並傳也。

《廿二史劄記》卷一「司馬遷作史年歲」：

> 【A】李延壽作《南》、《北史》凡十七年，歐陽修、宋子京修《新唐書》亦十七年，司馬溫公作《資治通鑒》凡十九年，⋯⋯元末修宋、遼、金三史不過三年。

【小結】此條抄自《廿二史劄記》卷一「司馬遷作史年歲」條、卷九「《宋書》多徐爰舊本」條、《韓門綴學》卷二「裴子野《宋略》」。作偽方式有四：第一，點竄字句；第二，增加句子；第三，改變順序；第四，多源組合，A段抄自「司馬遷作史年歲」條，B段抄自「《宋書》多徐爰舊本」條，C段抄自「裴子野《宋略》」條。

83.《北齊書》多殘闕

【A】唐李百藥承父德林之業，纂輯成書（共五十卷），【B】其《文襄紀》叢集冗雜，《文宣紀》、《孝昭紀》議論亦多重複。【C】大約文氣萎苶，節目粗疏，【D】蓋由北齊立國本淺，自文宣以後，紀綱廢弛，整飭疆圉既不如後魏，修明法制復不如後周。當國者又無始終亮節之臣，有奇功偉業足以資文筆之發揮，故史材、史學遠遜前人。觀《儒林》、《文苑》二傳，除已見於《魏書》及《周書》之外者，寥寥數人可見矣。【E】惟一代之興亡，典章之沿革，政事之得失，人材之優劣，尚可藉以資其考證焉。【F】其體例全仿《後漢書》，傳後各繫論贊。【G】然列傳中有論贊俱無者，有有論無贊者，有有贊無論者，【H】是久已殘闕矣。今所行者，蓋後人取《北史》以傳之，非舊帙也。

【探源】《四庫全書總目》卷四十五《北齊書》提要：

> 【A】《北齊書》五十卷，唐李百藥奉敕撰。蓋承其父德林之業，纂輯成書。
>
> 【F】大致仿《後漢書》之體，卷後各繫論贊。
>
> 【H】已稱殘闕不完。今所行本蓋後人取《北史》以補亡，非舊帙矣。
>
> 【B】本紀則《文襄紀》叢集冗雜。《文宣紀》、《孝昭紀》論辭

重複。

【G】列傳則九卷、十卷、十一卷、十四卷、十五卷、二十六卷、二十七卷、二十九卷至四十卷俱無論贊。二十八卷有贊無論。十二卷、四十六卷、四十七卷、四十八卷、四十九卷有論無贊。

【D】北齊立國本淺，文宣以後，綱紀廢弛，……既不及後魏之整飭疆圉，復不及後周之修明法制。其倚任為國者，亦鮮始終貞亮之士。均無奇功偉節，資史筆之發揮。觀《儒林》、《文苑傳敘》，去其已見《魏書》及見《周書》者，寥寥數人。

【C】是其文章萎茶，節目叢脞。固由於史材史學不及古人。

【E】然一代興亡，當有專史。典章之沿革，政事之得失，人材之優劣，於是乎有徵焉。未始非後來之鑒也。

【小結】此條抄自《四庫全書總目》卷四十五《北齊書》。原文順序為A、F、H、B、G、D、C、E。作偽方式有三。第一，點竄字句；第二，增加句子；第三，改變順序。

84. 史家類敘之法

【A】史家有類敘之法，蓋因人各一傳則不勝傳，不立傳則又遺之。故每一傳輒類敘之。【B】此法始於班固《漢書》，如《鮑宣傳》後類敘當時清名之士紀逡、王思、薛方、郇越、唐林、唐尊、蔣詡、栗融、禽慶、蘇章、曹竟等，《貨殖傳》後類敘樊嘉、如氏、苴氏、王君房、豉樊小翁等。【C】范蔚宗《後漢書》，《卓茂傳》後類敘不仕莽者孔休、蔡勳、劉宣、龔勝等，《來歷傳》後類敘祋諷、劉禕、薛皓、閭丘宏、陳光、趙代、施延、朱倀、第五頡、曹成、李尤、張敬、龔調、孔顯、徐崇、樂闈、鄭安世等，【D】《董卓傳》後類敘李傕、郭汜、張繡等，《公孫瓚傳》後類敘閻柔、鮮于輔等。陳壽《三國志》，《王粲傳》後類敘一時文人徐幹、陳琳、阮瑀、應瑒、劉楨及阮籍、嵇康等，《衛覬傳》後類敘潘勗、王象等，《劉劭傳》後類敘繆襲、仲長統、蘇林、韋誕、夏侯惠、孫該、杜摯等，此古法也。【E】後史家亦多襲此法。如《宋書·褚澄傳》敘其精於醫，而因敘徐嗣醫術更精於澄。《韓靈敏》傳敘其妻卓氏守節，而因及吳康之妻趙氏、蔣儁之妻黃氏、倪翼之妻丁氏，傳不多而人自備載。【F】《梁書·勝曇恭傳》因曇恭之孝，並及徐普濟被火伏棺之事，又因普濟之孝，並及宛陵女子搏虎救母之事。敘何遜工詩，因及會稽虞騫、孔翁歸、江避等俱

能詩，皆此法也

【探源】《廿二史劄記》卷九「《齊書》類敘法最善」：

【A】《孝義傳》用類敘法，……蓋人各一傳則不勝傳，而不立傳則竟遺之，故每一傳輒類敘數人。

【E】如《褚澄傳》敘其精於醫，而因敘徐嗣醫術更精於澄。《韓靈敏傳》敘其妻卓氏守節，而因及吳康之妻趙氏、蔣儁之妻黃氏、倪翼之母丁氏，傳不多而人自備載。

【B】類敘之法本起於班固《漢書》，如《鮑宣傳》後歷敘當時清名之士紀逡、王思、薛方、郇越、唐林、唐尊、蔣詡、栗融、禽慶、蘇章、曹竟等，《貨殖傳》後類敘樊嘉、如氏、苴氏、王君房、豉樊小翁等。

【D】其後范蔚宗《後漢書》，《董卓傳》敘李傕、郭汜、張繡等，《公孫瓚傳》敘閻柔、鮮于輔等。陳壽《三國志》，《王粲傳》後敘一時文人徐幹、陳琳、阮瑀、應瑒、劉楨及阮籍、嵇康等，《衛覬傳》後敘潘勗、王象等，《劉劭傳》後敘繆襲、仲長統、蘇林、韋誕、夏侯惠、孫該、杜摯等。此本古法也。

【F】如《滕曇恭傳》，因曇恭之孝，而並及於徐普濟被火伏棺之事，又因普濟之孝，而並及宛陵女子搏虎救母之事。又如敘何遜工詩，而因及會稽虞騫、孔翁歸、江避等俱能詩，皆此法也。

《廿二史劄記》卷四「《後漢書》編次訂正」：

【C】《卓茂傳》敘當時與茂俱不仕莽者孔休、蔡勳、劉宣、龔勝、鮑宣等五人，《來歷傳》敘同諫廢太子者祋諷、劉禕、薛皓、閭丘宏、陳光、趙代、施延、朱倀、第五頡、曹成、李尤、張敬、龔調、孔顯、徐崇、樂闈、鄭安世等十七人。

【小結】此條抄自《廿二史劄記》卷四「《後漢書》編次訂正」條、卷九「《齊書》類敘法最善」條。A、E、B、D、F段抄自「《齊書》類敘法最善」條，C段抄自「《後漢書》編次訂正」條。作偽方式有三。第一，點竄字句；第二，增加句子；第三，改變順序。

85. 《梁》、《南》二史得失

【A】李延壽世居北土，於《北史》用功獨深（共一百卷），故敘事詳密，

首尾典贍。如《酷吏傳》之去酈道元，《藝術傳》之附陸法和，**頗有卓識**。於元韶奸利，彭樂勇敢，與夫郭琬、沓龍超諸人節義，亦具見特筆。【B】至《南史》，（共八十卷）則惟博採異聞，以助人談資。雖於諸書大加刪汰，而凡四朝九錫之文、符命之說、告天之詞，沿襲備書，仍未刪削盡淨。【C】獨於《梁書》**增益不少**，而互異者尤多，然亦各有得失焉。如《長沙嗣王業傳》，《梁書》敘其父懿當東昏無道，崔慧景奉江夏王寶元圍臺城，東昏徵懿赴援。懿在歷陽，即投著而起，進兵擊敗慧景，乃加懿侍中尚書令。而幸臣茹法珍等忌懿功高位重，尋構東昏賜死。《南史·懿傳》則謂懿率兵入援時，武帝遣虞安福勸懿，誅賊後即勒兵入宮，行伊、霍故事，若放兵受其厚爵，必生後悔。懿不從，遂及於難云。案懿在歷陽，聞詔即赴，一二日即達京師，敗慧景，時武帝方在襄陽，距京二千里，豈能逆知其事，而遣使於未平慧景之先乎？此必《南史》誤也。《邵陵王綸傳》，《梁書》載其少年為丹陽尹時，侵漁細民，為少府丞何智通所奏，綸使戴子高刺殺智通。智通子訴於闕下，帝令圍綸第捕子高，綸匿之，竟不出，坐是罷官，後復爵。其載綸之不善如此而已。《南史》則增綸因帝敕責，乃取一老公類帝者，加以袞冕，朝以為君，自陳無罪，旋自剝褫而撻之於庭。又因昭明太子薨，帝立簡文為太子，綸以為非，乃伏兵於莽，常伺車駕，有張僧幸知之，謀頗泄。又獻曲阿酒百器，帝以賜寺人，飲之而斃。帝由是不自安，每加衛士以警宮禁云。案綸當侯景之變，率兵赴援，鍾山之戰最力，後兵敗而逃。聞湘東王繹以兵圍河東王譽，作書勸湘東息家門之憤，赴君父之難。湘東不從，反以兵逼綸，綸遂遁入齊昌，尚思匡復，為西魏兵所攻，被殺。是綸非肆逆者。且帝既先防其為亂，加以衛士。當侯景反時，豈肯反假以征討大都督之權，令其統軍討賊乎？此又《南史》好採異聞，而未究其實也。至《武陵王紀傳》，《梁書》謂侯景之亂，紀不赴援。《南史》則謂紀先遣世子圓照領兵三萬，受湘東王節度，繹令且駐白帝，未許東下。及武帝凶問至，紀總戎將發，繹又使智監至蜀止之。是紀未嘗不發兵也。《梁書》所謂不發兵者，蓋據元帝時國史。元帝既殺紀，欲著其逆跡而加之罪也。此傳究當以《南史》為得其實。【D】《沈約傳》，約之先世田子、林子，為宋初開國功臣。應入《宋功臣傳》，約不入宋傳，載於《自序》者，欲自誇其先世也。《梁書》不載，自屬得體。乃延壽不補於《宋史》而仍增於約傳者，亦誤矣。【E】《王僧孺傳》，《梁書》載其為南康王長史時，被典籤中傷去職，奉辭王府一箋，凡千餘字。內有云「去矣何生，高樹芳烈」之語，不解何謂。《南史》雖刪此文，而謂僧孺將

去,有友人何烱猶在王府,僧孺與烱書以見意始知。何生者,指致書何烱,非辭王府箋也。此又見《南史》之精覈也。若《任昉傳》,《梁書》、《南史》俱謂昉出為新安太守,卒於官。而劉孝標《廣絕交論》有云:「瞑目東粵,藐爾諸孤,流離大海之南,寄命瘴厲之地。」是昉卒於粵,非卒於新安也。二史俱失其實矣。

【F】案姚思廉《梁書》,承藉家學,用力勤篤。然趙與時《賓退錄》議其於《江革傳》中則稱「何敬容掌選,序用多非其人」,於《敬容傳》中則稱其「銓序明審,號為稱職」,自相矛盾。其餘事蹟之復互者,尤多證以《南史》,亦往往牴牾。

【探源】《四庫全書總目》卷四十六史部二《北史》提要:

【A】《北史》一百卷,唐李延壽撰,延壽既與修《隋書》十志,又世居北土,⋯⋯於《北史》用力獨深。故敘事詳密,首尾典贍。如載元詡之奸利,彭樂之勇敢,郭琬、沓龍超諸人之節義,皆具見特筆。出酈道元於《酷吏》,附陸法和於《藝術》,離合編次,亦深有別裁。

《四庫全書總目》卷四十六史部二《南史》提要:

【B】則多刪詞賦。意存簡要,殊勝本書。然宋、齊、梁、陳四朝九錫之文、符命之說、告天之詞,皆沿襲虛言,無關實證,而備書簡牘,陳陳相因。是芟削未盡也。

《廿二史劄記》卷十一「《梁》、《南》二史岐互處」:

【C】《長沙嗣王業傳》。《梁書》敘其父懿當東昏無道,崔慧景奉江夏王寶元圍臺城,東昏徵懿赴援。懿在歷陽,即投袂而起,進兵擊敗慧景,乃加懿侍中尚書令。而幸臣茹法珍等忌懿功高位重,尋構東昏賜死。《南史·懿傳》則謂懿率兵入援時,武帝遣虞安福勸懿誅賊後即勒兵入宮,行伊、霍故事,若放兵受其厚爵,必生後悔。懿不從,遂及於難云。按懿在歷陽聞詔即赴,一二日已達京師,敗慧景,時武帝方在襄陽,距京二千里,豈能逆知其事,而遣使在未平慧景之先?此必誤也。

《邵陵王綸傳》。《梁書》載其少年為丹陽尹時侵漁細民,為少府丞何智通所奏,綸使戴子高刺殺智通。智通子訴於闕下,帝令圍綸第捕子高,綸匿之,竟不出,坐是罷官,後復爵。其載綸之不善

如此而已。《南史》則增綸因帝敕責，乃取一老公類帝者，加以袞冕，朝以為君，自陳無罪，旋即剝褫而撻之於庭。又因昭明太子薨，帝立簡文為太子，綸以為非，乃伏兵於莽，常伺車駕。有張僧幸知之，謀頗泄。又獻曲阿酒百器，帝以賜寺人，飲之而斃。帝由此始不自安，每加衛士以警宮禁云。按綸當侯景之變，率兵赴援，鍾山之戰最力，後兵敗而逃。聞湘東王繹以兵圍河東王譽，作書勸湘東息家門之憤，赴君父之難。湘東不聽，反以兵逼綸，綸遂遁入齊昌，尚思匡復，為西魏兵所攻，被殺。是綸非肆逆者。且帝既先防其為亂，加衛士防之矣，侯景反時，豈肯又加以征討大都督之權，令其統諸軍討賊乎？此亦必《南史》好採異聞，而不究事之真偽也。至《武陵王紀傳》，《梁書》謂侯景之亂，紀不赴援。《南史》則謂紀先遣世子圓照領兵三萬，受湘東王繹節度，繹令且駐白帝，未許東下。及武帝凶問至，紀總戎將發，繹又使胡智監至蜀止之。是紀未嘗不發兵也。而《梁書》所謂不發兵者，蓋本元帝時國史。元帝既殺紀，欲著其逆跡而有是言，所謂欲加之罪，其無辭乎！此事當以《南史》為正。

【E】《王僧孺傳》。《梁書》載其為南康王長史時，被典簽中傷去職，奉辭王府一箋凡千餘字。按箋內有云「去矣何生，高樹芳烈」之語。既辭王府，何以獨稱何生，殊不可解。《南史》雖刪此文，而謂僧孺將去，有友人何炯猶在王府，僧孺與炯書以見意，然後何生句始明，蓋別何炯書，非辭王府箋也。此又可見《南史》詳細處。至《任昉傳》，《梁書》、《南史》俱謂昉出為新安太守，卒於官。而劉孝標《廣絕交論》有云「瞑目東粵，艷爾諸孤，流離大海之南，寄命瘴癘之地」，是則昉歿於粵，非歿於新安也，二書俱誤。

《四庫全書總目》卷四十五史部一《梁書》提要：

【F】思廉承藉家學，……其用力亦云勤篤。……趙與時《賓退錄》，議其於《江革傳》中則稱「何敬容掌選，序用多非其人」，於《敬容傳》中則稱其「銓序明審，號為稱職」。尤是非矛盾。其餘事蹟之復互者，前後錯見，證以《南史》，亦往往牴牾。

《廿二史劄記》卷十「《南史》增《梁書》有關係處」條：

【D】《沈約傳》。（增）約之先世田子、林子為宋初開國功臣。

……本應入《宋功臣傳》，約欲自誇其先世，故不入列傳而載於自序內，此私見也。《梁書·約傳》刪此二人，自屬得體。延壽惟恐遺二人功績，乃亦仍自序之舊而載之。……何不補此二人於《宋史》內，而仍序於《約傳》耶？

【小結】此條抄自《四庫全書總目》卷四十六《北史》、《南史》、《梁書》、《廿二史劄記》卷十「《南史》增《梁書》有關係處」條、卷十一「《梁》、《南》二史岐互處」條。作偽方式有三：第一，點竄字句；第二，增加句子；第三，多源組合，A段抄自《北史》提要，B段抄自《南史》提要，C、E段抄自「《梁》、《南》二史岐互處」條，D段抄自「《南史》增《梁書》有關係處」條，F段抄自《梁書》提要。

86.《陳》、《南》二史不同處

【A】《長沙王叔堅傳》，《陳書》謂後主待堅漸薄，堅不自安，乃為左道祈福，刻木作偶人，衣以道士服，晝夜醮之。有人上書告其事，後主令宣敕責之。堅曰：「非有他故，但欲求親媚耳。」是左道厭魅，叔堅實有其事也。《南史》則云後主陰令人造其厭魅之具，又令人告之，案驗令實。是叔堅本無此事，而後主誣陷之耳。江總《自序》，太建之末，權移群小，屢被摧黜，出平惟奉佛，深悟苦空。《陳書》本傳謂此序時人謂之實錄。《南史》則謂此序識者譏其言跡之乖。惟兩傳二書不同，觀江總諂事後主，與自序不合。要當以《南史》為信。

【B】蓋《宋略》、《齊春秋》、《梁典》諸書俱亡，其可備《宋》、《齊》、《梁》、《陳》四書之參校者，惟賴《南史》之存，不可廢也

【探源】《廿二史劄記》卷十一「《南史》與《陳書》岐互處」：

【A】《長沙王叔堅傳》，《陳書》謂後主待堅漸薄，堅不自安，乃為左道祈福，刻木作偶人，衣以道士服，晝夜醮之。有人上書告其事，後主令宣敕責之。堅曰：「非有他故，但欲求親媚耳。」是左道厭魅，叔堅實有其事也。《南史》則云後主陰令人造其厭魅之具，又令人告之，案驗令實。是叔堅本無此事，而後主誣陷之耳。又江總《自序》，太建之末，權移群小，屢被摧黜，生平惟奉佛教，深悟苦空。《陳書》本傳謂此序時人謂之實錄。《南史》則謂此敘識者譏其言跡之乖。惟此兩傳，二書岐互。觀於江總諂事後主，與自序不同。則亦當以《南史》為定也。

《四庫全書總目》卷四十六《南史》提要：

【B】然自《宋略》《齊春秋》、《梁典》諸書盡亡，其備宋、齊、梁、陳四史之參校者，獨賴此書之存，則亦何可盡廢也。

【小結】此條抄自《廿二史劄記》卷十一「《南史》與《陳書》岐互處」條和《四庫全書總目》卷四十六《南史》提要。作偽方式有二：第一，點竄字句；第二，多源組合，A 段抄自「《南史》與《陳書》岐互處」條，B 段抄自《四庫全書總目》卷四十六《南史》提要。

87.《周書》多取《北史》

【A】唐貞觀中修梁、陳、周、齊、隋五史，令狐德棻等領修《周書》（共五十卷）。今其書蓋有散佚，乃後人剽取《北史》以補之，然多率意刊削，每成疏漏，似非德棻全書。【B】按德棻旁徵簡牘，意在摭實。故《元偉傳》後於元氏戚屬事蹟湮沒者，猶考其名位，連綴附書，固不可概斥為疏略。《庾信傳論》仿《宋書·謝靈運》之體，推論六藝源流，而於信獨致微辭。蓋於當時儷偶相高，故有意於矯時之弊，知非專尚虛辭。【C】劉知幾《史通》謂其書文而不實，雅而不檢，真蹟甚寡，客氣尤繁。又議其以王劭、蔡允恭、蕭韶、蕭大圜、裴政、杜臺卿之書中有俚言，故致遺落，其詆諆德棻者，皆非篤論也。

【探源】《四庫全書總目》卷四十五《周書》提要：

【A】《周書》五十卷，唐令狐德棻等奉敕撰。貞觀中修梁、陳、周、齊、隋五史，……而德棻專領《周書》。……今考其書，則殘闕殊甚，多取《北史》以補亡。又多有所竄亂，而皆不標其所移掇者何卷，所削改者何篇。遂與德棻原書混淆莫辨。

【C】劉知幾《史通》曰：……其書文而不實，雅而不檢，真蹟甚寡，客氣尤繁。……又議其以王劭、蔡允恭、蕭韶、蕭大圜、裴政、杜臺卿之書中有俚言，故致遺略。其詆諆德棻甚力。

【B】況德棻旁徵簡牘，意在摭實。故《元偉傳》後於元氏戚屬事蹟湮沒者，猶考其名位，連綴附書，固不可概斥為疏略。《庾信傳論》仿《宋書·謝靈運傳》之體，推論六義源流，於信獨致微辭。良以當時儷偶相高，故有意於矯時之弊，亦可見其不端尚虛辭矣。

【小結】此條抄自《四庫全書總目》卷四十五《周書》提要。原文順序為 A、C、B。作偽方式有二。第一，點竄字句；第二，改變順序。

88. 私史反多迴護

【A】凡正史有不得不隱諱者，賴私史據事直書，庶幾是非邪正，昭然共見於後世。若有所瞻狗，略無別白，何以稱一代信史哉？【B】乃《北史》於魏、齊、周各正史，俱間有改訂，獨於《隋書》略無刪削，且多迴護者。如於隋文帝之篡，《北史》俱照依《隋書》國史書法，敘禪位詔，敘三讓，絕不見攘奪之跡。於文帝殺宇文諸王，《北史》則書誅，一似有罪伏法者。於介國公薨，則書上舉哀朝堂，書贈諡周靜帝，一似善終而加以恩禮者。於文帝崩，則書帝疾，書崩大寶殿，書遺詔，一似壽考令終，並非遇弒者。於《煬帝紀》，亦但書高帝崩，書上即位仁壽宮，絕不及使張衡侍疾之事。惟於《宣華夫人傳》微露端倪，然亦非直書也。延壽自作私史，當據事直書，何獨於隋反多迴護？若是耶，非信史矣。

【探源】《廿二史劄記》卷十三「《北史》全用《隋書》」：

> 【B】《北史》於魏、齊、周正史間有改訂之處，惟於隋則全用《隋書》略為刪節，並無改正，且多有迴護之處。如隋文帝之篡，《隋書》本紀既循照歷代國史舊式，敘九錫文、禪位詔，並帝三讓乃受，絕不見攘奪之跡矣。……文帝殺宇文諸王，……而《北史》則第書誅陳王純、誅代王達、誅滕王逌，一似有罪而伏法者。……《北史》但書介國公薨，上舉哀於朝堂，諡曰周靜帝，一似善終而加以恩禮者。其於文帝之崩，書帝疾甚，……崩於大寶殿，又載遺詔一篇，……一似憑几末命，壽考令終，並非遭害者。《煬帝紀》亦但書高祖崩，上即位於仁壽宮，而煬帝使張衡侍疾致薨，及矯詔即位之事，……惟於《宣華夫人傳》，……略露端倪於隱約之間，然亦未嘗直書也。……李延壽自作私史，正當據事直書垂於後世，何必有所瞻狗，……豈於隋獨有所黨附耶？
>
> 【A】然正史隱諱者賴有私史，若依樣胡盧，略無別白，則亦何貴於自成一家言也？

【小結】此條抄自《廿二史劄記》卷十三「《北史》全用《隋書》」。原文順序為 B、A。作偽方式有三。第一，點竄字句；第二，增加句子；第三，改變順序。

89.《宋書》帶敘之法

史家有帶敘之法，蓋其人不必立傳，而其事當附見於某人傳內者，即於某

人傳內敘其履歷以了之，而下文仍敘某人之事。如《宋書·劉道規傳》攻徐道覆時，使劉遵為將，攻破道覆，即帶敘遵淮西人，官至淮南太守，義熙十年卒，下文重敘道規事，以完本傳。《廬陵王義真傳》，義真從關中逃回，藏匿草中，值段宏來尋，始得就路。因帶敘宏鮮卑人，本慕容超尚書，元嘉中為青、冀二州刺史。下又重敘義真事，以完本傳。他如《何承天傳》帶敘謝元，《何尚之傳》帶敘孟顗，《謝靈運傳》帶敘荀雍、羊璿之、何長瑜三人，此作史良法也。但他史於附傳者，多在本傳後方綴附傳者之履歷，此則正在敘事中而忽以附傳者履歷插入之，此例惟《宋書》所獨創耳。

　　案：《南齊書》亦有帶敘法。如《文惠太子傳》，因文惠誘執梁州刺史范柏年，即帶敘柏年先在梁州平氏賊之績。及襄陽有盜發冢，得竹簡書，王僧虔以為科斗書《考工記》闕文。又因文惠使徐文景作乘輿服御之屬，即帶敘文景父陶仁惡文景所作，曰終當滅門，乃移家避之。又《張敬兒傳》，因敬兒斬沈攸之使，而姚道和不斬攸之使，即帶敘道和本姚興之孫云云是也。

　　【探源】《廿二史劄記》卷九「《宋》、《齊書》帶敘法」：

　　　　《宋書》有帶敘法，其人不必立傳，而其事有附見於某人傳內者，即於某人傳內敘其履歷以畢之，而下文仍敘某人之事。如《劉道規傳》，攻徐道覆時，使劉遵為將，攻破道覆，即帶敘遵淮西人，官至淮南太守，義熙十年卒。下文又重敘道規事，以完本傳。……《廬陵王義真傳》，義真從關中逃回，藏匿草中，值段宏來尋，始得就路。因帶敘宏鮮卑人，本慕容超尚書，元嘉中為青、冀二州刺史。下文又重敘義真事，以完本傳。……他如《何承天傳》帶敘謝玄也，《何尚之傳》帶敘孟顗也，《謝靈運傳》帶敘荀雍、羊璿之、何長瑜三人也，……此誠作史良法。但他史於附傳者，多在本傳後方綴附傳者之履歷，此則正在敘事中而忽以附傳者履歷入之，此例乃《宋書》所獨創耳。……《齊書》亦多帶敘法。如《文惠太子傳》，因文惠誘執梁州刺史范柏年，而帶敘柏年先在梁州平氏賊之績，又帶敘襄陽有盜發冢，得竹簡書，王僧虔以為科斗書《考工記》闕文也。因文惠使徐文景作乘輿服御之屬，而帶敘文景父陶仁惡文景所作，曰終當滅門，乃移家避之。……又如《張敬兒傳》，因敬兒斬沈攸之使，而姚道和不斬攸之使，遂帶敘道和本姚興之孫……云云。

【小結】此條抄自《廿二史劄記》卷九「《宋》、《齊書》帶敘法」。作偽方式為點竄字句。

90.《齊》、《南》二史得失

【A】李延壽撰《南史》，於《宋》、《梁》、《陳書》大加刪削，以諸書所載章、表、符、檄本多繁蕪也。惟於《齊書》則增益較多，而互異者亦不少。今以兩書相校，蓋亦各有得失焉。【B】如《齊書·張敬兒傳》謂敬兒本無大志，《南史》則敘其征荊州時，每見諸將，輒自言未貴時夢邨中社樹忽高數十丈，在雍州又夢此樹高至天，以此誘部曲。又為謠言，使邨兒歌之曰：「天子在何處？宅在赤谷口。天子是阿誰？非豬即是狗。」敬兒本名苟兒，家在赤谷。敬兒少習武事，既從容都下，益不得志云云。是明言敬兒有叛志，與《齊書》不合。蓋由李延壽好採新奇，既取社樹、童謠，自不能復言意存知足也。《齊書·周奉叔傳》謂鬱林欲誅宰輔（時明帝鸞方輔政），乃出奉叔為都督青、冀二州軍事以為外援。《南史》則謂明帝輔政，令蕭諶說帝出奉叔為外援，又說奉叔以方岳之重，奉叔乃許。是奉叔之出非鬱林意也。案鬱林欲誅宰輔，正賴奉叔勇力過人，倚以為助，肯令外出乎？當是明帝欲謀廢立，故使人說帝出之也。此又《南史》得其實也，

【C】案蕭子顯《南齊書》紀建元創業諸事，載沈攸之書於《張敬兒傳》。述顏靈寶語於《王敬則傳》。直書無隱，尚見是非之公。《高十二王傳》引陳思之表、曹冏之論。感懷宗國，亦得史家言外之意。【D】惟於《高帝紀》引太乙九宮占，《祥瑞志》傅會緯書，於《高逸傳》論推闡禪理。蓋因齊高好用圖讖，梁武崇尚釋氏，猶未能剔釐其餘習耳。又《高帝紀》載王蘊之撫刀，袁粲之郊飲，亦未免瑣屑，有乖紀體。至列傳更多蕪雜。

【探源】《廿二史劄記》卷十「《南史》與《齊書》互異處」：

> 【B】《齊書·張敬兒傳》，謂敬兒……本無大志。《南史》則敘其征荊州時，每見諸將，輒自言未貴時夢村中社樹忽高數十丈，在雍州又夢此樹高至天，以此誘部曲。又為謠言，使村兒歌之，曰：「天子在何處？宅在赤谷口。天子是阿誰？非豬即是狗。」敬兒本名苟兒，家在赤谷。敬兒少習武事，既從容都下，益不得志云。是明言敬兒有反志，與《齊書》本傳不同。蓋李延壽好取新奇語入史，既採社樹及童謠，則傳不能又謂其意存知足也。《齊書·周奉叔傳》

謂鬱林欲誅宰輔（時明帝驚方輔政），乃出奉叔為都督青、冀二州軍事以為外援。《南史》則謂明帝輔政，令蕭諶說帝出奉叔為外援；又說奉叔以方岳之重，奉叔乃許。是奉叔之出乃明帝意，非鬱林意也。按奉叔勇力絕人，鬱林欲誅宰輔，方倚以為助，豈肯出之於外？當是明帝謀廢立，⋯⋯故說帝出之。此則《南史》為得其實也。

《廿二史劄記》卷十「《南史》增《齊書》處」：

【A】《南史》於《宋書》大概刪十之三四，以《宋書》所載章表符檄本多蕪詞也。於《齊》不惟不刪，且大增補。今以兩書相校，⋯⋯則各有所增。

《四庫全書總目》卷四十五史部一《南齊書》提要：

【D】齊高好用圖讖，梁武崇尚釋氏。故子顯於《高帝紀》卷一引太乙九宮占，《祥瑞志》附會緯書，《高逸傳》論推闡禪理。蓋牽於時尚，未能釐正。又如《高帝紀》載王薀之撫刀，袁粲之郊飲。連綴瑣事，殊乖紀體。至列傳尤為冗雜然。

【C】如紀建元創業諸事，載沈攸之書於《張敬兒傳》。述顏靈寶語於《王敬則傳》。直書無隱，尚不失是非之公。《高十二王傳》引陳思之表、曹冏之論。感懷宗國，有史家言外之意焉。

【小結】此條抄《廿二史劄記》卷十「《南史》與《齊書》互異處」、「《南史》增《齊書》處」、《四庫全書總目》卷四十五《南齊書》提要。作偽方式有三：第一，點竄字句；第二，改變順序；第三，多源組合，A段抄自「《南史》增《齊書》處」條，B段抄自「《南史》與《齊書》互異處」條，D、C段抄自《南齊書》提要。

91.《陳書》多曲筆

【A】唐姚思廉承父察之業，纂集成書（共三十六卷）。考《隋書・經籍志》有顧野王《陳書》三卷、傅縡《陳書》三卷、陸瓊《陳書》四十二卷，即察所據之本。而思廉於《顧野王傳》稱其撰《國史紀傳》二百卷，與《隋志》不合，當是《隋志》誤也。書中惟二卷、三卷題「陳吏部尚書姚察」，餘則皆稱「史臣」。是察先纂《梁書》，此書僅成二卷，他皆思廉所補纂也。案察陳亡入隋，為秘書丞、北絳郡開國公，與同時江總、袁憲諸人並稽首新朝，歷踐華秩，而仍列於《陳書》，未免稍失限斷。【B】然為人子者得藉國史以表章其

親，亦人生至幸。蕭子顯作《齊書》，亦為其父豫章王嶷作傳，不獨思廉也。

【C】第其書中每多曲筆，如武帝之進爵，梁帝之禪位，俱為循照國史體例，書法姑無論已。至《衡陽王昌傳》、《始興王伯茂傳》、《劉師知傳》皆概為隱諱，絕不見有被害之跡。【D】《南史》則於《衡陽王傳》直書其為文帝所害，《始興王傳》直書其為宣帝所害，《劉師知傳》直書其害梁敬帝之事，獨見是非之公，使奸惡不得以藏匿，頗為有功於《陳書》。其他如長沙王叔堅、【E】義陽王叔達、蕭摩訶、陳慧紀、吳明徹、任忠、傅縡、江總各傳，【F】證以《南史》亦每多岐互不同。然持論尚覺平允，次第排比猶具史法。其與取成眾手者，固不侔矣。

【探源】《四庫全書總目》卷四十五《陳書》提要：

> 【A】《陳書》三十六卷，唐姚思廉奉敕撰。……屬子思廉繼其業……《隋書·經籍志》有顧野王《陳書》三卷、傅縡《陳書》三卷、陸瓊《陳書》四十二卷。殆即察所據之本。而思廉……至《顧野王傳》，稱其撰《國史紀傳》二百卷，與《隋志》卷帙不符。則疑《隋志》舛訛，……惟察陳亡入隋，為秘書丞、北絳郡開國公。與同時江總、袁憲諸人並稽首新朝，歷踐華秩，而仍列傳於《陳書》。揆以史例，失限斷矣。……書中惟二卷、三卷題「陳吏部尚書姚察」，他卷則俱稱史臣。蓋察先纂《梁書》，此書僅成二卷，其餘皆思廉所補撰。

《廿二史劄記》卷九「蕭子顯、姚思廉皆為父作傳入正史」：

> 【B】惟蕭子顯作《齊書》，為其父豫章王嶷立傳，姚思廉修《陳書》為其父吏部尚書察立傳。……為人子者得藉國史以表彰其父，此亦人之至幸也。

《廿二史劄記》卷九「《陳書》多避諱」：

> 【C】武帝之進公爵，……梁帝禪位遜於別宮，……此固仿照前史格式，當時國史本是如此。……衡陽王昌，……不見有被害之跡也。始興王伯茂。

《廿二史劄記》卷十一「《南史》與《陳書》岐互處」：

> 【D】《南史》於《陳書》雖無甚增刪，然如《衡陽王傳》直書其為文帝所害，《始興王伯茂傳》直書其為宣帝所害，《劉師知傳》直書其害梁敬帝之事，使奸惡不能藏匿，此最有功於《陳書》。……

其他有與《陳書》岐互者，《長沙王叔堅傳》……

《廿二史劄記》卷十一「《南史》於《陳書》無甚增刪」：

【E】《傅縡傳》……《蕭摩訶傳》……《陳慧紀傳》……《任忠傳》……《傅縡傳》……《吳明徹傳》……《義陽王叔達傳》。

《四庫全書總目》卷四十五史部一《梁書》提要：

【F】證以《南史》，亦往往牴牾。蓋著書若是之難也。然持論多平允，排整次第，猶具漢晉以來相傳之史法，要異乎取成眾手編次失倫者矣。

【小結】此條抄自《四庫全書總目》卷四十五《陳書》提要、《梁書》提要、《廿二史劄記》卷九「蕭子顯、姚思廉皆為父作傳入正史」條、「《陳書》多避諱」條、卷十一「《南史》與《陳書》岐互處」條、「《南史》於《陳書》無甚增刪」條。作偽方式有三：第一，點竄字句；第二，增加句子；第三，多源組合，A 段抄自《陳書》提要，B 段抄自「蕭子顯、姚思廉皆為父作傳入正史」條，C 段抄自「《陳書》多避諱」條，D 段抄自「《南史》與《陳書》岐互處」條，E 段抄自「《南史》於《陳書》無甚增刪」條，F 段抄自《梁書》提要。

92.《南史》於《陳書》無大增刪

《周鐵虎傳》刪馬明戰死事，《任忠傳》刪後主幸臣沈客卿、施文慶弄權誤國事，《華皎傳》刪戴僧朔、曹慶、錢明本、魯閑、席慧略等附見之事，《傅縡傳》刪《明道論》，《沈烱傳》刪請終養疏並答詔，《江總傳》刪其《修心賦》而已。《蕭摩訶傳》，隋將賀若弼兵至建鄴，魯廣達力戰，若弼與七總管兵八千人，各勒陣以待之。若弼躬當廣達，麾下死者二百七十餘人，若弼縱煙以自隱，窘而復振。陳人得人頭，輒走獻後主取賞。若弼更趨孔范軍，范敗走，陳軍遂潰。隋將擒蕭摩訶送若弼，若弼以刀臨頸，辭色不撓，乃釋而禮之。《陳慧紀傳》，慧紀聞隋師攻建鄴，先遣呂肅據巫峽，以鐵鎖橫江，四十餘戰，隋軍死者五千餘人，陳軍盡取其鼻以邀賞。既而隋軍獲陳卒則縱遣之。別帥廖世寵詐降於隋，欲燒隋艦，風浪大起，火反燒陳船，陳軍大敗，慧紀尚率兵東下，隋晉王廣遣使以慧紀子來諭降，又使降將樊毅等諭上流城戍悉解，慧紀不得已乃降。此皆《陳書》所略而《南史》詳之者也。《任忠傳》，忠降隋數年而死，隋文帝謂群臣曰：「平陳之初，我悔不殺任蠻奴。受人榮祿，兼當重寄，不能橫屍，而云無所用力，與宏演納肝，何其異也？」《傅縡傳》，縡以直諫死，死後

有蛇屈尾來上靈座，去而復來，百餘日，時時有彈指聲。《吳明徹傳》，明徹為周所擒，封懷德郡公。《義陽王叔達傳》，《陳書》止載其入隋為絳郡通守，《南史》並載其入唐為禮部尚書。此皆《陳書》所無，而《南史》增之者也。此外惟刪減行墨，別無增添事蹟。蓋延壽修《南》、《北史》多歷年所，至修《陳書》精力已疲，無暇搜輯，不過因其舊文排纂刪潤耳。

【探源】《廿二史劄記》卷十一「《南史》於《陳書》無甚增刪」：

> 《周鐵虎傳》刪馬明戰死之事，《任忠傳》刪後主幸臣沈客卿、施文慶弄權誤國之事，《華皎傳》刪戴僧朔、曹慶、錢明本、魯閒、席慧略等附見之事，《傅縡傳》刪其《明道論》一篇，《沈炯傳》刪其請終養一疏、答詔一道，《江總傳》刪其《修心賦》一篇而已。……如《蕭摩訶傳》，隋將賀若弼兵至建業，魯廣達力戰，賀若弼與七總管兵八千人，各勒陣以待之。弼躬當廣達，麾下死者二百七十餘人，弼縱煙以自隱，窘而復振。陳人得人頭輒走獻後主取賞。弼更趨孔范軍，范敗走，陳軍遂潰。隋將擒蕭摩訶送弼，弼以刀臨頸，辭色不撓，乃釋而禮之。又《陳慧紀傳》，慧紀聞隋師攻建業，先遣呂肅據巫峽，以鐵鎖橫江，四十餘戰，隋軍死者五千餘人，陳軍盡取其鼻以邀賞。既而隋軍獲陳卒則縱遣之。別帥廖世寵詐降於隋，欲燒隋艦，風浪大起，火反燒陳船，陳軍大敗。慧紀尚率兵東下，隋晉王廣遣使以慧紀子來諭降，又使降將樊毅等諭上流城戍悉解，慧紀不得已乃降。此《陳書》所略而詳之者也。《任忠傳》，忠降隋數年而死，隋文帝謂群臣曰：「平陳之初，我悔不殺任蠻奴。受人榮祿，兼當重寄，不能橫屍而云無所用力，與宏演納肝，何其異也？」《傅縡傳》，傅縡以直諫死，死後有蛇屈尾來上靈座，去而復來，百餘日，時時有彈指聲。《吳明徹傳》，明徹為周所擒，封懷德郡公。《義陽王叔達傳》，《陳書》止載其入隋為絳郡通守，《南史》並載其入唐為禮部尚書。此皆《陳書》所無而《南史》增之者也。其餘但刪減行墨，而絕無添列事蹟。蓋李延壽修《南》、《北》二史閱十七年，至修《陳書》則已精力漸竭，故不能多為搜輯耳。

【小結】此條抄自《廿二史劄記》卷十一「《南史》於《陳書》無甚增刪」。作偽方式有二。第一，點竄字句；第二，增加觀點句——「不過因其舊文排纂刪潤耳」（此語最值得玩味，實為夫子自道之語）。

《經史雜記》探源卷四

93.《隋書》十志

【A】案劉知幾《史通・古今正史》篇稱唐太宗以梁、陳及齊、周、隋氏並未有書，乃命學士分修，仍以秘書監魏徵總知其務。始以貞觀三年創造，至十八年方就。合為五代紀傳。書成，下於史閣。【B】《隋書》八十五卷，其紀傳不出一手，間有異同。如《文帝本紀》載「善相者趙昭」，而《藝術傳》則作「來和」。又以「賀若弼為楚州總管」，而《弼傳》則作「吳州」。其牴牾固所不免。【C】惟十《志》至太宗崩後刊勒始成，最為後人所推。當時五史本合為一書，十《志》即為五史而作。其編入《隋書》者，以隋居五代之末也。後五史各行，十《志》遂專稱《隋志》。或議其兼載前代，失於限斷者，非也。其《律曆》、《天文志》所載，皆上溯魏晉，多與《晉志》復出。《五行志》體例與《律曆》、《天文》三志殊，不類李淳風一人手作，而《地理》詳載山川，《百官》辨明品秩，頗能補蕭子顯、魏收所未備。惟《經籍志》述經學源流，偶有舛誤。然自後漢以後藝文，猶得藉以考見源流，辨別真偽，究心典籍者所不可廢也。

【探源】《四庫全書總目》卷四十五《隋書》提要：

【B】其紀傳不出一手，間有異同。如《文帝本紀》云「善相者趙昭」，而《藝術傳》則作「來和」。又《本紀》云「以賀若弼為楚州總管」，而弼本傳則作「吳州」。……牴牾在所不免。

【A】考《史通・古今正史》篇，稱太宗以梁、陳及齊、周、隋氏並未有書，乃命學士分修，仍以秘書監魏徵總知其務。始以貞觀

三年創造，至十八年方就。合為五代紀傳，並曰錄凡二百五十二卷。書成，下於史閣。

【C】惟有十《志》，……太宗崩後，刊勒始成其篇第，編入《隋書》。……是當時梁、陳、齊、周、隋五代史本連為一書，十《志》即為五史而作，……特以隋於五史居末，……後來五史各行，十《志》遂專稱《隋志》，……乃議其兼載前代，是全不核始末矣。……而《律曆志》……《天文志》所載，……皆上溯魏、晉，與《晉志》復出，……《五行志》體例與《律曆》、《天文》三志頗殊，不類淳風手作。……《地理志》詳載山川，……《百官志》辨明品秩，……能補蕭子顯、魏收所未備。惟《經籍志》……述經學源流，每多舛誤。……然後漢以後之藝文，惟藉是以考見源流，辨別真偽，亦不以小疵為病矣。

【小結】此條抄自《四庫全書總目》卷四十五《隋書》提要。原文順序為B、A、C。作偽方式有三。第一，點竄字句；第二，增加句子；第三，改變順序。

94. 一人兩史

【A】有一人分傳兩史者，如陳壽《三國志》以後漢董卓、公孫瓚、陶謙、袁紹、劉表、袁術、呂布諸人皆與曹操並立，事多相涉，故立傳於《魏志》。昭烈因劉焉、劉璋之地，欲紀昭烈，則不得不各立其傳於《蜀志》。至范蔚宗撰《後漢書》，以董卓等為漢末之臣，荀或雖為操畫策，而心猶為漢，皆不得因《三國志》有傳，遂從刪削。沈約《宋書》以陶潛隱居完節，卒於宋代，乃列傳於隱逸之首。然潛家世晉臣，不復仕宋，始終為晉完人，自應入《晉書》，故至唐修《晉書》者特立傳於《晉隱逸》之末。此所以一人兩史也。至李延壽《南》、《北史》，係一手編纂，凡南人歸北，北人歸南，漫無裁制。如毛修之自宋流轉入魏，後卒於魏，《北史》有傳矣，而《南史》又傳之。朱修之自宋入魏，後又逃歸，以功封南昌縣侯，《南史》有傳矣，而《北史》又傳之。【B】《南史》既有《晉熙王昶傳》矣，而《北史》復有《劉昶傳》。《南史》既有《鄱陽王寶寅傳》矣，而《北史》復有《蕭寶夤傳》。【C】以及薛安都、裴叔業莫不皆然。又裴矩在隋朝事蹟甚多，其入唐仕宦之處，《隋書》已敘入《矩傳》內矣，而《唐書》又傳之。【D】至宋、遼、金時，王繼忠仕宋，為鄆州刺史、

殿前都虞候，仕遼為樞密使，封楚王，更其姓名為耶律顯忠，又改名宗信。太平三年致仕卒。《宋》、《遼》二史皆有傳。張邦昌、劉豫，《金史》俱在列傳，金冊邦昌為大楚皇帝，冊豫為大齊皇帝。宋高宗即位，封邦昌同安郡王，後賜死。豫僭號凡八年，廢為蜀王，封曹王，死於金皇統三年。《宋史》俱入《叛臣傳》。張覺（亦作慤）、郭藥師俱為遼臣，分載《宋》、《金》兩史。覺在《金·叛臣傳》，藥師，史贊謂「遼之餘孽，宋之厲階，金之功臣」也，賜姓完顏，《宋史》俱入《姦臣傳》。若宇文虛中、王倫，《宋》、《金》兩史亦皆有傳。史論謂虛中之死由於自取，然觀施德操《北窗炙輠》稱其在金作三詩有云：「人生一死渾閒事，裂皆穿胸不汝忘。」其仕金為國師，令南北講和，大母獲歸，皆其力也。紹興十五年，（本十四年事，至十五年宋方知之），謀挾淵聖以歸，前五日為人告變，虛中覺有警，急發兵直至金主帳，金主幾不能脫，為所擒。而兩史皆謂以謗訕獲罪，果爾，何至老幼百口同時共死耶？王倫事，《宋史》云：「紹興十四年，金欲以倫為平灤三路都轉運使，遣使來趣，倫拒益力。金杖其使，俾縊殺之。倫厚賂使少緩，遂冠帶，南向再拜，慟哭就死。人皆哀之。子述與從兄遵間入金境，得倫骨以歸，官給葬事。諡愍節。」《金史》則云：「皇統四年，以倫為平州路轉運使，倫已受命，復辭遜。上曰：『此反覆之人也。』殺之上京。」其賂使及歸骨事，俱不載。兩史皆托克托所修（托克托舊作脫脫），而拒命受命，所言互異，何也？

【探源】《廿二史劄記》卷七「一人二史各傳」：

　　【A】一人而傳於兩史，如後漢之董卓、公孫瓚、陶謙、袁紹、劉表、袁術、呂布等，當陳壽撰《三國志》時，以諸人皆與曹操並立，且事多與操相涉，故必立傳於《魏志》。……劉焉乃劉璋之父，其地則昭烈所因也，欲紀昭烈必先傳璋，欲傳璋必先傳焉，故亦立其傳於《蜀志》之首。及范蔚宗修《後漢書》，則董卓等皆漢末之臣，荀彧雖為操畫策而心猶為漢，皆不得因《三國志》有傳遂從刪削。……陶潛隱居完節，卒於宋代，故《宋書》以為隱逸之首。然潛以家世晉臣，不復仕宋，始終為晉完人，自應入《晉書》內，故修《晉書》者特傳於《晉隱逸》之末。……至李延壽作《南》、《北史》，係一手編纂，則南人歸北，北人歸南者。……乃毛修之自宋流轉入魏，後卒於魏，則但立傳《北史》可矣，而《南史》又傳之。朱修之自宋入魏，後又逃歸，以功封南昌縣侯，則但立傳《南史》可

矣，而《北史》又傳之。

【C】以及薛安都、裴叔業等莫不皆然，何其漫無裁制也？又裴矩在隋朝事蹟甚多，且《隋書·矩傳》內已敘其入唐仕宦之處，則《唐書》不必再傳矣，而又傳之。

《韓門綴學》卷二「一人兩史」：

【D】宋、遼、金之時，王繼忠仕宋，為鄆州刺史、殿前都虞侯。……仕遼為樞密史，封楚王，更其姓名為耶律顯忠，又改名宗信。太平三年致仕卒。……張邦昌、劉豫，《金史》俱在列傳，金冊邦昌大楚皇帝，冊豫大齊皇帝。宋高宗即位，封邦昌同安郡王，後賜死。豫僭號凡八年，廢為蜀王，封曹王，死於金皇統三年。《宋史》俱入《叛臣傳》。又《張覺》（亦作慤）、郭藥師皆遼之臣，分載《宋》、《金》兩史。覺在《金史·叛臣傳》，藥師，……史贊以為「遼之餘孽，宋之厲階，金之功臣」也。《宋史》俱入《姦臣傳》。……史論皆以盧中之死為自取，然觀施德操《北窗炙輠》，稱其在金作三詩，有云：「人生一死渾閒事，裂眥穿胸不汝忘。」其仕金為國師，令南北講和，大母獲歸，皆其力也。紹興十五年（乃十四年事，宋至十五年方知之），謀挾淵聖以歸，前五日為人告變，盧中覺有警，急發兵直至金主帳下，金主幾不能脫，為所擒。……而兩史皆謂以謗訕獲罪，果爾，何至老幼百口同時共死耶？……王倫事，《宋史》云：「紹興十四年，金欲以倫為平灤三路都轉運使，遣使來趣，倫拒益力。金杖其使，俾繼殺之。倫厚賂使，少緩，遂冠帶，南向再拜，慟哭就死。人皆哀之。子述與從兄遵間入金境，得倫骨以歸，官給葬事。諡愍節。」《金史》則云：「皇統四年，以倫為平州路轉運使，倫已受命，復辭遜。上曰：『此反覆之人也。』殺之上京。」其略使及歸骨事，俱不載。兩史皆脫脫所修，而拒命受命，所言不同，何以取信後世耶？

《四庫全書總目》卷四十六史部二《北史》提要：

【B】乃《南史》既有《晉熙王昶傳》矣，《北史》復有《劉昶傳》。《南史》既有《鄱陽王寶寅傳》矣，《北史》復有《蕭寶夤傳》。

【小結】此條抄自《廿二史劄記》卷七「一人二史各傳」條、《韓門綴學》卷二《北史》提要、《四庫全書總目》卷四十六《北史》提要。作偽方式有三。

第一，點竄字句；第二，增加句子；第三，多源組合，A、C 段抄自「一人二史各傳」條，B 段抄自《北史》提要，D 段抄自《北史》提要。

95.《新書》詳於《舊書》

【A】《舊唐書》撰於五代亂離、載籍無稽之時，掇拾不易。《新唐書》刊修在宋仁宗承平既久之後，文事方興，人間殘編故冊，次第多出，採取較廣。又歐、宋二公老於文學，故撰輯參考，獨稱精詳（共二百二十五卷）。自謂事增於前，文省於舊，信不誣也。今即二書比較，有新詳於舊者，約檢出若干條，而其撰輯之精詳，可概見焉。【B】如《房玄齡傳》，《新書》帝問創業守成孰難，玄齡謂創業難，魏徵謂守成難。帝曰：「玄齡從我定天下，徵與我安天下，故所見各異。然創業之事往矣，守成之難，當與公等共之。」此正見太宗之圖治。而《舊書》無之。《劉仁軌傳》，《新書》仁軌平百濟後，高宗遣劉仁願代還。仁軌以百濟新定，恐新兵不得力，願再留鎮守。此正見其忠於為國處。而《舊書》但言仁願率兵渡海，與舊鎮兵交代，仁軌乃西還。《姚崇傳》，《新書》玄宗欲相崇，崇先以十事邀帝，此為相業之始。又崇在帝前序進郎吏，帝不顧，後謂高力士曰：「我任崇以大政，此小事，何必瀆耶。」此正見玄宗任相之專。而《舊書》皆不載。《宋璟傳》，《新書》璟不賞郝靈佺斬默啜之功，恐啟天子幸邊功。此正見大臣遠慮。又張嘉貞為相，閱堂案，見璟危言切論，不覺失聲歎息。而《舊書》皆無之。《韓休傳》，《新書》帝嘗獵苑中，或張樂，必視左右曰：「韓休知否？」帝嘗引鏡不樂，左右曰：「自休入相，陛下無一日歡。」帝曰：「吾雖瘠，天下肥矣。」《舊書》乃無之。《張九齡傳》，《新書》武惠妃謀陷太子瑛，私使人言於九齡，九齡即奏之，帝為動色。故終九齡為相，太子得無患。《舊書》乃無之。《裴耀卿傳》，《新書》玄宗封禪後，謂張說曰：「懷州刺史王丘，餼牽外無他獻，我知其不市恩也。魏州刺史崔沔，供張不用錦繡，示我以儉也。濟州刺史裴耀卿，上書言擾民。即不足告成功，此其愛人也。」此正見君能知臣處。而《舊書》不載。《吳兢傳》，《新書》兢撰《則天實錄》，書張昌宗誣構魏元忠有不順之言，引張說為證，說已許之，賴宋璟再三勸阻，說始明元忠無此語。後說為相，私乞改之，兢曰：「狥公之請，何名實錄。」卒不改。世謂今之董狐。《舊書》亦無之。《楊國忠傳》，《新書》國忠主議征雲南，募兵之慘酷，州縣吏至召貧弱者，縛置室中械而送軍前，亡者即以送吏代之。又國忠請以安祿山為平章事，追入輔政，已草詔，

而帝遣輔璆琳覘之。璆琳得賂，還言祿山不反，帝遂焚前詔。此大有關係而
《舊書》不載。《崔渙傳》，《新書》載渙劾奏元載怙權樹黨之疏，正見其疾惡。
《舊書》乃無之。《姜公輔傳》，《新書》德宗出避涇師之亂，欲往鳳翔倚張鎰，
公輔謂鎰文臣，而其下皆朱泚舊部曲，軍且有變，帝乃往奉天。不數日，鳳翔
大將李楚琳果殺鎰應泚。又帝初至奉天，聞泚欲來迎，乃詔止諸道援兵。公輔
力言不可無備，乃納兵。不數日，泚兵來犯。此正見其料事之明，而《舊書》
不載。《韓游瓌傳》，《新書》李懷光誘游瓌叛，游瓌白發其書，帝嘉之。後又
有書來誘，為渾瑊所獲，稍伺察之，游瓌怒罵瑊，帝懼有變，遂幸梁州。此事
亦有關係者，《舊書》乃無之。又吐蕃入寇，游瓌破之於合水。吐蕃攻陷鹽州，
游瓌收復之，及吐蕃請盟，游瓌奏不可信，帝不從。及平涼之盟，游瓌以勁騎
赴柳泉，會盟使渾瑊被劫，逃出，賴游瓌兵乃得歸。《舊書》亦無之。《李希烈
傳》，《新書》竇良女為希烈所得。女謂父母曰：「勿戚戚，吾能殺賊。」果為
希烈所嬖，乃與陳仙奇密謀，酖死希烈。《舊書》但云仙奇酖死希烈，而竇良
女不載。《楊憑傳》，《新書》憑為李夷簡所劾，貶臨賀尉，姻友無敢送者，徐
晦獨送至藍田。夷簡特薦晦為御史，曰：「君不負楊臨賀，肯負國耶！」《舊書》
以此另立《徐晦傳》，《新書》則刪《晦傳》而以晦附《憑傳》內。《鄭絪傳》，
《新書》宦官竇文場新為中尉，欲以白麻製下中書，絪力諫止。又盧從史懷不
軌，李吉甫譖絪漏言於從史。憲宗怒，召李絳告之，絳曰：「誠如是，罪當族。
然誰為陛下言者？」帝曰：「吉甫。」絳曰：「安知非吉甫誣陷之。」帝乃悟。
《舊書》乃無之。《牛僧孺傳》，《新書》初對策切直，得罪時宰之處，此為牛、
李黨事之始。《舊書》無之。又劉稹誅後，石雄軍吏得劉從諫與僧孺、李宗閔
交結書。此蓋因李德裕當國，希旨者附會為之。《舊書》亦無、《李德裕傳》，
《新書》德裕帥蜀時，築籌邊樓、仗義城、禦侮城、柔遠城等事。又宰相合，
百官非公不入。自李宗閔時，往往通賓客，至設宴其中。德裕為相，奏文宗禁
止。又帝欲官李訓，德裕以為憸人，不當授。帝語王涯別與官，德裕搖手止之，
適為帝所見，帝不悅。又武宗欲殺楊嗣復、李玨，皆宗閔黨也，德裕三叩求，
乃免死。對武宗論任宰相一事，又極論朋黨之害。傳末又附載崔嘏、魏鉶、丁
柔立等，皆為德裕頌冤者。《舊書》皆不載。《黃巢傳》，《新書》王仙芝為宋威
敗於沂州，仙芝亡去，威因奏仙芝已死，散遣諸道兵。已而仙芝復出，諸道兵
始休又征，於是皆怨。又刺史裴渥為賊求官，王仙芝、黃巢皆詣渥飲。適詔至，
拜仙芝左神策軍押衙。仙芝喜，巢以官不及己，詢曰：「君獨得官，此五千眾

安歸乎？」因擊仙芝。仙芝憚眾怒，亦不受官，分其眾各路剽掠。《舊書》皆不載。《田令孜傳》，《新書》令孜導僖宗荒樂、賞賜，及強奪商旅財貨之事。令孜討王重榮，戰敗，逼帝幸興元，以致朱玫立嗣襄王熅為帝，皆令孜召禍也。帝幸蜀後，令孜激黃帽軍亂，孟昭圖上疏諫，令孜矯詔貶而害之。又中人曹知愨與破賊有功，因大言帝還時當在大散關閱群臣，可歸者歸之。令孜恐其圖己，密令王行瑜殺之。此皆令孜釀禍肆惡處，《舊書》皆無之，但云令孜從幸梁州，求為監軍以去而已。惟《李吉甫傳》，《新書》罷冗員一疏。奏伐蜀之師，宜增三峽一路，以分賊勢。中書吏滑渙勾結樞密使竊權。李錡將反，吉甫建議使韓宏進兵。因田弘正歸順，請撤河陽之兵戍汝州，以逼吳元濟。案武宗時，吉甫子德裕重修《憲宗實錄》，虛張其父之美，宣宗時特命刊正。今《舊書》所無而《新書》增之，當是《新書》尚據會昌重修之本也。

【C】案《舊唐書》創始吳競，雖歷經韋述、于休烈、令狐峘諸人續增，而規模已就。晉劉昫等據以撰修（共二百卷），具有典型。【D】大抵長慶以前，《本紀》簡而得當；《列傳》詳而不蕪，頗有史法。長慶以後，《本紀》每多猥雜，《列傳》亦太簡略，為世所病。【E】蓋長慶以後，史失其官，無舊籍可循故也。【F】《新書》補《舊書》之舛漏，自謂事增於前，文省於舊。然事欲其增，恐不免有蕪雜之弊；文欲其省，必不能無梗澀之失。第一代全史，分門別類，端緒紛繁，精力難周，牴牾參差，在所不免。吳縝《糾謬》亦未免過為吹索也。

【探源】《廿二史劄記》卷十七「《新書》增《舊書》有關係處」：

【B】《房玄齡傳》。（增）帝問創業守成孰難，玄齡謂創業難，徵謂守成難。帝曰：「玄齡從我定天下，徵與我安天下，故所見各異。然創業之事往矣，守成之難，當與公等共之。」此正見太宗之圖治也。……《劉仁軌傳》增仁軌平百濟後，高宗遣劉仁願代還。仁軌以百濟新定，恐新兵不得力，願再留鎮守。此正見其忠於為國之處。《舊書》但書仁願率兵渡海，與舊鎮兵交代，仁軌乃西還。……《姚崇傳》。（增）玄宗欲相崇，崇先以十事邀帝。（此為相業之始，而《舊書》不載）（又增）崇在帝前序進郎吏，帝不顧，後謂高力士曰：「我任崇以大政，此小事，何必瀆耶！」（此見玄宗任相之專。）《宋璟傳》。（增）璟不賞郝靈佺斬默啜之功，恐啟天子幸邊功。（此見大臣遠慮）（又增）張嘉貞為相，閱堂案，見璟危言切論，

不覺失聲歎息。《韓休傳》。（增）帝嘗獵苑中，或張樂，必視左右曰：「韓休知否？」帝嘗引鏡不樂，左右謂：「自休入相，陛下無一日歡。」帝曰：「吾雖瘠，天下肥矣。」《張九齡傳》。（增）武惠妃謀陷太子瑛，私使人言於九齡，九齡即奏之，帝為動色。故終九齡為相，太子得無患。《裴耀卿傳》。（增）玄宗封禪後，謂張說曰：「懷州刺史王丘，饋牽外無他獻，我知其不市恩也。魏州刺史崔沔，供張不用錦繡，示我以儉也。濟州刺史裴耀卿，上書言擾民。即不足告成功，此其愛人也。」《吳兢傳》。（增）兢撰《則天實錄》，書張昌宗誣構魏元忠有不順之言，引張說為證，說已許之，賴宋璟再三勸阻，說始明元忠無此語。後說為相，私乞改之，兢曰：「狥公之請，何名實錄？」卒不改。世謂今之董狐。……《楊國忠傳》。（增）國忠主議征雲南募兵之慘酷，州縣吏至召貧弱者，縛置室中械而送軍前，亡者即以送吏代之。（又增）國忠請以安祿山為平章事，追入輔政。已草詔，而帝遣輔璆琳覘之。璆琳得賂還，言祿山不反，帝遂焚前詔。……《崔渙傳》。（增）渙劾奏元載怙權樹黨之疏，正見其疾惡。……《姜公輔傳》。（增）德宗出避涇師之亂，欲往鳳翔倚張鎰，公輔謂鎰文臣，而其下皆朱泚舊部曲，軍且有變，帝乃往奉天。不數日，鳳翔大將李楚琳果殺鎰應泚。（又增）帝初至奉天，聞泚欲來迎，乃詔止諸道援兵。公輔力言不可無備，乃納兵。不數日，泚兵來犯。……《韓游瓌傳》。（增）李懷光誘游瓌叛，游瓌自發其書，帝嘉之。後又有書來誘，為渾瑊所獲，稍伺察之，游瓌怒罵瑊，帝懼有變，遂幸梁州。此事大有關係，《舊書》乃無之。（又增）吐蕃入寇，游瓌破之於合水。吐蕃攻陷鹽州，游瓌收復之。及吐蕃請盟，游瓌奏不可信，帝不從。及平涼之盟，游瓌以勁騎赴柳泉，會盟使渾瑊被劫，逃出，賴游瓌兵乃得歸。《舊書》亦無。……《李希烈傳》。（增）竇良女為希烈所得。女謂父母曰：「勿戚戚，吾能殺賊。」果為希烈所嬖，乃與陳仙奇密謀，酖死希烈。《舊書》但云仙奇酖死希烈，而竇良女不載。……《楊憑傳》。（增）憑為李夷簡所劾，貶臨賀尉，姻友無敢送者，徐晦獨送至藍田。夷簡特薦晦為御史，曰：「君不負楊臨賀，肯負國耶！」《舊書》至以此另立《徐晦傳》，《新書》刪《晦傳》，而以此附《憑傳》內。……《李吉

甫傳》。（增）罷冗員一疏。奏伐蜀之師宜增三峽一路，以分賊勢。
劾中書史滑渙勾結樞密使竊權。李錡將反，吉甫建議使韓宏進兵。
因田弘正歸順，請撤河陽之兵戍汝州，以逼吳元濟。按武宗時吉甫
子德裕重修《憲宗實錄》，虛張其父之美，宣宗時特命刊正。今此等
事《舊書》皆無，而《新書》增之。豈《舊書》據大中刊正之本，而
《新書》尚據會昌重修之本耶？……《鄭絪傳》。（增）宦官寶文場
新為中尉，欲以白麻製下中書，絪力諫止。（又增）盧從史懷不軌，
李吉甫譖絪漏言於從史。憲宗怒，召李絳告之，絳曰：「誠如是罪當
族。然誰為陛下言者？」帝曰：「吉甫。」絳曰：「安知非吉甫誣陷
之？」帝乃悟。……《牛僧孺傳》。（增）初對策切直，得罪時宰之
處，此為牛、李黨事之始。（又增）劉稹誅後，石雄軍吏得劉從諫與
僧孺、李宗閔交結書。（此蓋因李德裕當國，希旨者附會為之。）……
《李德裕傳》。（增）德裕帥蜀時，築籌邊樓、仗義城、禦侮城、柔
遠城等事。（又增）宰相合，百官非公事不入。自李宗閔時，往往通
賓客，至設宴其中。德裕為相，奏文宗禁止。（又增）帝欲官李訓，
德裕以為僉人，不當授。帝語王涯別與官，德裕搖手止之，適為帝
所見，帝不悅。武宗欲殺楊嗣復、李珏，皆宗閔黨也，德裕三叩求，
乃免死。對武宗論任宰相一事，又極論朋黨之害。傳末又附載崔
嘏、魏鉶、丁柔立等，皆為德裕訟冤者。……《田令孜傳》。（增）
令孜導僖宗荒樂、賞賜，及強奪商旅財貨之事。令孜討王重榮，戰
敗，逼帝幸興元，以致朱玫立嗣襄王熅為帝，皆令孜召禍也。帝幸
蜀後，令孜激黃帽軍亂，孟昭圖上疏諫，令孜矯詔貶而害之。（增）
中人曹知愨與破賊有功，因大言帝還時當在大散關閱群臣，可歸者
歸之。令孜恐其圖己，密令王行瑜殺之。此等《舊書》皆無之，但
云令孜從幸梁州，求為監軍以去而已。按此等事皆令孜之釀禍肆惡，
不敘於《令孜傳》而誰傳耶？《黃巢傳》。（增）王仙芝為宋威敗於
沂州，仙芝亡去。威因奏仙芝已死，散遣諸道兵。已而仙芝復出，
諸道兵始休又征，於是皆怨。（又增）刺史裴渥為賊求官，王仙芝、
黃巢皆詣渥飲。適詔至，拜仙芝左神策軍押衙，仙芝喜，巢以官不
及己，詬曰：「君獨得官，此五千眾安歸乎？」因擊仙芝。仙芝憚眾
怒，亦不受官，分其眾各路剽掠。

《廿二史劄記》卷十六「《新唐書》」:

【A】論者謂《新書》事增於前，文省於舊，此固歐、宋二公之老於文學，然難易有不同者。《舊書》當五代亂離、載籍無稽之際，掇拾補葺，其事較難。至宋時文治大興，殘編故冊次第出見。

《四庫全書總目》卷四十六史部二《新唐書》提要:

【F】是書本以補正劉昫之舛漏，自稱事增於前，文省於舊。……今必欲廣所未備，勢必搜及小說而至於猥雜……今必欲減其文句，勢必變為澀體而至於詰屈……然一代史書，網羅浩博，門分類別，端緒紛挐。出一手則精力難周，出眾手則體裁互異。爰從三史以逮八書，牴牾參差，均所不免。……吳縝所糾，存備考證則可，因是以病《新書》，則一隅之見矣。

《四庫全書總目》卷四十六史部二《舊唐書》提要:

【D】今觀所述，大抵長慶以前，《本紀》惟書大事，簡而有體。《列傳》敘述詳明，贍而不穢。頗能存班、范之舊法。長慶以後，《本紀》則詩話、書序、婚狀、獄詞委悉具書，語多支蔓。……列傳則多敘官資，曾無事實。……誠如宋人之所譏。

【C】案《崇文總目》，初吳兢撰《唐史》……韋述因兢舊本……史官于休烈又增《肅宗紀》二卷。史官令狐峘等復於紀志傳隨篇增輯……昫等用為藍本，故具有典型。

【E】至長慶以後，史失其官，無復善本。

【小結】此條抄自《廿二史劄記》卷十六「《新唐書》」條、卷十七「《新書》增《舊書》有關係處」條、《四庫全書總目》卷四十六《新唐書》提要、《舊唐書》提要。作偽方式有四:第一，點竄字句;第二，增加句子;第三，改變順序;第四，多源組合，A 段抄自《新唐書》條，B 段抄自「《新書》增《舊書》有關係處」條，D、C、E 段抄自《舊唐書》提要，F 段抄自《新唐書》提要。

96. 唐修史避諱

唐人修諸史，避祖諱。如「虎」字、「淵」字。或前人名有同之者，有字則稱其字，如《晉書》公孫淵稱公孫文懿，劉淵稱劉元海，褚淵稱褚彥回，石虎稱石季龍是也。否則竟刪去所犯之字，如《梁書》蕭淵明、蕭淵藻，但稱蕭

明、蕭藻,《陳書》韓擒虎但稱韓擒是也。否則以文義改易其字,凡遇「虎」字皆稱猛獸,李叔虎稱李叔彪,殷淵源稱殷深源,陶淵明稱陶泉明,魏廣陽王淵稱廣陽王深是也。其後諱「世」為「代」,諱「民」為「人」,諱「治」為「理」之類,皆從文義改換之法也。

【探源】《廿二史劄記》卷八「唐人避諱之法」:

> 唐人修諸史時,避祖諱之法有三:如「虎」字、「淵」字,或前人名有同之者,有字則稱其字,如《晉書》公孫淵稱公孫文懿,劉淵稱劉元海,褚淵稱褚彥回,石虎稱石季龍是也。否則竟刪去其所犯之字,如《梁書》蕭淵明、蕭淵藻,但稱蕭明、蕭藻,《陳書》韓擒虎但稱韓擒是也。否則以文義改易其字,凡遇「虎」字皆稱猛獸,李叔虎稱李叔彪,殷淵源稱殷深源,陶淵明稱陶泉明,魏廣陽王淵稱廣陽王深是也。其後諱「世」為「代」,諱「民」為「人」,諱「治」為「理」之類,皆從立義改換之法。

【小結】此條抄自《廿二史劄記》卷八「唐人避諱之法」。作偽方式為點竄字句。

97. 唐人三禮之學

唐人最重三《禮》之學,當時精究其業者推賈公彥。公彥撰《周禮義疏》、《儀禮義疏》。公彥子大隱,亦傳其業。李元植從公彥受禮學,撰《三禮音義》。王恭精三禮,別為義證,甚精博。王元感撰《禮記繩愆》。王方慶尤精三禮,學者有所諮質,必究其微,門人次為《雜禮答問》。他如褚無量、韋逌、高仲舒、唐休璟、蘇安恒皆精三禮,見各本傳。其各見於論著者,如王方慶、張齊賢論每月皆告朔之說,王元感三年之喪以二十七月,張柬之以二十五月,一本鄭康成說,一本王肅說也。史元燦議禘祫三年五年之別,朱子奢議七廟九廟之制,韋萬石、沈伯儀、元萬頃、范履冰等議郊丘明堂之配,皆各有依據,不同剿說。其據以論列時政者,如盧履冰、元行沖論父在為母三年服之非,彭景直論陵廟日祭之非,康子元駁許敬宗先燔柴而後祭之非,黎幹駁歸崇敬請以景皇帝配天地之非,唐紹、蔣欽緒、褚無量駁祝欽明皇后助祭郊天之非,陳貞符論隱、章懷、懿德、節愍四太子廟四時祭享之非,皆見各本傳。李淳風辨太微之神不可為天,見《蕭德言傳》。韋述議堂姨舅不宜服,見《韋條傳》。無不援引該博,證辨明確,可為千百世法。其後元行沖奉詔用魏徵《類禮》列於經,與

諸儒作疏，成五十篇。將立學官，為張說所阻，行沖又著論辨之。大曆中，尚
有仲子陵、袁彝、韋彤、韋茞以禮名其家學。可見唐人究心三禮，務為有用之
學，而非徒以炫博也。

【探源】《廿二史劄記》卷二十「唐初三《禮》、《漢書》、《文選》之學」：

六朝人最重《三禮》之學，唐初猶然。……當時受其業者推賈公
彥。……公彥撰《周禮義疏》五十卷，《儀禮義疏》四十卷。公彥子大
隱，亦傳其業。又有李元植，從公彥授禮學，撰《三禮音義》。……
王恭精三禮，別為義證，甚精博。……王元感嘗撰《禮記繩愆》。……
王方慶尤精三禮，學者有所諮質，必究其微，門人次為《雜禮答
問》。……他如褚無量、韋逌、高仲舒、唐休璟、蘇安恒皆精三禮，
見各本傳。今諸儒論著見於《新》、《舊書》者，如王方慶、張齊賢
論每月皆告朔之說。……王元感三年之喪以二十七月，張柬之以二
十五月，一本鄭康成說，一本王肅說也。……史元璨議禘祫三年五
年之別。……朱子奢議七廟九廟之制。……韋萬石、沈伯儀、元萬
頃、范履冰等議郊丘明堂之配。……皆各有據依，不同剿說。其據
以論列時政者，如盧履冰、元行沖論父在為母三年服之非，彭景直
論陵廟日祭之非，康子元駁許敬宗先燔柴而後祭之非，黎幹駁歸崇
敬請以景皇帝配天地之非，唐紹、蔣欽緒、褚無量駁祝欽明皇后助
祭郊天之非，陳貞符論隱、章懷、懿德、節愍四太子廟四時祭享之
非，皆見各本傳。李淳風辨太微之神不可為天，見《蕭德言傳》。韋
述議堂姨舅不宜服，見《韋絛傳》。無不援引該博，證辨確切，可為
千百世之準。其後元行沖奉詔用魏徵《類禮》列於經，與諸儒作疏，
成五十篇。將立之學官，為張說所阻，行沖又著論辨之。大曆中，
尚有仲子陵、袁彝、韋彤、韋茞以禮名其家學。此可見唐人之究心
三禮，考古義以斷時政，務為有用之學，而非徒以炫博也。

【小結】此條抄自《廿二史劄記》卷二十「唐初三禮、《漢書》、《文選》
之學」條。作偽方式為點竄字句。

98. 歐、薛二史得失

【A】宋開寶中，薛居正等奉詔修梁、唐、晉、漢、周五代史。據各朝實
錄及范質《五代通錄》成之。【B】當時宋初秉筆之臣若盧多遜、扈蒙、張澹、
李昉、劉兼、李穆、李九齡等尚多逮事五代，見聞較近，紀傳事蹟皆足徵信，

而遺聞瑣事亦藉以獲傳。但文體卑弱，敘事煩冗，【C】遠不及《歐史》之義例謹嚴，文筆高簡。蓋歐褒貶祖《春秋》，敘述法《史記》（共七十五卷），【D】意在刊削舊史之文也。【E】自金泰和中詔學官專用《歐史》，而《薛史》遂微。【F】然《歐史》止述《司天》、《職方》二考，而諸志皆闕，又不如《薛史》文獻之有徵矣。【G】吳縝《纂誤》、楊陸榮《志疑》，群起攻駁，亦未必盡無當也。【H】惟沈括、洪邁、王應麟輩，為一代博洽之士，其所撰述，於歐、薛二史每多兼採，知二史各有短長，固未可意為軒輊也。

【探源】《四庫全書總目》卷四十六《舊五代史》提要：

【A】開寶中，詔修《梁》、《唐》、《晉》、《漢》、《周書》，盧多遜、扈蒙、張澹、李昉、劉兼、李穆、李九齡同修。……多據累朝實錄及范質《五代通錄》為稿本。

【E】至金章宗泰和七年，詔學官止用歐陽修史，於是《薛史》遂微。

【H】沈括、洪邁、王應麟輩，為一代博洽之士，其所著述，於薛、歐二史亦多兼採，而未嘗有所軒輊。

【D】蓋修所作皆刊削舊史之文。

【B】本在宋初。其時秉筆之臣，尚多逮事五代。見聞較近，紀傳皆首尾完具，可以徵信。……雖其文體平弱，不免敘次煩冗之病。而遺聞瑣事，反藉以獲傳。

【F】又《歐史》止述《司天》、《職方》二考，而諸志俱闕，……亦不及《薛史》諸志為有裨於文獻。

《四庫全書總目》卷四十六史部二《新五代史記》提要：

【C】大致褒貶祖《春秋》，故義例謹嚴。敘述祖《史記》，故文章高簡。

【G】吳縝之《五代史纂誤》、楊陸榮之《五代史志疑》，引繩批根，動中要害。雖吹求或過，要不得謂之盡無當也。

【小結】此條抄自《四庫全書總目》卷四十六《舊五代史》提要、《新五代史記》提要。A、E、H、D、B、F段抄自《舊五代史》提要，C、G段抄自《新五代史記》提要。作偽方式有二。第一，點竄字句；第二，改變順序。

99.《宋史》列傳多失實

【A】元修《宋史》（共四百九十六卷），多本宋朝國史，而國史又據各人

家傳、表志、行狀以及言行錄、筆談、遺事之類雜綴成文，凡此皆出於各家子弟門生標榜其父師者，自必隱惡而揚善。元人修史不暇參訂，悉仍其舊，故是非失當者多。今特檢出若干條焉。如《胡安國傳》不載安國本為秦檜所薦，及安國求去，秦檜三次疏留之事。《劉一止傳》不載一止為秦檜黨，力言修政局不可廢之事。《何鑄傳》不載鑄嘗劾岳飛，及為秦檜劾張居正，又劾張九成、劾廖剛與陳淵等，反載治岳飛獄，力辨其冤，謂不當無故殺一大將。《李綱傳》不載靖康圍城，姚平仲劫營之敗。綱主其議，乃謂平仲密奏。夜半奉旨使綱策應。綱實不與其謀者。是據綱所著《靖康傳信錄》也。《呂好問傳》不載好問污張邦昌偽命從逆之罪，反載諫阻邦昌毋干大位，及勸遣使迎高宗等事。《張浚傳》不載濬劾李綱、薦秦檜、奏解岳飛軍、起汪伯彥官，惟殺曲端一事略見傳中。《葉夢得傳》不載夢得曾為蔡京客，為京定元祐黨籍，及坐京黨落職等事。《李顯忠傳》宿州之敗，不載顯忠私其金帛，不肯犒軍，與邵宏淵忿爭致敗，反載宏淵欲發倉庫，顯忠不可，因以致潰者。是明為顯忠諱也。《史彌遠傳》彌遠欲誅韓侂胄，由皇后皇子從中主之。彌遠使夏震殺之。《本紀》則謂先奏請，得旨而後行誅者。此固國史實錄書法如此，不欲見大臣操擅殺之權，猶可言也。至擁立理宗一事，以先帝豫立之儲君，輒敢廢罷，轉擁立一先帝未識之人。彌遠之恣橫，罪不容誅。乃《寧宗本紀》但云帝崩，史彌遠傳遺詔，立姪貴誠為皇子，更名昀，即皇帝位。竑為濟陽王，居湖州，並不著其廢立之罪。蓋是時彌遠柄政，史館實錄皆所監修，故書法如是也。《賈涉傳》李全降宋，涉為制置使，不載李全冒功輒奏授觀察使，及全並軍跋扈不能鈐轄，乃在楚州軍士遮道涉不得入城等事，反謂李全因獻璽賞官，涉曾歎其濫爵養驕，見能駕馭群盜者，此傳必其子似道當國時史館所錄，元人未及改正也。《趙范》、《趙葵傳》宋與蒙古本無嫌隙，忽興師入洛，規復中原，此事實趙范兄弟任之於外，鄭清之主之於內也。乃《范傳》不載其主謀興師事，反謂滅金後，范奏理宗當鑒宣和海上之盟。《葵傳》亦載其奏姑從和議，似皆能審度時勢者。《鄭清之傳》亦不載其主謀開邊事，反謂因理宗懼邊警，密疏不宜憂悔太過，似能持危定傾、事後補救者。【B】蓋當時作家傳者各諱其先人，始謀之不善而國史因之也。故沈世泊《宋史就正編》亦糾其紀志列傳，前後每多互異，世系官資皆不足取信。至於宋師伐遼，高鳳以易州來歸，見《北盟會編》，而《宋史》誤作郭藥師。紹興中，趙鼎以奉國軍節度使出知紹興府，見《宰輔編年錄》，而《宋史》誤作忠武軍。又失載王堅之守城不降，與林同之題壁自盡。忠義之

士，尚多闕落，尤為疏漏之大。皆切中其失。又南唐劉仁瞻之死節，見於歐陽修《五代史》、司馬光《通鑒》，而《宋史》仍作以城降。李澣終於遼，未嘗入宋，見《遼史》本傳，而《宋史》仍附於《李濤傳》，是書列學官、事載史局者尚未及勘證，其他可知矣。

【探源】《四庫全書總目》卷四十六史部二《宋史》提要：

【B】其後沈世泊撰《宋史就正編》，綜覈前後，多所匡糾。……所敘官資，又豈可盡信哉？至於宋師伐遼，高鳳以易州來歸，見《北盟會編》。而《宋史》誤作郭藥師。紹興中趙鼎以奉國軍節度使出知紹興府，見《宰輔編年錄》。而《宋史》誤作忠武軍。失載王堅之守城不降，與林同之題壁自盡。忠義之士，尚多闕落，尤為疏漏之大者矣。其所攻駁，皆一一切中其失。……至於南唐劉仁瞻之死節，歐陽修《五代史記》、司馬光《通鑒》俱為之證明。而此書仍作「以城降」。李澣終於遼，未嘗入宋，見《遼史》本傳。而此書仍附於《李濤傳》。是於久列學官之書，共在史局之稿，尚不及互相勘證。則其他抑可知矣。

《廿二史劄記》卷二十三「《宋史》各傳迴護處」：

【A】元修《宋史》，度宗以前多本之宋朝國史，而宋國史又多據各家事狀、碑銘編綴成篇……蓋宋人之家傳、表志、行狀以及言行錄、筆談、遺事之類，流傳於世者甚多，皆子弟門生所以標榜其父師者，自必揚其善而諱其惡，……元人修史又不暇參互考證而悉仍其舊，毋怪乎是非失當也。李綱靖康圍城之事，姚平仲欲劫營，……遂及於敗。……李綱實與其謀，而《綱傳》則謂平仲密奏劫營。夜半中使傳旨使綱策應。似綱初不知者。……此事本載綱所著《靖康傳信錄》。……呂好問靖康之變朝臣多污張邦昌偽命，……《好問傳》不載其從逆之事，反備書諫阻張邦昌毋干大位，及趣邦昌遣使迎高宗等事。……濬為御史，劾綱以私意殺侍。……又嘗薦秦檜可任大事。……又嘗與岳飛論呂祉、王德、酈瓊兵事不合，飛因解兵奔喪歸，……起伯彥知宣州，……今《濬傳》皆不載，惟殺曲端一事略見傳中。……夢得初為蔡京客，……嘗為京立元祐黨籍，……以京黨落職，……今《夢得傳》不載。……安國本秦檜所薦用，……安國求去，檜三疏留之。……今《安國傳》不載。……

一止，秦檜黨也，檜置修政局，或有言局當廢者。一止與林待聘力言不可廢，……《一止傳》不載。鑄嘗與羅汝楫劾岳飛，……又嘗為秦檜劾王居正為趙鼎之黨，……又劾張九成黨趙鼎，……又劾廖剛與陳淵等，……反云治岳飛獄，力辨其冤，謂不當無故殺一大將。……李顯忠宿州之敗，……顯忠欲私其金帛，不以犒軍，與邵宏淵忿爭，遂致師潰。……今顯忠傳乃謂宏淵欲發倉庫，犒軍顯忠不可，……遂致潰，……亦為顯忠諱。……彌遠欲誅侂冑，皇后皇子從中主之。……彌遠乃使震亙殺之，……似乎先奏請，得旨而後行誅者。……蓋實錄書法本如是，不欲以大臣擅殺，……至其擁立理宗一事，……以先帝預立之儲君，擅敢廢罷，而所立者並非先帝所識之人。雖以唐宦官之「定策國老，門生天子」，尚不至如此之恣橫，則彌遠之罪上通於天，無可諱飾者。乃《寧宗本紀》並不著其廢立之罪，但云帝崩，史彌遠傳遺詔，立貴誠為皇子，更名昀，即皇帝位。封皇子竑為濟陽王，出居湖州，……蓋其時彌遠正柄政，史館實錄皆所監修，故書法本是如此。……李全既降於宋，……涉為制置使，……全以所得金牌上於涉，謂殺四駙馬所得者，涉遂奏授觀察使，其實四駙馬不死也。季先死，全欲並將其軍，詭稱其軍有三千虛籍，覆之可省費，涉遂付以兵，將遣人覆實，全忽報昨聞邳州有警，已遣七千人往赴矣，遂不得覆。……全軍在楚州者，遮道不得入，……今《賈涉傳》皆不載，反謂李全得玉璽以獻朝廷賞以節度使，涉歎曰：「朝廷但知官爵可以得其心，豈知驕則至於不可勒耶？」是並能駕馭群盜矣。此傳亦必其子似道當國日史館所立，而元人因之不改者也。……宋與蒙古本敦鄰好，並無嫌隙，忽焉興師入洛，規復中原，……此事實趙范兄弟任之於外，鄭清之主之於內也。乃《趙范傳》不載其主謀用兵事，反云滅金後，范言於理宗曰宣和海上之盟。……《趙葵傳》亦載其所奏云國家兵力未贍，姑從和議。……據此，則二人又似能審度時勢。……《鄭清之傳》亦不載其主謀開邊事，反載理宗因邊警，甚懼。清之密疏謂陛下憂悔太過，……似能持危定傾、補救於事後者矣。

【小結】此條抄自《四庫全書總目》卷四十六《宋史》提要、《廿二史劄記》卷二十三「《宋史》各傳迴護處」條。作偽方式有三。第一，點竄字句；

第二，增加句子；第三，多源組合，A 段抄自「《宋史》各傳迴護處」條，B 段抄自《宋史》提要。

100. 王偁《東都事略》

【A】長洲汪鈍翁謂元人修《宋史》，實據王季平《東都事略》為稿本。以今考之，惟《文藝傳》為《宋史》所資取，故所載北宋為多，南宋文人甚屬寥寥。其餘事蹟亦每多異同。如符彥卿二女為周室後，而《宋史》闕其一。劉美本姓龔，冒附於《外戚》，《事略》直書其事，《宋史》採其家傳，轉為之諱。趙普先閱章奏，田錫極論其非，而《宋史》誤以為群臣章奏，必先白錫。楊守一以涓人補右班殿直，遷翰林副使，而《宋史》誤作翰林學士。新法初行，坐倉糴米，吳申等言其不便，《宋史》誤以為司馬光之言。至於地名、諡法，舛謬尤多。是元人修史，實未取資是書。鈍翁之言非確論也。【B】是書（共一百三十卷，）敘事約而該，議論亦皆持平。如康保裔不列於《忠義》，張方平、王拱辰不諱其瑕疵，皆具卓識。於熙寧之啟釁、元符之紹述，尤三致意焉。《朱勔傳》後附僧祖秀《艮嶽記》，蓋仿《三國志·諸葛亮傳》後附載《文集目錄》及陳壽《進表》之例。雖非史法，亦足資考證。【C】是與李燾、李心傳之書（李燾撰有《資治通鑑長編》，李心傳撰有《建炎以來繫年要錄》及《朝野雜記》），在宋人私史中皆為卓然可傳者也。【D】惟南宋人乃不滿其書，蓋由偁閉戶著述，不入講學宗派，黨同伐異，勢所必至，未足據為定論也。

【探源】《四庫全書總目》卷五十《東都事略》提要：

> 【B】《東都事略》一百三十卷，宋王偁撰。……敘事約而該，議論亦皆持平。如康保裔不列於《忠義》，張方平、王拱辰不諱其瑕疵，皆具史識。熙寧之啟釁、元符之紹述，尤三致意焉。《朱勔傳》後附載僧祖秀《艮嶽記》，蓋仿《三國志·諸葛亮傳》後附載《文集目錄》及陳壽《進表》之例。雖非史法，亦足資考證。

> 【D】而南宋諸人，乃多不滿其書。蓋偁閉門著述，不入講學之宗派。黨同伐異，勢所必然，未可據為定論也。

> 【A】近時汪琬復謂元修《宋史》，實據此書為稿本。以今考之，惟《文藝傳》為《宋史》所資取，故所載北宋為多，南宋文人寥寥無幾。其餘事蹟異同，如符彥卿二女為周室後，而《宋史》闕其一。劉美本姓龔，冒附於《外戚》，《事略》直書其事。《宋史》採其家傳，

轉為之諱。趙普先閱章奏，田錫極論其非，而《宋史》誤以為群臣章奏，必先白錫。楊守一以涓人補右班殿直，遷翰林副使，而《宋史》誤作翰林學士。新法初行，坐倉糴米，吳申等言其不便，《宋史》誤以為司馬光之言。至地名、諡法，《宋史》尤多舛謬。元人修史，蓋未嘗考證此書。琬之言未得其實也。其中如張齊賢以雍熙三年忤旨出外，而誤作自請行邊，以副使王履楚辭誤屬之李若水，又不載王履於《忠義傳》，雖不免間有牴牾。

【C】然宋人私史卓然可傳者，唯偁與李燾、李心傳之書而三，固宜為考《宋史》者所寶貴矣。

【小結】此條抄自《四庫全書總目》卷五十《東都事略》提要。原文順序為 B、D、A、C。作偽方式有二。第一，點竄字句；第二，改變順序。

101.《遼史》最簡略

【A】契丹之俗，記載本少。自太宗會同元年詔有司編修，已多荒渺無稽。【B】後雖立有監修國史之官，又書禁甚嚴，不得流傳鄰境。五京兵燹後，典策散亡，故二百年紀傳志表皆縷割分隸，重複瑣碎。求盈卷帙，僅百餘篇，其簡略亦甚矣。【C】如《東都事略》載遼太宗建國號大遼，聖宗即位，改大遼為大契丹國，道宗咸雍二年又改大契丹為大遼。改復國號，一朝大事，而《遼史》不書。【D】《文獻通考》稱遼道宗改元壽昌，《老學庵記》載聖宗改號重熙，後避天祚嫌名，追稱重熙曰重和。改元大典而《遼史》亦不書。【E】聖宗統和二十四年幽皇太妃呼紐於懷州。案皇太妃曾詔領西北路烏爾古等及永熙宮軍，撫定西遼事者。是有闢土靖邊之功，其因何事幽死，《后妃傳》內並無其人。統和四年納皇后蕭氏，乃聖宗元配也。於統和十九年以罪降為惠妃。后系何族之女，因何事得罪，《后妃傳》內亦無一字及之。既為《遼史》，則本國興兵不應自稱遼兵、遼軍。乃《本紀》貝州之戰云「納遼兵」，戚城之戰云「遼軍圍晉將」、「遼軍引退」，鄴都之戰云「遼軍數萬」、「遼軍又至」、「遼軍乃退」，反似他國記載。稱契丹為遼軍者，亦太疏矣。【F】亦有體例最善者，在於立表之多。表多則傳自可少。除宋鄰國凡與宋和戰交際之事，則書於《本紀》，不復立表，餘皆列之於表。既著其世系、官位，而功罪亦附書焉。內而各部族，外而各屬國，亦列於表。而朝貢叛服、征討勝負亦附書焉。筆墨既省，而事亦不廢。故列傳雖少，而一代之事蹟亦得略備焉。

【探源】《廿二史劄記》卷二十七「《遼史》疏漏處」

【C】《東都事略》記遼太宗建國大遼，聖宗即位，改大遼為大契丹，道宗又改大契丹為大遼。改號復號，一朝大事，而《遼史》不書。

【E】聖宗統和二十四年，幽皇太妃呼紐於懷州。……按統和十二年，詔皇太妃領西北路烏爾古。……及永熙宮軍，撫定西邊，……則此皇太妃不惟有關土之大功，……其幽死也，又以何事？《后妃傳》內當專立一傳，乃並無其人，何也？又聖宗統和四年，納皇后蕭氏，……此後乃聖宗元配也，統和十九年以罪降為惠妃。……后系何人之女，以何事得罪？《后妃傳》……絕無一字及之，何耶？且既為《遼史》，則本國興兵之事，不應自稱曰「遼兵」，乃《本紀》貝州之戰云，軍校邵珂開城門納遼兵。戚城之戰云，遼軍圍晉別將於戚城，晉主自將救之，遼軍引退。鄴都之戰云，慕容彥超遇遼軍數萬，至榆林，遼軍又至，彥超等力戰，遼軍乃退。……反似他國記載而稱契丹為遼軍者，此亦修史者之疏也。

《四庫全書總目》卷四十六史部二《遼史》提要：

【B】考遼制，書禁甚嚴。凡國人著述，惟聽刊行於境內。有傳於鄰境者，罪至死。……迨五京兵燹之後，遂至舊章散失，澌滅無遺。……此其重複瑣碎，在……縷割分隸，以求卷帙之盈。

【D】《文獻通考》稱遼道宗改元壽昌。……又《老學庵筆記》載聖宗改號重熙，後避天祚嫌名，追稱重熙曰重和。……此書均不載，是其於改元之典章多舛漏也。

《廿二史劄記》卷二十七「《遼史》立表最善」：

【F】二百年人物，列傳僅百餘篇，其脫漏必多矣。然其體例亦有最善者，在乎立表之多，表多則傳自可少。……既著明其世系官位，而功罪亦附書焉，……又如內而各部族，外而各屬國，亦列之於表，凡朝貢叛服、征討勝負之事，皆附書其中，又省卻多少外國等傳。故《遼史》列傳雖少，而一代之事蹟亦略備。惟與宋和戰交際之事，則書於本紀而不復立表。

《廿二史劄記》卷二十七「《遼史》」：

【A】蓋契丹之俗記載本少。太宗會同元年，雖詔有司編，……

蓋已荒渺無可稽也。

【小結】此條抄自《廿二史劄記》卷二十七卷「《遼史》」條、「《遼史》疏漏處」條、「《遼史》立表最善」條、《四庫全書總目》卷四十六《遼史》提要。作偽方式有三。第一，點竄字句；第二，增加句子；第三，多源組合，A 段抄自「《遼史》」條，B、D 段抄自《遼史》提要，C、E 段抄自「《遼史》疏漏處」條，F 段抄自「《遼史》立表最善」條。

102.《金史》採錄詳覈

【A】《金朝實錄》在順天張萬戶家，元好問求之不得，遂纂《壬辰雜編》。又劉祁撰有《歸潛志》。【B】蓋二人身歷南渡後，或遊於京，或仕於朝，凡金源君臣遺言往行，皆得之耳聞目見。元托克托等撰修（共一百三十五卷），得藉資採錄，【C】故敘事詳明，文筆老潔。使當日情事歷歷如見，洵稱良史。【D】今案《世紀》於卷首，而列景宣帝、睿宗、顯宗於《世紀補》，則酌取《魏書》之例。《曆志》則採趙知微之《大明曆》，而兼考渾象之存亡。《禮志》則採韓企先等之《大金集禮》，而兼及雜儀之品節。《河渠志》之詳於二十五埽。《百官志》之首敘建國諸官，具有條理。【E】且金初臣遼，繼叛遼而滅之。一切以詐力從事，皆直書不諱。其征戰之事中多詭謀，亦無所隱，咸得其實。而鋪敘尤為得法。【F】如珠赫店之戰，太祖自將，則書於本紀。獲遼主，取宋帝，則詳於《宗翰》、《宗望傳》。渡江追宋高宗，則詳於《宗弼傳》。富平之戰，則詳於《宗弼》及《持嘉暉（舊名赤盞暉）傳》。和尚原之戰，則詳於《宗弼》及《古雲傳》。涇州西原之戰，則詳於《古雲》及《薩里罕（舊名撒離喝）傳》。正隆用兵，則詳於《海陵本紀》及《李通傳》。太定中，復取淮、泗，則詳於《布薩忠義（舊名僕散忠義）》、《赫舍裡志寧（舊名紇石烈志寧）傳》。泰和中宋兵來侵，則詳於《布薩揆（舊名僕散揆）》、《宗浩》、《完顏綱傳》。興定中發兵侵宋，則詳於《約赫德（舊名牙吾塔）傳》。三峰山之戰，則詳於《完顏哈達（舊名合達）傳》。汴城括粟之慘，則詳於《錫默愛實（舊名斜卯愛實）傳》。汴城之攻圍，則詳於《博索》及《完顏納申（舊名奴申）》、《崔立傳》。歸德之竄，則詳於《白華傳》。蔡州之亡，則詳於《完顏仲德傳》。各就當局一二人敘其顛末，而同事諸將自可以類相從，最得史法。至遼將和尚、道溫二人之忠於遼，宋將徐徽言之忠於宋，亦不忍沒其臨危不屈之節，即用夾敘法，附書道溫二人於《宗望傳》，附書徽言於《羅索（舊名婁室）傳》，使諸人千載猶有生氣，

尤見不沒人善。【G】惟晉王宗翰之上書求免，見《北盟會編》。沈王宗弼之遺令處分，見《建炎以來繫年要錄》，皆關國政，而本傳不書。海陵之失德既見於《本紀》，而諸嬖之猥褻復詳於《后妃傳》。王倫以奉使被留，未嘗受職。而傳列於酈瓊、李成之後。《張邦昌傳》既云《宋史》有傳，事具宗翰等傳，而復引《本紀》之文，列於劉豫之前，未免稍乖體例也。

【探源】《四庫全書總目》卷四十六《金史》提要：

【A】元好問……《金國實錄》在順天張萬戶家，……既因有阻而止，乃構野史亭著述其上。凡金源君臣遺言往行，採摭所聞有所得。……又稱劉祁撰《歸潛志》，……

【D】如載《世紀》於卷首，而列景宣帝、睿宗、顯宗於《世紀補》，則酌取《魏書》之例。《曆志》則採趙知微之《大明曆》，而兼考渾象之存亡。《禮志》則摭韓企先等之《大金集禮》，而兼及雜儀之品節。《河渠志》之詳於二十五埽。《百官志》之首敘建國諸官。……具有條理。

【G】晉王宗翰之上書乞免，見《北盟會編》。沈王宗弼之遺令處分，見《建炎以來繫年要錄》。皆有關國政，而本傳不書。海陵之失德既見於《本紀》，而諸嬖之猥褻，復詳述於《后妃傳》。王倫以奉使被留，未嘗受職。而傳列於酈瓊、李成之後。《張邦昌傳》既云《宋史》有傳，事具宗翰等傳，而復引《本紀》之文，列於劉豫之前。皆乖體例。

《廿二史劄記》卷二十七「《金史》」：

【C】《金史》敘事最詳覈，文筆亦極老潔。……多取劉祁《歸潛志》、元好問《壬辰雜編》以成書，故稱良史。然《好問傳》，金亡後，累朝實錄在順天張萬戶家，好問言於張，欲據以撰述，後為樂夔所沮而止。

【E】至與契丹往來及征戰之事，中多詐謀詭計，悉無所隱，故所紀咸得其實云。……初臣遼而事之，繼叛遼而滅之，一切以詐力從事，皆直書不諱。

【B】蓋二人身歷南渡後，或遊於京，或仕於朝，凡廟謀疆事，一一皆耳聞目見。

【F】如珠赫店（《遼史》作出店河，《金史》作出河店）之戰，

太祖自將，則書於本紀。獲遼主，取宋帝，則詳於《宗翰》、《宗望傳》。渡江追宋高宗，則詳於《宗弼傳》。富平之戰，則詳於《宗弼》及《持嘉暉（舊名赤盞暉）傳》。和尚原之戰，則詳於《宗弼》及《古雲傳》。涇州西原之戰，則詳於《古雲》及《薩里罕（舊名撒離喝）傳》。正隆用兵，則詳於《海陵本紀》及《李通傳》。大定中，復取淮、泗，則詳於《布薩忠義（舊名僕散忠義）》、《赫捨哩志寧傳》。（舊名紇石烈志寧）泰和中宋兵來侵，則詳於《布薩揆（舊名僕散揆）》、《宗浩》、《完顏綱傳》。興定中發兵侵宋，則詳於《約赫德（舊名牙吾塔）傳》。鞏昌之戰，則詳於《博索（舊名白撒）傳》。禹山之戰，則詳於《伊剌布哈（舊名移剌蒲阿）傳》。三峰山之戰，則詳於《完顏哈達（舊名合達）傳》。汴城括粟之慘，則詳於《錫默愛實（舊名斜卯愛實）傳》。汴城之攻圍，則詳於《博索》及《完顏納申（舊名奴申）》、《崔立傳》。歸德之竄，則詳於《白華傳》。蔡州之亡，則詳於《完顏仲德傳》。各就當局一二人敘其顛末，而同事諸將自可以類相從，最得史法。又如遼將和尚、道溫二人之忠於遼，宋將徐徽言之忠於宋，則但書其殉節，而死事之詳，聽其入《遼史》、《宋史》可矣。乃不忍沒其臨危不屈之烈，特用古人夾敘法，附書道溫二人於《宗望傳》，徐徽言於《羅索（舊名婁室）傳》，使諸人千載下猶有生氣。

【小結】此條抄自《四庫全書總目》卷四十六《金史》提要、《廿二史劄記》卷二十七「《金史》」條。作偽方式有四。第一，點竄字句；第二，增加句子；第三，改變順序；第四，多源組合，A、D、G 段抄自《金史》提要，C、E、B、F 段抄自「《金史》」條。

103.《元史》多據實錄

【A】《元史》初成，即有異議。及遞相考證，而紕漏者尤多。顧寧人摘其趙孟俯諸傳，備書上世贈官，仍誌銘之文，未經芟削。《河渠志》言耿參政。《祭祀志》言田司徒引案牘之語，失於剪裁。朱竹垞又謂其急於成書，故前後復出。因舉其一人兩傳者，條其篇目，為倉猝失檢之病。然《元史》之草率雖因藏事甚速，亦由始事太驟。明初兩次開局，距元亡僅二三年。人間私紀著錄尚未編集成書、見行於世。當時可據以為稿本者，惟《十三朝實錄》，如《世

祖實錄》，則李之紹、馬紹、李謙、姚遂、張九思、張昇等修。《裕宗實錄》，
則張九思修。《成宗實錄》，則元明善、程巨夫、鄧文原等修。《順宗實錄》，則
元明善修。《武宗實錄》，則元明善、蘇天爵等修。《仁宗實錄》，則元明善、廉
惠山海牙、曹元用等修。《英宗實錄》，則曹元用、馬祖常、廉惠山海牙等修。
《泰定帝實錄》，則成遵、王結、張起岩、歐陽元等修。《明宗實錄》，則成遵、
謝端等修。《文宗實錄》，則王結、張起岩、歐陽元、蘇天爵、成遵等修。《寧
宗實錄》，則謝端修。累朝《后妃》、《功臣傳》，則張起岩、楊宗瑞、揭傒斯、
呂思誠、貢師泰、周伯琦等修。凡執筆撰述者類，皆老於文學，熟於掌故。故
修史，宋濂諸臣即抄撮成書（共二百十卷），諸志惟闕《藝文》，其《天文》、
《五行》諸志，則據郭守敬所創簡儀、仰儀諸說；《職官》、《兵》、《刑》諸志，
則據虞集等所修《經世大典》；《水利》、《河渠》諸志，則據郭守敬成法及歐陽
元《河防記》，一朝制度，亦頗詳贍。惟順帝朝二十六年之事，雖無實錄，而
事皆明初修史諸人所目擊。凡《伯顏》、《太平》、《脫脫》、《哈麻》、《孛羅》、
《察罕》、《擴廓》等傳，功罪亦最為明晰。其末造殉節諸人，又得張翥所集《忠
義錄》足資記載。故一代全史數月即可告成，**其毋以藏書甚速，疑其疏略而忽**
之也。

【探源】《四庫全書總目》卷四十六《元史》提要：

【A】始頒行，紛紛然已多竊議。迨後來遞相考證，紕漏彌彰。
顧炎武《日知錄》摘其《趙孟頫》諸傳，備書上世贈官，仍誌銘之
文，不知芟削。《河渠志》言耿參政，《祭祀志》言田司徒，引案牘
之語，失於翦裁。朱彝尊《曝書亭集》又謂其急於成書，故前後復
出。因舉其一人兩傳者，條其篇目，為倉猝失檢之病。然《元史》
之舛駁不在於蕆事之速，而在於始事之驟。……其在當日，則重開
史局，距元亡二三年耳。後世所謂古書，皆當日時人之書也。其時
有未著者，有著而未成者，有成而未出者，勢不能裒合眾說，參定
異同。

《廿二史劄記》卷二十九「《元史》」：

【B】明初得元十三朝《實錄》，即據以修輯此《元史》底本
也。……舊時纂修《實錄》者，多有熟於掌故之人，……其執筆撰
述者又多老於文學，……（《世祖實錄》，李之紹、馬紹、李謙、姚
燧、張九思、張昇所修。《裕宗實錄》，張九思所修。《成宗實錄》，

元明善、程巨夫、鄧文原所修。《順宗實錄》，元明善所修。《武宗實錄》，元明善、蘇天爵所修。《仁宗實錄》，元明善、廉惠山海牙、曹元用所修。《英宗實錄》，曹元用、馬祖常、廉惠山海牙所修。《泰定帝實錄》，成遵、王結、張起岩、歐陽元所修。《明宗實錄》，成遵、謝端所修。《文宗實錄》，王結、張起岩、歐陽元、蘇天爵、成遵所修。《寧宗實錄》，謝端所修。累朝《后妃》、《功臣傳》，張起岩、楊宗瑞、揭傒斯、呂思誠、貢師泰、周伯琦等所修。……）明初修史諸臣，即抄撮成書。故諸列傳尚多老筆，而無釀詞。其《天文》、《五行》諸志，則有郭守敬所創簡儀、仰儀諸說；《職官》、《兵》、《刑》諸志，又有虞集等所修《經世大典》；《水利》、《河渠》諸志，則有郭守敬成法及歐陽元《河防記》以為據依，故一朝制度，亦頗詳贍。順帝一朝雖無實錄，而事皆明初修史諸人所目擊，睹記較切，故《伯顏》、《太平》、《脫脫》、《哈麻》、《孛羅》、《察罕》、《擴廓》等傳，功罪更為分明。末造殉節諸人，則又有張翥所集《忠義錄》以資記載。故一部全史數月成書，亦尚首尾完具，不得概以疏略議之。

【小結】此條抄自《四庫全書總目》卷四十六《元史》提要和《廿二史劄記》卷二十九「《元史》」條。作偽方式有三：第一，點竄字句；第二，增加句子，第三，多源組合，A 段抄自《元史》提要，B 段抄自「《元史》」條。

104. 三史人名多雷同

有兩人同名者，如遼之蕭韓家奴有二，一為奚長渤魯恩之後，封蘭陵王；一為涅刺部人，官節度使，入《文學傳》。又耶律宏吉有二，一為遙輦鮮質可汗之後，封公，官侍中；一為化哥之弟，遷南院大王，加於越（貴官名）。又耶律撻不也有二，一為孟父房仁先之子，官招討使；一為季父房高家之子，官宣徽使。金之神土懣有二，一太宗子充；一太宗時宗室，胡速魯改之子。又阿魯補有二，一系出景祖冶訶之子；一太宗子宗敏。又阿魯有三，一始祖子宗賢；一太祖子宗強；一太宗子宗本。此皆內族，雷同莫辨，是又三人同名矣。元之兩察罕，一唐兀烏密氏，都元帥，追封河南王；一西域人，拜中書，進平章政事。又兩拜住，一安童之孫，英宗時死難；一康裏海藍伯之裔，明兵至，死節。又兩和尚，一玉耳別里伯牙吾臺氏；一蒙古，乃蠻臺氏。又兩蠻子，皆為修史提調官。一參議中書省事；一左司郎中。又脫脫有四，一功臣木華黎之

後，撒蠻之子，札剌兒氏也；一牙牙之子，康里脫脫，康里，漢高車國，當與烏古相同；一馬札兒臺之子，伯顏之弟，亦蔑兒吉觲氏也；一大陽可汗之子，高昌人。伯顏有五，兩宰相，一蒙古八鄰部人，一蔑兒吉觲氏，一儒學，乃蒙古哈剌魯氏，居濮陽。一苗軍帥楊完者之弟，為張士誠所圍，自殺。一賀人傑之子勝，小字伯顏，以小字行，後被誣見殺。是又四人、五人同名矣。【B】凡史傳中有一人兩傳者，如《舊唐書》之楊朝晟、《元史》之速不臺、雪不臺，完者都、完者拔都，石抹也先、石抹阿辛。除已見於《日知錄》者，餘前已詳考之矣。而又有誤兩為一者，如《五代史》拓拔思恭、思敬，兄弟也，而誤作一人，見陳後山《叢談》。然或時有先後，苟在同時，每致淆惑。惟金有兩婆盧火，皆太宗時宗室，因以在後者附前傳。又有兩訛可，一曰草火訛可；一曰板子訛可。皆內族之護衛出身，又同守河中，因同為一傳。又有三婁室，皆完顏氏，曰大婁室、中婁室、小婁室，以長幼別之，而合為一傳。分其所分，合其所合，最得史法。此例惟金所獨創耳。

【探源】《韓門綴學》卷二「一人兩史」：

　　【B】至如一史之中有一人兩傳者，《舊唐書》之楊朝晟、《元史》之速不臺、雪不臺，完者都、完者拔都，已著於《日知錄》。而史傳又有誤兩為一者，《五代史》拓拔思恭、思敬，兄弟也，誤作一人，見於陳後山《叢談》。

《韓門綴學》卷二「三史姓氏」：

　　【A】遼之蕭韓家奴有二，一為奚長渤魯恩之後，封蘭陵王；一為涅剌部人，官節度使，入《文學傳》。又耶律宏吉有二，一為遙輦鮮質可汗之後，封公，官侍中；一為化哥之弟，遷南院大王，加於越（貴官名）。又耶律撻不也有二，一為孟父房仁先之子，官招討使；一為季父房高家之子，官宣徽使。金之阿魯有三，一始祖子宗賢；一太祖子宗強；一太宗子宗本。又神土懣有二，一太宗子充；一太宗時宗室，胡速魯改之子。又阿魯補有二，一系出景祖冶訶之子；一太祖子宗敏。凡皆內族而雷同莫辨……伯顏有五，兩宰相，一蒙古八鄰部人，一蔑兒吉觲氏，一儒學，乃蒙古哈剌魯氏，居濮陽。一苗軍帥楊完者之弟，為張士誠所圍，自殺。一賀仁傑之子勝，小字伯顏，以小字行，後被誣見殺。又脫脫有四，一功臣木華黎之後，撒蠻之子，札剌兒氏也；一牙牙之子，康里脫脫，康里，漢高

車國當與烏古相同；一馬札兒臺之子，伯顏之弟，亦蔑兒吉觬氏也；一大陽可汗之子，高昌人。又兩察罕，一唐兀烏密氏，都元帥，追封河南王；一西域人，拜中書，進平章政事。又兩拜住，一安童之孫，英宗時死難；一康里海藍伯之裔，明兵至，死節。又兩和尚，一玉耳別里伯牙吾臺氏；一蒙古，乃蠻臺氏。又兩蠻子，皆為修史提調官。一參議中書省事；一左司郎中。

【C】至於時有後先，苟在並時，毋令淆惑。若金有兩婆盧火，皆太宗時宗室，因以在後者附前傳。又有兩訛可，一曰草火訛可；一曰板子訛可。皆內族之護衛出身，又同守河中，因合為一傳。又有三婁室，皆完顏氏，曰大婁室、中婁室、小婁室，以長幼別之，而合為一傳。……分其所分，合其所合，《金史》創其例似可為法也。

【小結】此條抄自《韓門綴學》卷二「一人兩史」、「三史姓氏」。A、C段抄自「三史姓氏」條，B段抄自「一人兩史」條。作偽方式有二。第一，點竄字句；第二，增加句子。

105. 《明史》最完善

【A】《明史》自康熙十八年聖祖仁皇帝始詔修，命葉方藹、張玉書總裁其事，繼又以湯斌、徐乾學、王鴻緒、陳廷敬、張英先後為總裁。並召試彭孫遹等五十人入館纂修，一時應詔諸臣，皆博學能文之士。故玉書任志書，廷敬任本紀，鴻緒任列傳。至五十三年，鴻緒列傳稿先成，上之。本紀、志、表尚未就，【B】蓋記載浩繁，異同岐出，遞相考證，未遽定也。【C】至雍正二年，世宗憲皇帝命張廷玉等為總裁，就鴻緒本再加訂正，至乾隆四年始進呈（共三百三十六卷）。蓋歷六十年而後成書，從古修史未有編摩如此之年久功深者，故能盡美盡善，為近代諸史所不能及。蓋其修史時去勝朝甚近，見聞較切，事蹟原委多得其實，非如《後漢書》之修於宋，《晉書》之修於唐，徒據前人記載也。又多歷年，所是非久定，無所迴避，從容詳訂，事皆徵信，非如元末之修《宋》、《遼》、《金》三史，明初之修《元史》，時日促迫，潦草從事也。其列傳功臣及世次，一一俱仿《史記》、《漢書》之例，無論已。惟姚廣孝非武臣，以其為永樂諸臣之首，故與張玉、朱能等同卷。黃福、陳洽等皆文臣，柳升、王通等皆武臣，以其同事安南，故文武同卷。秦良玉本女土司，以其曾官總兵，

有戰功，故與諸將同卷。又如熊廷弼、王化貞，一主戰，一主守，意見不同而事相涉，則併入《廷弼傳》內。袁崇煥、毛文龍，一經略，一島帥，官職不同而事相涉，則併入《崇煥傳》內。又如李東陽、徐階、高拱、張居正、沈一貫、方從哲、熊廷弼、袁崇煥、陳奇瑜、熊文燦、楊嗣昌等皆有關國之興替，敘述諸人功罪輕重，亦各得其平。至末造殉節諸人應附傳者，如《朱大典傳》附王道焜等若干人，《張肯堂傳》附吳鍾巒等若干人，《史可法傳》附文臣同殉者若干人，而諸武臣等則盡附於《劉肇基傳》內，**皆得列名史策，無一掛漏**。此皆排纂之得當者也。【D】惟列傳中增添三門，曰《閹黨》，曰《流賊》，曰《土司》，……蓋貂璫之禍，雖漢、唐以下皆有，而士大夫趨炎附勢者，惟明為最多，其流毒亦甚烈。別立一傳，不惟示斧鉞之誅，亦以著亂亡之源也。闖、獻二寇猖獗，至於明亡，非他小丑可比，別立一傳，著剿撫之失策，足為炯鑒也。至於土司，蓋所謂羈縻州也。不內不外，釁隙易萌，大抵建置於元，而蔓延於明。控馭之道，與牧民禦敵不同，故別為一類也。【E】其諸志皆從舊例，而於《曆志》、《藝文志》則稍有變焉。《曆志》則增以圖，蓋曆生於數，數生算，算法之句股面線，今密於古，非有圖則寸刊不能明；《藝文志》止載明人著述，而前史著錄皆不載。其例始於宋孝王《關中風俗傳》及劉知幾《史通》也。其表例於《諸王》、《功臣》、《外戚》、《宰輔》四門外，增《七卿》一門。蓋明廢左右丞相，而分其政於六部，都察院糾核百官，為任亦重，故為七也。【F】近代諸史，自歐陽公《五代史》外，《宋史》繁蕪，《遼史》簡略，《元史》草率，惟《金史》行文雅潔，敘事詳覈，頗有可觀。然終遜《明史》之體例、書法無一可議也。

【探源】《四庫全書總目》卷四十六史部二《明史》提要：

【B】以記載浩繁，異同岐出，遞相考證，未遽定也。

【E】其間諸志，一從舊例。而稍變其例者二：《曆志》增以圖，以曆生於數，數生算，算法之句股面線，今密於古，非圖則分刊不明；《藝文志》惟載明人著述，而前史著錄者不載。其例始於宋孝王《關中風俗傳》，劉知幾《史通》……表從舊例者四，曰《諸王》，曰《功臣》，曰《外戚》，曰《宰輔》。創新例者一，曰《七卿》。蓋明廢左右丞相，而分其政於六部。而都察院糾核百司，為任亦重。故合而七也。……

【D】創新例者三：曰《閹黨》，曰《流賊》，曰《土司》。蓋貂

瑞之禍，雖漢、唐以下皆有，而士大夫趨勢附膻，則惟明人為最夥，其流毒天下亦至酷。別為一傳，所以著亂亡之源，不但示斧鉞之誅也。闖、獻二寇，至於亡明，剿撫之失，足為炯鑒，非他小丑之比，……故別立之。至於土司，古謂羈縻州也，不內不外，釁隙易萌，大抵多建置於元，而滋蔓於明，控馭之道，與牧民殊，與禦敵國又殊，故自為一類焉。

《廿二史劄記》卷三十一「《明史》」：

【F】近代諸史，自歐陽公《五代史》外，《遼史》簡略，《宋史》繁蕪，《元史》草率，惟《金史》行文雅潔，敘事簡括，稍為可觀，然未有如《明史》之完善者。

【A】蓋自康熙十七年用博學弘詞諸臣分纂《明史》，葉方藹、張玉書總裁其事，繼又以湯斌、徐乾學、王鴻緒、陳廷敬、張英先後為總裁官，而諸纂修皆博學能文……後玉書任志書，廷敬任本紀，鴻緒任列傳。至五十三年，鴻緒傳稿成，表上之，而本紀、志、表尚未就，鴻緒又加纂輯，

【C】雍正元年再表上。世宗憲皇帝命張廷玉等為總裁，即鴻緒本選詞臣再加訂正，乾隆初始進呈。蓋閱六十年而後訖事，古來修史未有如此之日久而功深者也。惟其修於康熙時，去前朝未遠，見聞尚接，故事蹟原委多得其真，非同《後漢書》之修於宋，《晉書》之修於唐，徒據舊人記載而整齊其文也。又經數十年參考訂正……且是非久而後定，執筆者無所狗隱於其間，益可徵信，非如元末之修《宋》、《遼》、《金》三史，明初之修《元史》，時日迫促，不暇致詳，而潦草完事也。……此仿《史記》、《漢書》之例，以敘功臣世次。……姚廣孝非武臣，而以其為永樂功臣之首，則與張玉、朱能等同卷。黃福、陳洽等皆文臣，柳升、王通等皆武臣，而以其同事安南，則文武同卷。秦良玉本女土司，而以其曾官總兵，有戰功，則與諸將同卷。……甚至熊廷弼、王化貞，一主戰，一主守，意見不同也，而事相涉，則化貞不另傳，而併入《延弼傳》內。袁崇煥、毛文龍，一經略、一島帥，官職不同也，而事相涉，則文龍不另傳，而併入《崇煥傳》內。此又編纂之得當也。……至末造殉難者附傳尤多。如《朱大典傳》附王道焜等數十人，《張肯堂傳》附吳鍾巒等

數十人，而《史可法傳》既附文臣同死揚州之難者數十人，若再附武臣則篇幅太冗，乃以諸武臣盡附於《劉肇基傳》。……至諸臣有關於國之興替，事之功罪，則輕重務得其平。如李東陽、徐階、高拱、張居正、沈一貫、方從哲、熊廷弼、袁崇煥、陳奇瑜、熊文燦、楊嗣昌等。

【小結】此條抄自《四庫全書總目》卷四十六《明史》提要、《廿二史劄記》卷三十一「《明史》」條。作偽方式有四。第一，點竄字句；第二，增加句子；第三，改變順序；第四，多源組合，B、E、D 段抄自《明史》提要，F、A、C 段抄自「《明史》」條。

106.《明史》立傳多斟酌

《明史》立傳多有斟酌，必悉心參校，方見修史用意之精細。如《徐達》、《劉基》二傳，皆惟敘帝始終恩禮，毫無纖芥，雖平時有猜嫌之處，固可略而不書。而不從《龍興慈記》謂徐達病疽，帝賜蒸鵝食之而卒。為傳聞無稽之談，蓋當時功臣多不保全，如達、基得令終已屬幸免，故不復著微詞。《宋訥傳》惟敘其次子復祖為司業，誡諸生守訥規，違者罪至死而已。而不從《草木子》載訥以元臣降，為國子祭酒，極意嚴酷，至有諸生自縊者，謂甚於周、來等語。《張輔傳》惟敘其從英宗北征，死土木之難，而不從《庚巳編》謂輔逃歸，與家人訣，而死於先墓之說。蓋訥教有師法；輔四朝勳德，故各著其現在之大醇，而略其疑似之小疵。《楊廷和傳》不從《雙岐雜記》謂廷和之入閣由劉瑾之力，反言廷和忤瑾，瑾摘《會典》小誤，奪其俸二級。是不惟不附瑾，且與瑾為忤矣。《于謙傳》惟謂以石亨、曹吉祥誣以謀立襄王世子，故被殺。而不言事之真偽，而於《襄王瞻墡傳》書之。謂英宗復辟後，於皇太后閣內見襄國金符，乃土木陷後，欲召襄王而不果，其符遂留閣中。則謙之冤不辨而自白。國朝定鼎，但為崇禎帝及周後發喪成禮，而獨不及熹宗懿安張後，蓋當時傳聞張後未死故也。（時南昌推官史夏隆云：國變時後出宮，為李賊麾下劉旗鼓所得。劉本舊弁，事後無失禮。及我朝兵至，謂後不可失了朱家體面，後遂縊死。又陳玉瑾作《宦者高永壽傳》，張後與周後同日縊死。後有熹宗妃任氏出宮，為少年所得，年餘，費其資且盡，怒自稱「我張後也，胡為至此」，聞者不敢隱，遂送官。永壽獨識之，然亦不敢明正其偽）《本紀》則直據陳玉瑾所傳，大書國變時張後縊死宮中，而《流賊傳》亦稱李巖保護懿安皇后令自盡，使賢後不遭傳聞之誣衊，尤見書法之不苟矣。

【探源】《廿二史劄記》卷三十一「《明史》立傳多存大體」：

《明史》立傳多存大體，不參校他書，不知修史者斟酌之苦心也。如《龍興慈記》，徐達病疽，帝賜以蒸鵝，疽最忌鵝，達流涕食之，遂卒。……此固傳聞無稽之談。……今《明史》《達》、《基》二傳則帝始終恩禮，毫無纖芥，……而平時偶有嫌猜之處，固可略而不論。且其時功臣多不保全，如達、基之令終已屬僅事，故不復稍著微詞也。又如《草木子》載宋訥以元臣降，為國子祭酒，極意嚴刻以稱上意，監生自縊者月不乏人，……其酷甚於周興、來俊臣云。而《明史·訥傳》絕不及之，但謂其次子復祖為司業，誡諸生守訥規，違者罪至死而已。又如張輔之死，據《庚巳編》謂：……土木之難逃歸，與家人訣，而縊死於先墓。今輔本傳則但謂從英宗北征，死土木之難，絕不及逃歸自縊之事。蓋訥以嚴重立教，最有師法；輔四朝勳德，……故各著其所憂，而小疵在所略也。又如楊廷和之入閣，《雙岐雜記》謂由劉瑾之力，而本傳絕不及，並言廷和忤瑾，瑾摘《會典》小誤，奪其俸二級。是廷和不惟不附瑾，且與瑾忤矣。于謙之死，以石亨、曹吉祥誣以謀立襄王世子，故被殺。《謙傳》但謂曹、石之誣，而事之真偽，傳中不暇縷析，則於《襄王瞻墡傳》見之。謂英宗復辟後，於皇太后閣內見襄國金符，乃土木陷后，欲召襄王而不果，其符遂留閣中。……則謙之冤自不辨而白矣。熹宗懿安張后，國變時生死傳聞未確，故本朝定鼎但為崇禎帝及周后發喪成禮，而張后獨缺，蓋其時有傳張后未死者（時南昌推官史夏隆云，國變時后出宮，為李賊麾下劉旗鼓所得。劉本舊弁，事后無失禮，及我朝兵至，謂后不可失了朱家體面，后遂縊死。……又陳玉璣作《宦者高永壽傳》，張后與周后同日縊死。後有熹宗妃任氏出宮，為少年所得，年餘，費其貲且盡，任氏怒，自稱「我張后也，胡為至此」，聞者不敢隱，遂送官。永壽獨識之，然亦不敢明正其偽）……則本紀據陳玉璣所傳，大書國變時張后縊死宮中，而《流賊傳》亦稱李巖保護懿安皇后令自盡，使賢后不遭傳聞之誣衊，尤見書法之不苟矣。

【小結】此條抄自《廿二史劄記》卷三十一「《明史》立傳多存大體」條。作偽方式為點竄字句。

107.《竹書紀年》非本書

【A】案《晉書．束皙傳》，《竹書紀年》十三篇，與《隋志》合。今本止上下二卷，【B】後人以其所載皆三代時事，往往與經傳相合，故通人博士多喜引據。然考《束皙傳》「記夏以來」，《左傳後序》言「起自夏商周，皆三代王事」。而今本起自黃帝、顓頊、帝嚳、堯、舜，又證以諸家所引《竹書》，皆今本所無，有亦多不相符，知非汲冢本書矣。【C】案杜預注《左傳》「攜王奸命」句，引服虔說，以為伯服，疏並引束皙以為伯盤。今本乃有餘臣之說。使《竹書》原有此文，不應杜、孔二人皆未睹。郭璞注《穆天子傳》，引《紀年》七條，與今本相同者三條。璞稱《紀年》而今在注中者三條。璞時不應先有注，且文亦不屬。其「穆天子見西王母，西王母止之曰：有鳥䴏人」，今本無之。《隋書．經籍志》曰：「《紀年》皆用夏正建寅之月為歲首。」今本自入春秋以後，時月並與經同，全從周正，酈道元《水經注》引《竹書》七十六條，如《春秋》之為魯史。而今本晉國之年皆附周下。又所引「出公六年荀瑤成宅陽」，「梁惠王元年鄴師邯鄲，師次於平陽」，「魏襄王六年秦取我焦」及「齊師伐趙東鄙圍中牟」諸條，今本皆無之。劉知幾《史通》引《竹書》「文王殺季歷」，今本作「文丁」。又引《竹書》「鄭桓公，厲王之子」，今本錫王子多父命居洛，在宣王二十二年。王子多父為鄭公在幽王二年，皆不云厲王子。李善《文選注》引《竹書》五條，惟有「太甲殺伊尹」一條。瞿曇悉達《開元占經》引《竹書》四條，今本皆無之。司馬貞《史記索隱》引《竹書》晉出公二十三年奔楚，乃立昭公之孫，是為敬公。今本作「出公薨」。又引秦與衛戰岸門，惠王後元十一年會齊於平阿，十三年會齊於甄，齊桓公君母，齊宣王后，宋易成肝廢君自立，楮里疾圍蒲七條，今本皆無之。楊士勳《穀梁傳疏》引《竹書》周昭王膠舟之事，以駁《呂氏春秋》。今本但云王陟，無膠舟事。王存《元豐九域志》引《竹書》陰司馬敗燕公子翌於武垣，今本無之。羅泌、羅蘋《路史》引《竹書》周武王年五十四，辨武王非年九十三。今本乃作九十三。又注引《竹書》夏后不降六十九年，證《世紀》五十九之異。今本乃亦作五十九。《路史》又引梁惠成八年雨骨於赤鞞，注又引夏桀末社坼裂。今本皆無之。鮑彪《戰國策注》引《竹書》魏救中山，塞集胥口。今本無之。董逌《廣川書跋》引《竹書》秦穆公十一年取靈丘，今本無之。其餘雖證以《竹書》多相合符，然允徵辰弗集於房，說命稱舊學於甘盤，皆出梅頤《古文尚書》。在西晉之後，不應先見《竹書》。其為後人鈔撮諸書成之無疑矣。【D】卷首署「梁沈約附注」。案《梁

書‧沈約傳》不云約注汲郡古文。《隋》、《唐志》載《紀年》亦不言約有附注。今本《紀年》所載祥瑞事，自黃帝至周武王，皆見《宋書‧符瑞志》，其文正同。當亦後人取《宋書‧符瑞志》附益之，而卷首妄為題署耳。讀者當分別觀之可也。

【探源】《經義雜記》卷二十五「《竹書紀年》」：

【A】《束晳傳》，《紀年》十三篇，《隋志》，《紀年》十二卷並《竹書同異》一卷，共十三卷。……與《束傳》正合。……乃今本止上下兩卷，……又《束傳》云「記夏以來」，《左傳後序》言「起自夏商周，皆三代王事」。而今本起自黃帝、顓頊、帝嚳、堯、舜，則非汲冢本書矣。

【D】卷首署「梁沈約附注」。今考《紀年》所載祥瑞事，自黃帝至周武王，皆見《宋書‧符瑞志》，其文正同。……《梁書》、《南史‧沈約傳》俱不云注汲郡古文。《隋》、《唐志》載《紀年》亦不言約有附注。殆後人取《宋書‧符瑞志》附益卷首，妄為題署耳。

【B】後人以其所載多三代時事，往往與經傳有合者，故通人博士咸喜引據。然不可不分別觀之也。

《四庫全書總目》卷四十七《竹書紀年》提要：

【C】又杜預注《左傳》「攜王奸命」句，引服虔說，以為伯服。疏並引束晳以為伯盤。今本乃有餘臣之說。使《竹書》原有此文，不應二人皆未睹。則非束晳、杜預所見本也。郭璞注《穆天子傳》，引《紀年》七條。以今本核之，相同者三條。璞稱《紀年》而今在注中者三條。璞時不應先有注。且三條並為一條，文亦不屬。其「穆天子見西王母，西王母止之曰：有鳥𪄻人」一條，今本無之。……《隋書‧經籍志》曰：「《紀年》皆用夏正建寅之月為歲首。」今本自入春秋以後，時月並與經同，全從周正。……《水經注》引《竹書》七十六條，……如《春秋》之為魯史。而此本晉國之年皆附周下。又所引「出公六年荀瑤成宅陽」，「梁惠王元年鄴師邯鄲，師次於平陽」，「魏襄王六年秦取我焦」，及「齊師伐趙東鄙圍中牟」諸條，今本皆無。……《史通》引《竹書》「文王殺季歷」。今本作「文丁」。又引《竹書》「鄭桓公，厲王之子」。今本錫王子多父命居洛，在宣王二十二年。王子多父為鄭公在幽王二年。皆不云厲王子。……

《文選注》引《竹書》五條。今惟有「太甲殺伊尹」一條。……《開元占經》引《竹書》四條。今本皆無。……《史記索隱》引《竹書》晉出公二十三年奔楚，乃立昭公之孫，是為敬公。今本作「出公薨」。又引秦與衛戰岸門，惠王後元十一年會齊於平阿，十三年會齊於甄，齊桓公君母，齊宣王后，宋易成肝廢君自立，楮里疾圍蒲七條。今本皆無。……《穀梁傳疏》引《竹書紀年》周昭王膠舟之事，以駁《呂氏春秋》。今本但曰王陟，無膠舟事。……《元豐九域志》引《竹書》陰司馬敗燕公子翌於武垣一條。今本亦無。……《路史》引《竹書》周武王年五十四，辨武王非年九十三。今本乃作九十三。又注引《竹書》夏后不降六十九年，證《世紀》五十九年之異。今本乃亦作五十九。《路史》又引梁惠成八年雨骨於赤鞞，注又引夏桀末年社坼裂。今本並無。……《戰國策注》引《竹書》魏救中山，塞集胥口。今本無之。……《廣川書跋》引《竹書》秦穆公十一年取靈丘。今本無之。……雖其他證以《竹書》往往相合，然允徵稱辰弗集於房，說命稱舊學於甘盤，均出梅賾《古文尚書》。在西晉之後，不應先見《竹書》。豈亦明人抄合諸書以為之？

【小結】此條抄自《經義雜記》卷二十五「《竹書紀年》」條、《四庫全書總目》卷四十七《竹書紀年》提要。作偽方式有四。第一，點竄字句；第二，增加句子；第三，改變順序；第四，多源組合，A、D、B 段抄自「《竹書紀年》」條，C 段抄自《竹書紀年》提要。

108.《家禮》非朱子之書

王懋竑《白田雜著》有《家禮考》，曰：「《家禮》非朱子之書也。《家禮》載於《行狀》，其《序》載於《文集》，其成書之歲月載於《年譜》，其書亡而復得之由載於《家禮附錄》。自宋以來，遵而用之。其為朱子之書，幾無可疑者。乃今反覆考之，而知決非朱子之書也。李公晦敘《年譜》，《家禮》成於庚寅居祝孺人喪時。《文集序》不記年月，而序中絕不及居喪事。《家禮附錄》陳安卿述朱敬之語，以為此往年僧寺所亡本，有士人錄得，會先生葬日攜來，因得之。其錄得攜來，不言其何人，亦不言其得之何所也。黃勉齋作《行狀》，但云所輯《家禮》，世所遵用，其後有損益，未及更定，既不言成於居母喪時，亦不言其亡而復得。其《書家禮後》亦然。敬之，朱子季子。公晦、勉齋、安

卿皆朱子高第弟子。而其言參錯，不可考據如此。案《文集》朱子《答汪尚書書》、《與張敬夫書》、《呂伯恭書》，其論《祭儀》、《祭說》，往復甚詳。汪、呂書在壬辰、癸巳，張書不詳其年，計亦在其前後也。壬辰、癸巳距庚寅僅二三年。《家禮》已有成書，何為絕不之及，而僅以《祭儀》、《祭說》為言耶？陳安卿錄云：『向作《祭儀》、《祭說》，甚簡而易曉，今已亡之矣。』則是所亡者乃《祭儀》、《祭說》而非《家禮》也明矣。《文集》、《語錄》自《家禮序》外，無一語及《家禮》者。惟《與蔡季通書》有已取《家禮》四卷納一哥之語。此《儀禮經傳通解》中《家禮》六卷之四，而非今所傳之《家禮》也。甲寅八月《跋三家禮範後》云：『嘗欲因司馬氏之書，參考諸家，裁訂增損，舉綱張目，以附其後。顧以衰病，不能已已。後之君子，必有以成吾志也。』庚寅距甲寅二十餘年，庚寅已有成書，朱子雖耄老，豈盡忘之，至是而乃為是語耶？竊嘗推求其故，此必有因《三家禮範》跋語而依仿以成之者。蓋自附於後之君子，而傳者遂以託之朱子所自作。其《序》文亦依仿《禮範》跋語，而於《家禮》反有不合。《家禮》重宗法，此程、張、司馬氏所未及。而序中絕不言之，以跋語所未有也。其《年譜》所云『居母喪時所作』，則或者以意附益之耳。敬之但據所傳，不加深考，此如司馬季思刻溫公書之比。公晦從遊在戊申后，其於早年固所不詳，只敘所聞以為譜，而勉齋《行狀》之作在朱子沒後二十餘年。其時《家禮》已盛行，又為敬之所傳錄，故不欲公言其非，但其詞略而不盡。其《書家禮後》，謂《經傳通解》未成為百世之遺恨，則其微意亦可見矣。後之人徒以朱子季子所傳，又見《行狀》、《年譜》所載，廖子晦、陳安卿皆為刊刻，三山楊氏、上饒周氏復為之考訂，尊而用之，不敢少致其疑。然雖云尊用其書，實未有能行之者，故於其中謬誤，亦不及察，徒口相傳以熟文公《家禮》云爾。惟元應氏作《家禮辨》，其文亦不傳，僅見於明丘仲深潛所刻《家禮》中。其辨專據《三家禮範》跋語，多疏略，未有解世人之惑，仲深亦不然之。故余今徧考《年譜》、《行狀》及朱子《文集》、《語錄》所載，俱附於後，而一一詳證之。其應氏、丘氏，亦附焉。其他所載謬誤亦數十條，庶來者有以知《家禮》決非朱子之書，而余亦得免於鑿空妄言之罪。」云云，其考證頗精覈有據。案懋竑之學，篤信朱子，惟於《易本義》九圖及是書斷斷辯論，不肯附會。則是書不出朱子，決然無疑矣。

【探源】《四庫全書總目》卷二十二《家禮》提要：

王懋竑《白田雜著》有《家禮考》，曰：「《家禮》非朱子之書也。

《家禮》載於《行狀》，其《序》載於《文集》，其成書之歲月載於《年譜》，其書亡而復得之由載於《家禮附錄》。自宋以來，遵而用之。其為朱子之書，幾無可疑者。乃今反覆考之，而知決非朱子之書也。李公晦敍《年譜》，《家禮》成於庚寅居祝孺人喪時。《文集序》不記年月，而《序》中絕不及居喪事。《家禮附錄》陳安卿述朱敬之語，以為此往年僧寺所亡本。有士人錄得，會先生葬日攜來，因得之。其錄得攜來，不言其何人。亦不言其得之何所也。黃勉齋作《行狀》但云所輯《家禮》，世所遵用，其後有損益，未及更定。既不言成於居母喪時，亦不言其亡而復得。其《書家禮後》亦然。敬之，朱子季子。公晦、勉齋、安卿皆朱子高第弟子。而其言參錯，不可考據如此。案《文集》朱子《答汪尚書書》、《與張敬夫書》、《呂伯恭書》，其論《祭儀》、《祭說》，往復甚詳。汪、呂書在壬辰、癸巳，張書不詳其年，計亦在其前後也。壬辰、癸巳距庚寅僅二三年。《家禮》既有成書，何為絕不之及，而僅以《祭儀》、《祭說》為言耶？陳安卿錄云：『向作《祭儀》、《祭說》，甚簡而易曉，今已亡之矣。』則是所亡者乃《祭儀》、《祭說》，而非《家禮》也明矣。《文集》、《語錄》自《家禮序》外，無一語及《家禮》者。惟《與蔡季通書》有已取《家禮》四卷納一哥之語。此《儀禮經傳通解》中《家禮》六卷之四，而非今所傳之《家禮》也。甲寅八月《跋三家禮範後》云：『嘗欲因司馬氏之書，參考諸家，裁訂增損，舉綱張目，以附其後。顧以衰病，不能及已。後之君子，必有以成吾志也。』甲寅距庚寅二十年，庚寅已有成書，朱子雖耆老，豈盡忘之，至是而乃為是語耶？竊嘗推求其故，此必有因《三家禮範》跋語而依仿以成之者。蓋自附於後之君子，而傳者遂以託之朱子所自作。其《序》文亦依仿《禮範》跋語，而於《家禮》反有不合。《家禮》重宗法，此程、張、司馬氏所未及。而《序》中絕不言之，以跋語所未有也。其《年譜》所云『居母喪時所作』，則或者以意附益之爾。敬之但據所傳，不加深考，此如司馬季思刻溫公書之比。公晦從遊在戊申后，其於早年固所不詳，只敍所聞以為譜，而勉齋《行狀》之作在朱子沒後二十餘年。其時《家禮》已盛行，又為敬之所傳錄。故不欲公言其非。但其詞略而不盡。其《書家禮後》，謂《經傳通解》未成為百世之遺恨，

則其微意亦可見矣。後之人徒以朱子季子所傳，又見《行狀》、《年譜》所載，廖子晦、陳安卿皆為刊刻，三山楊氏、上饒周氏復為之考訂。尊而用之，不敢少致其疑。然雖云尊用其書，實未有能行者。故於其中謬誤，亦不及察，徒口相傳以熟文公《家禮》云爾。惟元應氏作《家禮辨》，其文亦不傳，僅見於明丘仲深濬所刻《家禮》中。其辨專據《三家禮範》跋，語多疏略，未有以解世人之惑。仲深亦不然之。故余今徧考《年譜》、《行狀》及朱子《文集》、《語錄》所載，俱附於後，而一一詳證之。其應氏、丘氏語，亦並附焉。其他所載謬誤亦數十條，庶來者有以知《家禮》決非朱子之書。而余亦得免於鑿空妄言之罪。」云云。其考證最明。又有《家禮後考》十七條，引諸說以相印證《家禮》，《考誤》四十六條，引古禮以相辨難，其說並精覈有據。懋竑之學，篤信朱子，獨於《易本義》九圖及是書斷斷辯論，不肯附會。則是書之不出朱子，可灼然無疑。

【小結】此條抄自《四庫全書總目》卷二十二《家禮》提要。作偽方式為點竄字句。

109. 緯候圖讖之書

漢哀、平之世，緯讖興焉。緯有七，凡三十六篇。《易》之緯六，曰《稽覽圖》、《乾鑿度》、《坤靈圖》、《通卦驗》、《是類謀》、《辨終備》；《詩》之緯三，曰《推度災》、《泛曆樞》《含神霧》；《書》之緯五，曰《璇璣鈐》、《考靈曜》、《帝命驗》、《刑德放》、《運期授》；《禮》之緯三，曰《含文嘉》、《稽命徵》、《斗威儀》；《樂》之緯三，曰《動聲儀》、《稽曜嘉》、《叶圖徵》；《孝經》之緯二，曰《援神契》、《鉤命決》；《春秋》之緯十四，曰《演孔圖》、《元命苞》、《文耀鉤》、《運斗樞》、《感精符》、《合誠圖》、《考異郵》、《保乾圖》、《漢含孳》、《佐助期》、《握誠圖》、《潛潭巴》、《說題詞》、《命曆序》。凡三十六篇，所謂七緯也。《困學記聞》所載闕《命曆序》，只三十有五，應是遺漏耳。李善《文選注》，《易》緯無《稽覽圖》、《辨終備》而有《通系卦》，《樂》有《樂錄圖》，《春秋》有《孔錄圖》，其《通系卦》或即《通卦驗》也。《太平御覽》，《書》緯有《帝驗期》，《禮》緯有《稽命曜》，或即《帝命驗》與《稽命徵》，而《孝經》有《左方契》、《威嬉拒》，則又選注所不及也。《隋書》言《河圖》九篇，《洛書》六篇，自黃帝至周文王所受本文。又別有三十篇，自初起至孔子，九

聖之所增衍，以廣其意。又有七經緯三十六篇，並為孔子所作，並合前為八十一篇。今考《尚書·中候》之外，《河圖》九篇，具見《文選注》，曰《括地象》，曰《帝覽嬉》，曰《帝通紀》，曰《著命》，曰《闓包受》，曰《會昌符》，曰《龍文》，曰《玉版》，曰《考鉤》，其數相符。惟《洛書》只有其二，曰《摘亡辭》，曰《天淮聽》。而有獨稱《尚書》「雒書」者，豈本無篇名耶？又有曰《春秋河圖揆命》篇者，豈即《著命》耶？有《樂錄圖》，又有《春秋錄圖》，其皆在別三十篇之數耶？《隋書》於《中候》外有《洛罪級》、《五行傳》，《文獻通考》有《坤鑿度》、《乾坤鑿》、《周易乾元序制記》，名之各異，其異同不可知矣。至讖與緯異，而《唐志》有《論語緯》十卷，則讖亦稱緯。讖有十，其可舉者曰《論語比考讖》、《論語撰考讖》、《論語陰嬉讖》、《論語糾滑讖》、《論語摘輔像讖》、《論語素王受命讖》、《論語崇爵讖》、《論語摘衰聖承進讖》，尚有二者之名不知也。鄭氏《釋禮》於七緯皆曰說，不曰緯。自漢以來，通內學者朱竹垞考之正史及諸碑版，作《說緯》，詳載《曝書亭集》中。

【探源】《韓門綴學》卷一「緯候圖讖」：

> 漢哀、平之世，讖緯興焉。緯有七，凡三十六篇。《易》之緯六，曰《稽覽圖》（二卷，又稱三卷）、《乾鑿度》（二卷）、《坤靈圖》（一卷）、《通卦驗》（亦作驗卦）、《是類謀》（一卷）、《辨終備》（一卷）；《詩》之緯三，曰《推度災》、《泛曆樞》、《含神霧》；《書》之緯五，曰《璇璣鈐》、《考靈曜》、《帝命驗》、《刑德放》、《運期授》（二卷）；《禮》之緯三，曰《含文嘉》、《稽命徵》、《斗威儀》；《樂》之緯三，曰《動聲儀》、《稽耀嘉》、《叶圖徵》；《孝經》之緯二，曰《援神契》、《鉤命決》；《春秋》之緯十四，曰《演孔圖》、《元命苞》、《文耀鉤》、《運斗樞》、《感精符》、《合誠圖》、《考異郵》、《保乾圖》、《漢含孳》、《佐助期》、《握誠圖》、《潛潭巴》、《說題詞》、《命曆序》。凡三十六篇，所謂七緯也。《困學紀聞》載七經，緯闕載《命曆序》，數隻三十有五，應是遺漏。李善《文選注》，《易》緯無《稽覽圖》、《辨終備》，《書》緯無《運期授》，而《易》有《通系卦》，《樂》有《樂錄圖》，《春秋》有《孔錄法》，其《通系卦》或即《通卦驗》也。《太平御覽》，《書》緯有《帝驗期》，《禮》緯有《稽命曜》，或即《帝命驗》與《稽命徵》，而《孝經》有《左方契》、《威嬉拒》，則又選注所不及也。《隋書》言《河圖》九篇，《洛書》六篇，自黃帝至周文王所受本

文。又別有三十篇，自初起至於孔子，九聖之所增衍，以廣其意。又有七經緯三十六篇，並為孔子所作，並前合為八十一篇。今考《尚書‧中候》之外，《河圖》九篇，具見《選注》，曰《括地象》，曰《帝覽嬉》，曰《帝通紀》，曰《著命》，曰《闓包受》，曰《會昌符》，曰《龍文》，曰《玉版》，曰《考鉤》，其數相符。惟《洛書》只有其二，曰《摘亡辭》，曰《天淮聽》。而有獨稱《尚書》「雒書」者，豈本無篇名耶？又有曰《春秋河圖揆命篇》者，豈即《著命》耶？有《樂錄圖》，又有《春秋錄圖》，其皆在別三十篇之數耶？《隋書》於《中候》外有《洛罪級》、《五行傳》，《文獻通考》有《坤鑿度》（二卷）、《乾坤鑿》（二卷）、《周易乾元序制記》（一卷），名之各異，其同異不可知矣。至讖與緯異，而《唐志》有《論語緯》十卷，則讖亦稱緯。讖有十，其可舉者曰《論語比考讖》、《論語撰考讖》、《論語陰嬉讖》、《論語糾滑讖》、《論語摘輔像讖》、《論語素王受命讖》、《論語崇爵讖》、《論語摘衰聖承進讖》，尚有二者之名不知也。鄭氏《釋禮》於七緯皆曰說，不曰緯。自漢以來，通內學者竹垞考之正史及諸碑版，作《說緯》，載集中。

【小結】此條抄自《韓門綴學》卷一「緯候圖讖」。作偽方式為點竄字句。

110.《南史》較《齊書》加詳

【A】《南史》於《宋書》、《梁書》、《陳書》頗多刪減，而於《齊書》每多加詳處。今姑就有關係者約檢出若干條焉。《王儉傳》，齊高為相，儉請間於帝曰：「功高不賞，以公今日地位，欲北面居人臣，可乎？」帝正色裁之，而神采內和。又言：「小復推遷，恐人情易變，七尺不能保。」帝笑曰：「卿言不無理。」儉即曰：「當令褚公知之。」帝曰：「我當自往。」乃造淵，歗言移晷，曰：「我夢應得官。」淵曰：「今授始爾，恐一二年間未容便移。」帝還告儉，儉曰：「褚是未達事理。」乃即令虞整作詔。及高帝為太尉以至受禪，詔策皆出於儉，此正見儉傾心於齊高，為佐命功臣之處。又更定衣服之制，引《漢書》及《魏都賦》，為藩國侍臣服貂之證。又引《晉典‧勸進表》，定百僚致敬齊公之禮。引《春秋》曹世子來朝，定齊國世子之禮。及受禪改元應特舉郊祭之禮，立春在上辛後仍應南郊之禮，皆援據有典。此正見儉深於禮學，為開國文臣之首。《褚淵傳》，父湛之有所愛牛墮井，湛之躬率左右救之，淵弗顧也。湛

之沒，有兩府寶物在淵生母郭氏處，嫡母吳氏求之，郭不與，淵再三請，乃從之。又山陰公主見淵貌美，請於廢帝，召以自侍，備見逼迫，終不移志。又時淮北已屬魏，江南無鰒魚，一枚直數千錢。或有餉三十枚者，門生請賣之可得十萬錢。淵悉以與親遊噉之，少日而盡。又後廢帝時，袁粲知淵私於齊高，謂淵曰：「國家所倚，惟公與劉丹陽及粲耳，願各自勉，無為竹帛所笑。」淵曰：「願以鄙心寄公腹內。」然竟不能貞固。齊高功業日重，王儉議加九錫，齊高恐淵不同，任遐曰：「淵保妻子，愛性命，非有奇才，遐力能制之。」果無違異。《張敬兒傳》，敬兒貧時，嘗為襄陽城東吳泰家擔水，通其婢。事發逃空棺中，以蓋加上，乃免。及建鵲尾軍功，收籍吳氏家財數千萬，並取所通婢為妾。《王敬則傳》，生時母為女巫，謂應得鳴鼓角，人笑之曰：「汝子得為人鳴鼓角，幸矣。」及長，與既陽縣吏鬥，謂曰：「我若得既陽縣，當鞭汝背。」吏唾其面曰：「汝得既陽縣，我應作司徒公矣。」又嘗至高麗，與其國女子私通，後將被收，乃逃歸。後果得既陽縣，昔日吏逃亡，勒令出，遇之甚厚，曰：「我已得既陽，汝何時作司徒公耶？」又禪位時，宋順帝逃入宮內，敬則將輿入宮，啟譬令出。順帝謂敬則曰：「欲見殺乎？」答曰：「出居別宮耳。官昔取司馬家亦如此。」順帝泣曰：「惟願生生世世不復與帝王作因緣。」宮內盡哭。又敬則與王儉同拜開府儀同三司，徐孝嗣戲儉曰：「今日可謂合璧。」儉曰：「不意老子與韓非同傳。」或以告敬則，敬則欣然曰：「我南沙縣小吏，得與王衛軍同日拜三公，復何恨？」《柳世隆傳》，世隆初起兵應明帝，為孔道存所敗，逃匿，其母妻並縶在獄。時購世隆甚急，或斬一貌似者送道存，道存示其母妻，母哭不甚哀，而妻號慟方甚，竊謂姑曰：「今不悲，恐為人所覺。」故大慟以滅其跡也。又世隆性清廉，張緒曰：「君當以清名遺子孫耶？」答曰：「一身之外，亦復何須？子孫不才，將為爭府，如其才也，不如一經。」韋祖征鄉里舊德，世隆雖貴，每為之拜。或勸祖征止之，答曰：「司馬公為後生楷法，吾何為止之。」《張瓌傳》，安陸王緬行部雍州，見丐者，問何不事業而行乞，答曰：「張瓌使君在州，百姓家得相保，後人苛虐，故至行乞。」又後拜太常卿，自以閒職，輒歸家。武帝曰：「卿輩未富貴，謂人不與。既富貴，那復欲委去？」《王廣之傳》，廣之求劉勔所乘馬，皇甫肅曰：「廣之敢奪節下馬，當斬。」後廣之破敵還，甚敬肅。勔亡後，肅轉依廣之，廣之啟為東海太守。其不念舊惡如此。《豫章王嶷傳》，《南史》所刪削最多，然亦有增益者。是時武帝奢侈，後宮萬餘人，宮內不容，暴室皆滿。嶷後房亦千餘人，荀丕獻書諫

嶷，嶷諮嗟良久，為之稍減。又嶷死後，忽見形於沈文季曰：「我未便應死，皇太子加膏中十一藥，使我癃不差，湯中又加一藥，使我利不斷。吾已訴上帝矣。」俄而太子薨。《齊書》無之。蓋子顯不欲見其父之中毒，且為文惠太子諱也。《武陵王奕傳》，侍武帝宴，醉伏地，貂抄肉柈，帝曰：「污貂。」對曰：「陛下愛其羽毛，而疏其骨肉。」又嘗在帝前與竟陵王子良圍棋，子良大北。豫章王嶷私勸其讓，奕曰：「生平未嘗一口妄語。」執心疏婞，偏不知悔。《江夏王鋒傳》，其母張氏為宋蒼梧王逼取，又欲害鋒，高帝乃匿鋒於張氏邸舍。五歲學鳳尾諾，一學即工。又武帝禁藩邸諸王不得讀異書，《五經》之外惟許看《孝子圖》，鋒乃密使人買書。又鋒善琴，帝欲試以臨人，鋒曰：「昔鄒忌鼓琴，齊威王委以國政。」遂出為南徐州刺史。又善與人交，幕僚王和赴益州任，來告，流涕曰：「下官少來未嘗作詩，今日違戀，不覺文生於情。」鋒工書，南郡王昭業謂武帝曰：「臣書勝江夏。」帝曰：「闍梨第一，法身第二。」法身，昭業小名；闍梨，鋒小名也。又明帝輔政時，鋒危懼，深自晦跡。江祏曰：「江夏王有才行，而善能匿跡。」鋒聞歎曰：「江祏遂為混沌畫眉，益反敝耳。寡人聲酒自耽，狗馬是好，豈復一毫於平生哉。」嘗著《修柏賦》以寓意。又見明帝，言次及遙光才力可任，鋒曰：「遙光之於殿下，猶殿下之於高皇，衛宗廟，安社稷。」明帝失色。後被殺，江敩聞之流涕曰：「芳蘭當門，不得不鋤，其《修柏》之賦乎！」《宜都王鏗傳》，三歲喪母，及有識，聞知母死，悲禱。一夕果夢一女人，云是其母。因向左右說夢中所見，形貌衣服皆如平生，聞者以為孝感。又明帝誅高、武諸子，鏗詠陸機《弔魏武》云：「昔以四海為己任，死則以愛子託人。」左右皆泣下。後果遣呂文顯齎藥至，正逢八關齋，鏗從容謂曰：「高帝昔寵任君，何事有今日之行？」答曰：「出不得已。」乃仰藥死。又死後見夢於其師陶弘景，云當託生某家。弘景參訪果符，乃著《夢記》。《河東王鉉傳》，幼時高帝晝臥纏髮，鉉上高帝腹弄繩，帝因以繩賜之。及崩後，鉉以錦函盛繩，歲時開示，輒流涕嗚咽。被殺時欣然曰：「死生命也，終不效建安王乞為奴。」乃仰藥死。【B】《魚腹侯子響傳》，子響以董蠻為僚屬，武帝聞之，曰：「人以蠻名，何得蘊藉？」改名為仲舒。謂：「今日仲舒何如昔日仲舒？」對曰：「昔日仲舒出自私庭，今日仲舒降自天帝，故當勝之。」【C】《竟陵王子良傳》，《南史》所刪削者亦最多，然亦有增益者。幼時高帝為贛縣令，其母裴后嘗為高帝所怒，遣還家，已登路。子良不悅，帝曰：「何不讀書？」子良曰：「娘今何在？何用讀書？」帝乃召還裴后。子良亡後，

袁彖謂陸慧曉曰：「齊氏微弱，已數年矣。爪牙柱石之臣都盡，所餘惟風流名士耳。若不立長君，無以鎮四海。王融欲立子良，實安社稷，恨其不能斷事，以至被殺。今蒼生方塗炭，正當瀝耳聽之。」《晉安王子懋傳》，幼時母阮淑媛嘗病危，請僧祈禱。有獻蓮花供佛者，子懋禮佛曰：「若使阿姨病癒，願佛令此花不萎。」七日齋畢，花更鮮好，當時稱其孝感。又子懋被害後，參軍周英、防閣陸超之、董僧慧皆抗節不屈。王元邈執僧慧，僧慧曰：「晉安舉事，僕實與謀。今得為主人死，不恨矣。願至主人大斂畢，退就死。」元邈許之。還，具白明帝，以配東冶。子懋子昭基，年九歲，以方寸絹為書，問消息。僧慧得書曰：「此郎君書也。」悲慟而卒。陸超之見子懋死，或勸其逃亡，答曰：「人皆有死，何足懼？吾若逃，非惟孤晉安之眷，亦恐田橫客笑人。」有門生姓周者，謂殺超之可得賞，乃伺超之坐，自後斬之。及殯殮，周又助舉棺，墮壓其頭，折而死，聞者以為天道焉。《巴陵王倫傳》，明帝遣茹法亮殺子倫，子倫鎮琅琊，有守兵，恐其見拒，以問典籤裴伯茂。伯茂曰：「若遣兵取之，恐不可即辦。若委伯茂，伯茂一小吏力耳。」法亮乃令伯茂以酖逼之。子倫謂法亮曰：「君是身家舊人，今銜此命，當由事不獲已，此酒非勸酬之爵。」因仰之而死。以上皆《齊書》所略而《南史》加詳者也。

【探源】《廿二史劄記》卷十「《南史》增《齊書》處」：

【A】《南史》於《宋書》大概刪十之三四，……於齊不惟不刪，且大增補。今以兩書相校，……姑摘錄於左：《王儉傳》。(增) 齊高帝為相，儉請間於帝曰：「功高不賞。以公今日地位，欲北面居人臣，可乎？」帝正色裁之，而神采內和。儉又言「公若小復推遷，恐人情易變，七尺不能保。」帝笑曰：「卿言不無理。」儉即曰：「當令褚公知之。」帝曰：「我當自往。」乃造淵，款言移晷，曰：「我夢應得官。」淵曰：「今授始爾，恐一二年間未容便移。」帝還告儉，儉曰：「褚是未達事理。」乃即令虞整作詔。及高帝為太尉以至受禪，詔策皆出於儉，此正見儉傾心於齊高，為佐命功臣之處。更定衣服之制，引《漢書》及《魏都賦》，為藩國侍臣服貂之證。又引《晉典·勸進表》，定百僚致敬齊公之禮。引《春秋》曹世子來朝，定齊國世子之禮。及受禪改元應特舉郊祭之禮，立春在上辛後仍應南郊之禮，皆援據有典。此正見儉深於禮學，為開國文臣之首。《褚淵傳》。(增) 幼時父湛之有所愛牛墮井，湛之躬率左右救之，淵勿顧也。

湛之歿，有兩府寶物在淵生母郭氏處，嫡母吳氏求之，郭不與，淵再三請，乃從之。山陰公主見淵貌美，請於廢帝，召以自侍，備見逼迫，淵終不移志。時淮北已屬魏，江南無鰒魚，一枚直數千錢，或有餉三十枚者，門生請賣之，可得十萬錢，淵悉以與親遊噉之，少日而盡。後廢帝時，袁粲知淵私於齊高，謂淵曰：「國家所倚，惟公與劉丹陽及粲耳。願各自勉，無為竹帛所笑。」淵曰：「願以鄙心寄公腹內。」然竟不能貞固。齊高功業日重，王儉議加九錫，齊高恐淵不同，任遐曰：「淵保妻子，愛性命，非有奇才，遐力能制之。」果無違異。《張敬兒傳》。（增）敬兒貧時，嘗為襄陽城東吳泰家擔水，通其婢。事發逃空棺中，以蓋加上，乃免。及建鵲尾軍功，收籍吳氏家財數千萬，並取所通婢為妾。《王敬則傳》。（增）生時母為女巫，謂應得鳴鼓角，人笑之曰：「汝子得為人鳴鼓角，幸矣。」及長，與既陽縣吏鬥，謂曰：「我若得既陽縣，當鞭汝背。」吏唾其面曰：「汝得既陽縣，我應作司徒公矣。」又嘗至高麗，與其國女子私通，後將被收，乃逃歸。後果得既陽令，昔日吏逃亡，勒令出，遇之甚厚，曰：「我已得既陽，汝何時作司徒公耶？」禪位時，宋順帝逃入宮內，敬則將輿入宮，啟譬令出。順帝謂敬則曰：「欲見殺乎？」答曰：「出居別宮耳。官昔取司馬家亦如此。」順帝泣曰：「惟願生生世世不復與帝王作因緣。」宮內盡哭。敬則與王儉同拜開府儀同三司，徐孝嗣戲儉曰：「今日可謂合璧。」儉曰：「不意老子與韓非同傳。」或以告敬則，敬則欣然曰：「我南沙縣小吏，遂與王衛軍同日拜三公，復何恨？」《柳世隆傳》。（增）世隆初起兵應明帝，為孔道存所敗，逃匿，其母妻並繫在獄。時購世隆甚急，或斬一貌似者送道存，道存示其母妻，母哭不甚哀，而妻號慟方甚，竊謂姑曰：「今不悲，恐為人所覺。」故大慟以滅其跡也。世隆性清廉，張緒曰：「君當以清名遺子孫耶？」答曰：「一身之外，亦復何須。子孫不才，將為爭府，如其才也，不如一經。」韋祖征鄉里舊德，世隆雖貴，每為之拜。或勸祖征止之，答曰：「司馬公為後生楷法，吾何必止之？」《張瓌傳》。（增）安陸王緬行部雍州，見丐者，問何不事產而行乞，答曰：「昔張瓌使君在州，百姓家得相保。後人苛虐，故至行乞。」後拜太常卿，自以閑職，輒歸家。武帝曰：「卿輩未富貴，謂人不與。既

富貴，那復欲委去？」……《王廣之傳》。(增) 廣之求劉勔所乘馬，皇甫肅曰：「廣之敢奪節下馬，當斬。」後廣之破敵還，甚敬肅。勔亡後，肅轉依廣之，廣之啟為東海太守。其不念舊惡如此。《豫章王嶷傳》，《南史》所刪最多，以此傳本太冗，至八九千字也，然又有增者。是時武帝奢侈，後宮萬餘人，宮內不容，暴室皆滿。嶷後房亦千餘人，荀丕獻書諫嶷，嶷諮嗟良久，為之稍減。又增嶷死後，忽見形於沈文季曰：「我未便應死，皇太子加膏中十一藥，使我癱不差，湯中又加一藥，使我利不斷。吾已訴先帝矣。」俄而太子薨。又嘗見形於後園，呼直兵，直兵無手板，左右以玉板與之，出園後，直兵倒地，仍失玉板。《齊書》皆無之，蓋不欲見其父之中毒，且為文惠太子諱也。……《武陵王奕傳》。(增) 幼時生母死，奕思慕不異成人，高帝令與武帝同居。帝時甚貧，諸子學書無紙筆，奕嘗以指畫空中及畫掌學字，遂工篆法。無棋局，乃破荻為片，縱橫為之，指點行勢，遂至名品。後侍武帝宴，醉伏地，貂抄肉柈，帝曰：「污貂。」對曰：「陛下愛其羽毛，而疏其骨肉。」又嘗在帝前與竟陵王子良圍棋，子良大北，豫章王嶷私勸其讓，奕曰：「生平未嘗一口妄語。」執心疏婞，偏不知悔。《江夏王鋒傳》。(增) 其母張氏為宋蒼梧王逼取，又欲害鋒，高帝乃匿鋒於張氏村舍。五歲學鳳尾諾，一學即工。武帝禁藩邸諸王不得讀異書，五經之外惟許看孝子圖，鋒乃密使人買書。鋒善琴，帝欲試以臨人，鋒曰：「昔鄒忌鼓琴，齊威王委以國政。」遂出為南徐州刺史。善與人交，幕僚王和赴益州任，來告，流涕曰：「下官少來未嘗作詩，今日違戀，不覺文生於情。」鋒工書，南郡王昭業謂武帝曰：「臣書勝江夏。」帝曰：「闍黎第一，法身第二。」法身，昭業小名；闍黎，鋒小名也。明帝輔政時，鋒危懼，深自晦跡。江祏曰：「江夏王有才行，而善能匿跡。」鋒聞歎曰：「江祏遂為混沌畫眉，益反敝耳。寡人聲酒自耽，狗馬是好，豈復一毫於平生哉！」嘗著《修柏賦》以寓意。見明帝，言次及遙光才力可任，鋒曰：「遙光之於殿下，猶殿下之於高皇，衛宗廟，安社稷，實有攸寄。」明帝失色。後被殺，江斅聞之流涕曰：「芳蘭當門，不得不鋤，其《修柏》之賦乎！」《宜都王鏗傳》，(增) 三歲喪母，及有識，聞知母死，悲禱。一夕果夢一女人，云是其母。因向左右

說夢中所見，形貌衣服皆如平生，聞者以為孝感。善射，常插甘蔗於百步外射之，十發十中。明帝誅高、武諸子，鏗詠陸機《弔魏武》云：「昔以四海為已任，死則以愛子託人。」左右皆泣下。後果遣呂文顯齎藥至，正逢八關齋，鏗從容謂曰：「高帝昔寵任君，何事有今日之行？」答曰：「出不得已。」乃仰藥死。又死後見夢於其師陶弘景，云當託生某家。弘景參訪果符，乃著《夢記》。《河東王鉉傳》。（增）幼時高帝嘗晝臥纏髮，鉉上高帝腹弄繩，帝因以繩賜之。及崩後，鉉以錦函盛繩，歲時開示，輒流涕嗚咽。被殺時，欣然曰：「死生命也，終不效建安王乞為奴。」乃仰藥死。

【C】《竟陵王子良傳》，所刪亦最多，如諫遣臺使督租一疏，請墾荒田一疏，諫租布折錢一疏，諫射雉二疏，共三四千字，然亦有增者。幼時高帝為贛縣令，其母裴后嘗為高帝所怒，遣還家，已登路。子良不悅，帝曰：「何不讀書？」子良曰：「娘今何在，何用讀書？」帝乃召還裴后。子良亡後，袁象謂陸慧曉曰：「齊氏微弱，已數年矣。爪牙柱石之臣都盡，所餘惟風流名士耳。若不立長君，無以鎮四海。王融欲立子良，實安社稷，恨其不能斷事，以至被殺。今蒼生方塗炭，正當瀝耳聽之。」

【B】《魚復侯子響傳》，（增）子響以董蠻為僚屬，武帝聞之曰：「人以蠻名，何得蘊藉。」乃改名為仲舒。謂：「今日仲舒何如昔日仲舒？」對曰：「昔董仲舒出自私庭，今仲舒降自天帝，故當勝之。」《晉安王子懋傳》。（增）幼時母阮淑媛嘗病危，請僧祈禱。有獻蓮花供佛者，子懋禮佛曰：「若使阿姨病癒，願佛令此花不萎。」七日齋畢，花更鮮好，當世稱其孝感。子懋被害，參軍周英，防閤陸超之、董僧慧皆抗節不屈。王元邈執僧慧，僧慧曰：「晉安舉事，僕實與謀，今得為主人死，不恨矣。願至主人大斂畢，退就死。」元邈許之，還，具白明帝，以配東冶。子懋子昭基，年九歲，以方寸絹為書，探問消息，僧慧得書曰：「此郎君書也。」悲慟而卒。陸超之見子懋死，或勸其逃亡，答曰：「人皆有死，何足懼？吾若逃，非惟孤晉安之眷，亦恐田橫客笑人。」有門生姓周者，謂殺超之可得賞，乃伺超之坐，自後斬之。及殯殮，周又助舉棺，墮壓其頤折頸而死，聞者以為天道焉。……《巴陵王子倫傳》。（增）明帝遣茹法亮殺子

倫，子倫鎮琅琊，有守兵，恐其見拒，以問典籤裴伯茂。伯茂曰：
「若遣兵取之，恐不可即辦。若委伯茂，一小吏力耳。」法亮乃令
伯茂以酖逼之。子倫謂法亮曰：「君是身家舊人，今銜此命，當由事
不獲已，此酒非勸酬之爵。」因仰之而死。

【小結】此條抄自《廿二史劄記》卷十「《南史》增《齊書》處」。順序為
A、C、B。作偽方式有三：第一，點竄字句；第二，增加句子；第三，改變
順序。

111.《南史》增《梁書》最多

【A】《梁書》本據國史舊文，有關係則書，無關係則不書，即有關係，而
其中或有忌諱，亦即隱而不書，故行墨最簡。《南史》以博採為長，雖瑣言細
事、新奇可喜者，亦必搜羅無遺，故覺《南史》所增獨多也。然亦有事關體要
者，姑檢出數條焉。【B】《武帝紀》，皇考之薨不得志。（武帝父順之，在齊武
帝時討魚腹侯子響，縊殺之，齊武心惡之，順之憂懼而卒。見《齊書·子響
傳》）至是鬱林失德，齊明帝輔政，帝欲助明帝傾武帝之嗣，乃與明帝謀廢立
等事。又齊明帝性猜忌，帝避時嫌，常乘折角小牛車以自晦。晚年為侯景所
製，臨崩，口苦索蜜不得，再曰「荷荷」而崩。《元帝紀》，帝性情矯飾，多猜
忌，於名無所假借，人有勝己，必加毀害。王銓兄弟有盛名，帝妒之，乃改寵
姬王氏之父名琳，以同其父之名。忌劉之遴才，使人鴆之。雖骨肉亦罹其禍。
始居母憂，依丁蘭刻木為像，及武帝崩，秘喪逾年，乃發凶問，方刻檀為像，
朝夕事之，其虛憍如此。武陵之平，議者欲因其舟楫遷都建業，宗懍、黃羅漢
皆楚人，不願移，帝亦不欲動，乃止。西魏來攻，城將破，乃聚書十萬卷焚
之，在幽辱中猶作四絕句。《昭明太子傳》，丁貴嬪薨，太子欲求得善墓地。有
賣地者欲以己地出售，乃賂奄人俞三副言於帝，謂太子所得地不如己地，於帝
最吉。帝便命市之。既葬，有道士善圖墓，謂此地不利長子，教以用蠟鵝諸物
厭之。有宮監密聞於帝，帝遣檢果然，將窮其事，徐勉固諫而止。由是太子終
以此慚懼，以及於薨，其後嗣亦不得立。《南康王會理傳》，會理在建業，伺侯
景出征，欲與柳仲禮起事拒景。建安侯賁以謀告王偉，遂伏誅。《臨川王宏
傳》，宏統軍北伐時，軍容甚盛。既克梁城，諸將欲乘勝深入，宏聞魏援兵至，
遂不敢進。呂僧珍亦贊之。裴邃曰：「是行也，固敵是求何難之避？」馬仙琕
曰：「但有前死一尺，何得退生一寸？」昌義之曰：「呂僧珍可斬也。豈有百萬

之師輕言可退?」朱僧、胡辛生拔劍起曰:「欲退自退,下官當向前取死。」議罷,宏終不敢出。魏人遺以巾幗,歌曰:「不畏蕭娘與呂姥,但畏合肥有韋武(韋叡也)。」宏仍不進。於是軍政不和,遂大潰而歸,棄甲投戈填滿山谷,士卒喪失十之八九。又宏敗後常懷愧憤,有人伏於朱雀航伺帝竊發,被獲,稱為宏所使。宏自辨無此事,帝乃宥之。宏恣意聚斂,有庫百間。帝疑藏軍仗,具饌至其家宴,半醉曰:「我欲履行汝後房。」見其積錢百萬標一黃榜,千萬懸一紫標,凡三十餘間,帝疑始釋,大悅曰:「阿六,汝生活大可!」豫章王綜嘗作《錢愚論》以譏之,帝持以激宏,敕綜曰:「天下文章何限,那忽作此?」而宏不知愧也。《南平王偉傳》,其世子恪刺郢州,侯景之亂,邵陵王綸至,恪以州讓之,綸不受。《鄱陽王恢傳》,其子修鎮漢中,拒魏師,力屈乃降。宇文泰禮之,令還金陵。元帝方疑忌,修請輸仗馬而後入。及江陵,患發背卒。又其子諮當簡文為侯景所制,外人莫得見,惟諮以文弱,得出入臥內。景惡之,遣人刺殺之。《范雲傳》,雲在齊朝豫章王嶷常在私第,不居東府;竟陵王子良亦好遊,不常居石頭。雲言其非,乃各鎮一城。又梁武將加九錫,雲適中病,醫者徐文伯謂須一月愈,若欲速愈,恐二年不可復救。雲急於痊癒以備佐命,文伯乃下火而床焉,重衾覆之,汗果出,遂愈。二年卒。《徐勉傳》,勉掌選時,奏立九品,為十八班。自是貪冒者以財貨取通,守道者以貧寒見沒矣。《朱异傳》,异貪冒財賄,欺罔視聽,四方饋餉,曾無推拒。起宅極美麗,退直則酣飲其中,慮日晚臺門閉,先令鹵簿自家列至城門,城門不敢閉。聲勢所驅,薰灼內外。《武陵王紀傳》,紀初授揚州時,帝於詔書內增數語曰:「貞白儉素,是其清也;臨財能讓,是其廉也;知法不犯,是其慎也;庶事無留,是其勤也。」後使督都益州,辭以遠。帝曰:「天下若亂,惟益州可免,故以處汝,汝念我老,我猶再見汝還益州也。」以上皆《梁書》,從簡而《南史》,增益者也。

【探源】《廿二史劄記》卷十「《南史》增刪《梁書》處」:

【A】《南史》增《梁書》事蹟最多。李延壽專以博採見長,……凡瑣言碎事,新奇可喜之跡,無不補綴入卷。而《梁書》本據國史舊文,有關係則書,無關係則不書,即有關係,而其中不無忌諱,亦即隱而不書,故行墨最簡,遂覺《南史》所增益多也。今略舉其增刪處兩相比較,可以見二書之大概也。

《廿二史劄記》卷十「《南史》增《梁書》有關係處」:

【B】《武帝紀》。（增）皇考之薨不得志。（武帝父順之，在齊武帝時討魚復侯子響，繼殺之，齊武心惡之，順之憂懼而卒。見《齊書‧子響傳》）至是鬱林失德，齊明帝輔政，帝欲助明帝以傾武帝之嗣，乃與明帝謀廢立等事。（又增）齊明性猜忌，帝避時嫌，常乘折角小牛車以自晦。晚年為侯景所製，臨崩，口苦索蜜不得，再曰「荷荷」而崩。《元帝紀》。（增）帝性情矯飾，多猜忌，於名無所假借，人有勝己，必加毀害。王銓兄弟有盛名，帝妬之，乃改寵姬王氏之父名琳，以同其父之名。忌劉之遴才，使人鴆之，雖骨肉亦罹其禍。始居母憂，依丁蘭刻木為像，及武帝崩，秘喪逾年，乃發凶問，方刻檀為像，朝夕事之，其虛憍如此。武陵之平，議者欲因其舟楫遷都建業，宗懍、黃羅漢皆楚人，不願移，帝亦不欲動，乃止。西魏來攻，城將破，乃聚書十萬卷燒之，在幽辱中猶作四絕句。……《昭明太子傳》。（增）丁貴嬪薨，太子求得善墓地。有賣地者欲以己地出售，乃賂奄人俞三副言於帝，謂太子所得地不如己地，於帝最吉，帝便命市之。既葬，有道士善圖墓，謂此地不利長子，教以用蠟鵝諸物厭之。有宮監密聞於帝，帝遣檢果然，將窮其事，徐勉固諫而止。由是太子終以此慚懼，以及於薨，其後嗣亦不得立。《南康王會理傳》。（增）會理在建業，伺侯景出征，欲與柳仲禮等起事拒景。建安侯賁以謀告王偉，遂被誅。……《臨川王宏傳》。（增）宏統軍北伐時，軍容甚盛。既克梁城，諸將欲乘勝深入，宏聞魏援兵至，遂不敢進。呂僧珍亦贊之。裴邃曰：「是行也，固敵是求，何難之避？」馬仙琕曰：「但有前死一尺，何得退生一寸？」昌義之曰：「呂僧珍可斬也。豈有百萬之師輕言可退？」朱僧、胡辛生拔劍起曰：「欲退自退，下官當向前取死。」議罷，宏終不敢出。魏人遺以巾幗，歌曰：「不畏蕭娘與呂姥，但畏合肥有韋武（韋叡也）。」宏仍不進。於是軍政不和，遂大潰而歸，棄甲投戈填滿山谷，士卒喪失十之八九。（又增）宏敗後常懷愧憤，有人伏於朱雀航伺帝竊發，被獲，稱為宏所使。宏自辨無此事，帝乃宥之。宏恣意聚斂，有庫百間。帝疑其藏軍仗，其饌至其家宴，半醉曰：「我欲履行汝後房。」見其積錢百萬標一黃榜，千萬懸一紫標，凡三十餘間，帝疑始釋，大悅曰：「阿六，汝生活大可！」豫章王綜嘗為《錢愚論》以譏之，帝特以

激宏，敕綜曰：「天下文章何限，那忽作此？」而宏不知愧也。……
《南平王偉傳》。（增）其世子恪刺郢州，侯景之亂，邵陵王綸至，
恪以州讓之，綸不受。《鄱陽王恢傳》。（增）其子修鎮漢中，拒魏師，
力屈乃降。宇文泰禮之，令還金陵。元帝方疑忌，修請輸仗馬而後
入。及江陵，患發背卒。（又增）其子諮當簡文為侯景所製，外人莫
得見，惟諮以文弱，得出入臥內。景惡之，遣人刺殺之。……《范
雲傳》。（增）雲在齊朝時，豫章王嶷常在私第，不居東府；竟陵王
子良亦好遊，不常居石頭。雲言其非，乃各鎮一城。（又增）梁武將
加九錫，雲適中病，醫者徐文伯謂須一月愈，若欲速愈，恐二年不
可復救。雲急於痊癒以備佐命，文伯乃下火而床焉，重衾覆之，汗
果出，遂愈。二年卒。……《徐勉傳》。（增）勉掌選時，奏立九品，
為十八班。自是貪冒者以財貨取通，守道者以貧寒見沒矣。《朱异傳》。
（增）异貪冒財賄，欺罔視聽，四方饋餉，曾無推拒。起宅極美麗，
退直則酣飲其中，慮日晚臺門閉，先令鹵簿自家列至城門，城門不
敢閉。聲勢所驅，薰灼內外。

《廿二史劄記》卷十一「《南史》增《梁書》瑣言碎事」：

　　【C】《武陵王紀傳》。（增）紀初授揚州時，帝於詔書內增數語
曰：「貞白儉素，是其清也；臨財能讓，是其廉也；知法不犯，是其
慎也；庶事無留，是其勤也。」後使都督益州，紀辭以遠。帝曰：
「天下若亂，惟益州可免，故以處汝，汝念我老，我猶當再見汝還
益州也。」

【小結】此條抄自《廿二史劄記》卷十「《南史》增刪《梁書》處」條、
「《南史》增《梁書》有關係處」條、卷十一「《南史》增《梁書》瑣言碎事」
條。A 段抄自「《南史》增刪《梁書》處」條，B 段抄自「《南史》增《梁書》
有關係處」條，C 段抄自「《南史》增《梁書》瑣言碎事」條。作偽方式有二。
第一，點竄字句；第二，增加句子。

112. 歷代紀年

　　紀年，春秋而後，始於秦孝公子惠文君十四年更為元年，惠文始稱惠王，
見《史記》。梁惠成王三十六年改元稱一年，見《竹書紀年》。至漢孝文帝有後
元年，孝景帝有中元年、後元年，孝武帝建元、元光，其先但稱元年，至改元

元狩，乃並前之元追改之，見《封禪書》及《郊祀志》。而元狩以後，始定年號。但元狩以前，尚有元朔，惟稱一元、二元，不稱元朔也。有三字、四字者，如光武建武之後有建武中元，梁武帝大通之後有中大通，大同之後有中大同是也。有始建號即四字者，如元魏太武帝之太平真君，唐武后之天冊萬歲、萬歲通天，宋太宗之太平興國，真宗之大中祥符，徽宗之建中靖國以及西夏諒祚之延嗣寧國、天佑垂聖、福聖承道、秉常之天安禮定，乾順之天義治平、天佑民安是也。有六字者，如元昊曰天授禮法延祚，秉常曰天賜禮盛國慶是也。有兩世同號者，如唐高宗咸亨之後曰上元，肅宗乾元之後亦曰上元；元世祖中統之後曰至元，順帝元統之後亦曰至元是也。有易世仍稱舊號者，如唐昭宗天復四年改元天佑，李克用仍稱天復五年，時哀宗亦仍稱天佑。五代梁太祖崩於乾化二年，末帝復稱乾化三年。晉高祖建號天福，至重貴已改開運，後漢高祖仍稱天福。漢高祖號乾佑，隱帝仍稱乾佑，北漢劉崇亦仍稱乾佑。周太祖改元顯德，一月而崩，世宗即稱顯德，恭帝亦仍稱顯德。金太宗建號天會，熙宗仍稱天會是也。有年號相同者，如東漢光武帝、西晉成都王穎、東晉元帝、后魏北海王顥、十六國之趙石虎、燕慕容忠、南齊明帝俱號建武。又魏明帝、后魏孝文帝、十六國之趙石勒、成李勢、東晉廢帝奕、唐文宗、十國吳楊溥俱號太和。又西燕慕容永、後魏廢帝朗、齊和帝、唐渤海王欽茂孫華嶼、唐末驃信舜化、南唐李璟俱號中興。又漢武帝、東漢安帝、十六國之漢劉聰、前秦苻堅、東晉康帝、南齊和帝俱號建元。又漢哀帝、後趙石勒、後燕慕容盛、南燕慕容德、西燕慕容瑤、後魏京兆王愉俱號建平。又梁貞陽王淵明、後周宣帝、隋末林士宏、操師乞、南唐明宗俱號天成。又漢明帝、晉穆帝、后秦姚泓、北涼牧健、十國閩王鏻俱號永和。又十國燕劉守光、西夏趙安全俱號應天。又吳孫亮、北燕馮跋、梁敬帝、隋林士宏、遼聖宗俱號太平。又蜀漢後主、吳孫亮、晉愍帝、后蜀李雄俱號建興。又東漢章帝、后秦姚萇、西涼李暠、成都李特俱號建初。又魏齊王芳、後燕高雲、北涼沮渠蒙遜、後魏宣武帝俱號正始。又漢成帝、趙王倫、東晉桓靈寶俱號建始。又晉惠帝、西秦乞伏熾盤、後燕慕容寶俱號永康。又唐昭宗、西夏趙諒祚、元末張士誠俱號天佑。又隋末輔公祏、北宋太祖、十國蜀王宗衍俱號乾德。又陳廢帝、南蜀王宗衍、南漢劉玢俱號光天。漢孝宣帝、吳孫亮、唐竇建德俱號五鳳。唐劉武周、金哀宗、蒙古太祖（見孟珙《備錄》）俱號天興。又梁豫章王棟、武陵王紀、金移剌窩幹俱號天正。以至漢宣帝、晉惠帝皆曰元康。東漢章帝、唐憲宗皆曰元和。東漢和帝、東晉安帝皆曰元興。

金耶律留哥、元順帝皆曰元統。漢光武帝、唐譙王重福皆曰中元。東漢沖帝、晉懷帝皆曰永嘉。唐太宗、西夏趙乾頌皆曰貞觀。唐明皇、十國吳越王皆曰天寶。北齊文宣帝、后樑蕭巋皆曰天保。吳孫休、北梁段業皆曰天璽。唐昭宗、遼末奚王回離保皆曰天復。北漢劉承鈞、金太宗皆曰天會。隋末宇文化及、唐武后皆曰天壽。後魏道武帝、金宣宗時糺軍皆曰天賜。吳孫皓、前涼張大豫皆曰鳳凰。隋末操天成、高開道皆曰始興。梁武帝、遼太宗皆曰大同。後周靜帝、金世宗皆曰大定。宋高宗、西遼夷列皆曰紹興。南宋孝宗、西夏趙秉常皆曰乾道。以上考之尚有未盡者。惟前明一帝一號，遠勝前代。然有猥及偽號者，如前涼張重華、後五代妖人張遇賢、宋賊方臘俱稱永樂，西夏乾順改元正德，金叛將楊安兒、元泰定帝太子阿速吉八俱改元天順，元魏元法僧、梁永嘉王蕭莊、唐末南詔豐佑俱號天啟。昔宋太祖改元乾德，竇儀對以偽蜀曾有此號。孝宗受內禪，議改元重熙，汪應辰謂契丹嘗以紀年。皆文臣嫻於掌故，猝能征引，當時明諸臣竟無一人撿及，何也？

【探源】《韓門綴學》卷三「年號」：

> 古有一君而兩紀元者，自春秋後即有之。秦孝公子惠文君十四年更為元年，惠文始稱惠王，見《史記》。魏惠成王三十六年改元稱一年，見《竹書紀年》。……至漢孝文帝有後元年，孝景帝有中元年、後元年，……即孝武帝建元、元光，其先亦但改稱元年，及至改元元狩時，乃並前之元追改之，《封禪書》及《郊祀志》可考。元狩以後，始定年號。但元狩之前有元朔，不知當日有司何以只稱一元、二元，而不及元朔，乃以元狩為三元也。更有增至三字、四字、六字者，光武建武之後有建武中元，梁武帝大通之後有中大通，大同之後有中大同。……且有始建號即四字者，元魏太武帝之太平真君，唐武后之天冊萬歲、萬歲通天，宋太宗之太平興國，真宗之大中祥符，徽宗之建中靖國，以至西夏諒祚之延嗣寧國、天佑垂聖、福聖承道，秉常之天安禮定，乾順之天義治平、天佑民安。……更有多至六字，如元昊曰天授禮法延祚，秉常曰天賜禮盛國慶是已。其若一朝而兩世同一號者，唐高宗咸亨之後曰上元，肅宗乾元之後亦曰上元；元世祖中統之後曰至元，順帝元統之後亦曰至元也。又有易世而仍稱舊號者，唐昭宗天復四年改元天佑，李克用仍稱天復五年，時哀宗亦仍稱天佑。五代梁太祖崩於乾化二年，明年末帝復稱乾化

三年。晉高祖建號天福，至重貴已改開運矣，後漢高祖仍稱天福。漢高祖號乾祐，隱帝仍稱乾祐，北漢劉崇亦仍稱乾祐。周太祖改元顯德，一月而崩，世宗即稱顯德，恭帝亦仍稱顯德。……金太宗建號天會，熙宗仍稱天會。……其年號之雷同者：「建武」有七，則東漢光武帝、西晉成都王穎、東晉元帝、后魏北海王顥、十六國之趙石虎、燕慕容忠、南齊明帝也。「太和」有七，則魏明帝、后魏孝文帝、十六國之趙石勒、成李勢、東晉廢帝奕、唐文宗、十國吳楊溥也。「中興」有六，則西燕慕容永、後魏廢帝朗、齊和帝、唐渤海王欽茂孫華嶼、唐末驃信舜化、南唐李璟也。「建元」有六，則漢武帝、東漢安帝、十六國之漢劉聰、前秦苻堅、東晉康帝、南齊和帝也。「建平」有六，則漢哀帝、後趙石勒、後燕慕容盛、南燕慕容德、西燕慕容瑤、後魏京兆王愉也。「天成」有六，則梁貞陽王淵明、後周宣帝、隋末林士宏、操師乞、唐安慶緒、南唐明宗也。「永和」有五，則漢明帝、晉穆帝、后秦姚泓、北涼牧健、十國閩王鏻也。「應天」有五，則唐朱泚、史思明、李希烈、十國燕劉守光、西夏趙安全也。「太平」有五，則吳孫亮、北燕馮跋、梁敬帝、隋林士宏、遼聖宗也。「建興」有四，則蜀漢後主、吳孫亮、晉愍帝、後蜀李雄也。「建初」有四，則東漢章帝、后秦姚萇、西涼李暠、成都李特也。「正始」有四，則魏齊王芳、後燕高雲、北涼沮渠蒙遜、後魏宣武帝也。「建始」有三，則漢成帝、晉趙王倫、東晉桓靈寶也。「永康」有三，則晉惠帝、西秦乞伏熾盤、後燕慕容寶也。「天祐」有三，則唐昭宗、西夏趙諒祚、元末張士誠也。「乾德」有三，則隋末輔公祏、北宋太祖、十國蜀王宗衍也。「光天」有三，則陳廢帝、南蜀王宗衍、南漢劉玢也。「五鳳」有三，則漢孝宣帝、吳孫亮、唐竇建德也。「天興」有三，則唐劉武周、金哀宗、蒙古太祖也（《元史》不載，見孟珙《備錄》）。「天正」有三，梁豫章王棟、武陵王紀、金移剌窩幹也。以至漢宣帝、晉惠帝俱曰「元康」，東漢章帝、唐憲宗俱曰「元和」，東漢和帝、東晉安帝俱曰「元興」，金耶律留哥、元順帝俱曰「元統」，漢光武帝、唐譙王重福俱曰「中元」，東漢沖帝、晉懷帝俱曰「永嘉」，唐太宗、西夏趙乾頌俱曰「貞觀」，唐明皇、十國吳越王俱曰「天寶」，北齊文宣帝、后梁蕭歸俱曰「天保」，吳孫休、北涼段業俱曰「天璽」，

唐昭宗、遼末奚王回離保俱曰「天復」，北漢劉承鈞、金太宗俱曰「天會」，隋末宇文化及、唐武后俱曰「天壽」，後魏道武帝、金宣宗時糺（《字彙補》云疑即糺字，音糾）軍俱曰「天賜」，吳孫皓、前涼張大豫俱曰「鳳凰」，隋末操天成、高開道俱曰「始興」，梁武帝、遼太宗俱曰「大同」，後周靜帝、金世宗俱曰「大定」，宋高宗、西遼夷列俱曰「紹興」，南宋孝宗、西夏趙秉常俱曰「乾道」。外此，猶考之未盡也。……前明一帝一號，非漢、晉、唐、宋、元各朝所能及。其建號雖不雷同前代，而未嘗考及偽號。……前涼張重華、後五代妖人張遇賢、宋賊方臘俱稱「永樂」，西夏乾順改元「正德」，金叛將楊安兒、……元泰定帝太子阿速吉八，俱改元「天順」，元魏元法僧、梁永嘉王蕭莊、唐末南詔豐佑俱稱「天啟」。當時竟無人檢及此者。昔宋孝宗受內禪，議改元「重熙」，權吏部尚書汪應辰（字聖錫，信州玉山人，紹興五年狀元）謂契丹嘗以紀年。……遂改「隆興」。明諸臣對此有愧矣。

【小結】此條抄自《韓門綴學》卷三「年號」條。作偽方式有二。第一，點竄字句；第二，增加句子。

113. 公主立傳

舊史列傳首后妃，而諸子則隨時代載之，未有為公主立傳者。既不可附后妃而列諸子之前，又不可連諸子而雜列傳之內。獨隋之南陽公主載在《列女》，《舊唐書》以平陽公主附於柴紹之傳。自《魏書》以諸子總載后妃之次，《新唐書》因以諸子總載，並及公主。公主之有傳自《新唐書》始也。《宋史》仿《唐書》亦有傳，《遼》、《金史》俱作《公主表》，他史所無。《明史》作《公主列傳》，仿唐宋例也。而以駙馬都尉附焉，即以鞏永固之賢，不得紀名於目錄。至於《宋史》稱燕國長公主薨，高懷德去駙馬都尉號，此制則他代所無也。

【探源】《韓門綴學》卷三「公主駙馬」：

舊史列傳首后妃，而諸子則隨時代載之，未有為公主立傳者。既不可附后妃而列諸子之前，又不可連諸子而雜列傳之內。獨隋之南陽公主載在《列女》，《舊唐書》以平陽公主附於柴紹之傳。自《魏書》以諸子總載后妃之次，《新唐書》因亦諸子總載，並及公主。公

主之有傳自《新唐書》始也。《宋史》仿《唐書》亦有傳,《遼史》、
《金史》俱作《公主表》,他史所無。《明史》作《公主列傳》,仿唐
宋例也。而以駙馬都尉附焉,即以鞏永固之賢,不得紀名於目錄。
至於《宋史》稱燕國長公主薨,高懷德去駙馬都尉號,此制則他代
所無也。

【小結】此條抄自《韓門綴學》卷三「公主駙馬」條。作偽方式為點竄
字句。

114.《薛史》書法多隱諱

【A】《歐史》博採群書,旁參互證,真偽見而是非各得其真。《薛史》第
據五代實錄,故成之甚易(共一百五十卷),而記載多有沿襲迴護之處。【B】
案李彥威、氏叔琮等傳,溫既遷唐昭宗於洛陰,遣敬翔至洛,令彥威、叔琮行
弒。而《薛史》云溫在河中,昭宗遇弒於大內。一若昭宗之弒無與於溫者。又
云溫至洛,臨於梓宮,只見於嗣君。一似能曲盡臣節者。《歐史》則直書溫遣
朱友恭(即李彥威)、氏叔琮、蔣元暉等行弒,昭宗崩。又《孔循傳》,唐哀帝
(即昭宣宗)封溫魏王備九錫,拒不受。而《薛史》云帝讓相國魏王九錫,一
似溫真能辭讓者。《歐史》則直云溫怒而不受。是歲,溫遣人告蔣元暉私侍何
太后,遂殺元暉,弒太后。《薛史》不書。昭宣帝禪位後,梁封為濟陰王,開
平二年正月弒之。《薛史》亦不書。《唐明宗紀》,明帝奉莊宗命討趙在禮,遇
軍變,後率兵向京師,欲赴闕自陳。迨莊宗被弒,猶欲行禮梓宮,俟其子繼岌
而奉之,是可謂純臣矣。《歐史》則云軍變後,嗣源入魏,與在禮合。以其兵
南,遣石敬塘將三百騎為先鋒,至鉅鹿,掠馬三千以益軍。是明著其反逆之
跡,可謂直筆。而其先本無反心,則於《石晉紀》及《霍彥威傳》內見之,是
又不沒其初念也。《魏仁溥傳》,郭威得李洪義所示密詔,即召仁溥於臥內,仁
溥教威倒用留守印,更為詔書,令威誅將校,以激怒。將校遂舉兵渡河。《薛
史》,《漢隱帝紀》則云帝密詔李洪義誅王殷,又詔郭崇誅郭威、王峻。而洪義
不敢發,反以詔示威。威即召王峻、郭崇及諸將校至,曰:「君等當奉行詔書,
斷予首以報。」是威尚能守臣節者,《歐史》則直書郭威反,隱帝既崩,郭威
遣人迎湘陰公贇即位。王峻聞贇已至宋州,慮左右變生,遣郭崇以七百騎往衛
之。案《十國春秋》載崇至宋州,贇召見崇。判官董裔說贇曰:「崇瞻視舉措,
必有異謀,不如殺之。」贇不能決,崇遂幽贇於外館。是峻之遣崇,實欲害之

也，而《本紀》反云衛之。《歐史》則直書，王峻遣郭崇以七百騎逆賚於宋州，殺之。蓋當時實錄例有隱諱，修史者但照本鈔錄，不復改訂耳。【C】惟列傳中諸臣多有與居正同仕前朝，而其子孫亦有與居正同官於宋者。乃皆據事直書，尚見是非之公。如趙延壽子廷贊仕宋，為盧延等州節度使。而《延壽傳》不諱其背晉附遼之事。崔協子頌仕宋，為諫議大夫。而《協傳》不諱其任圖讒其沒字碑之語。符存審子彥卿，仕宋封魏王，而《存審傳》不諱其少時犯罪將就戮，得妓者救免之事。王繼宏子永昌，仕宋為內諸司使，而《繼宏傳》不諱其曾為高唐英將，殺唐英自為留後之事。尹暉子勳，仕宋為防禦使，而《暉傳》不諱其反戈推戴唐廢帝之事。趙在禮孫廷勳，仕宋歷岳、蜀二州刺史，而《在禮傳》不諱其貪暴，及憤恚自縊之事。安審琦三子皆仕宋，為顯官。而《審琦傳》不諱其妻通於隸人，與之謀殺審琦事。皆直書不隱，初不以同官而稍有瞻狥。【D】蓋《歐史》重書法，每謹嚴不苟。《薛史》重敘事，亦多信而有徵。以四五百年久湮之籍，幸逢盛朝佑文之代，復得成為完書。俾考古者藉以互參考證，其嘉惠後學，豈淺鮮哉！

【探源】《廿二史劄記》卷二十一「《歐史》不專據《薛史》舊本」：

　　【A】蓋《薛史》第據各朝實錄，故成之易，而記載或有沿襲失實之處。歐史博採群言，旁參互證，則真偽見而是非得其真。

《廿二史劄記》卷二十一「《薛史》書法迴護處」：

　　【B】按李彥威（即朱友恭）氏叔琮等傳，溫既遷唐昭宗於洛，陰遣敬翔至洛，令彥威、叔琮行弒。……而《薛史》云溫在河中，昭宗遇弒於大內，一若昭宗之弒無與於溫者。下又云溫至洛，臨於梓宮，只見於嗣君，一似能曲盡臣節者。《歐史》則直書溫遣朱友恭、氏叔琮、蔣元暉等行弒，昭宗崩。……帝讓相國、魏王、九錫。案《孔循傳》，唐哀帝（即昭宣帝）封溫魏王，備九錫，拒不受。……而《薛史》云云，則似溫真能辭讓矣。《歐史》則云溫怒不受。……又是歲，溫遣人告蔣元暉私侍何太后，遂殺元暉，弒太后。《薛史》亦不書。昭宣帝禪位後，梁封為濟陰王。開平二年正月，弒之。《薛史》亦不書。……《唐明宗紀》，帝奉莊宗命討趙在禮，……夜有軍士張破敗等鼓譟遍營。……正當赴闕自陳……莊宗尋為郭從謙所弒，……吾奉大行梓宮禮畢，……猶欲俟其子繼岌至而奉之，可謂純臣矣。……蓋當時實錄，例有隱諱，修史者但照本抄錄，不復改

訂耳。《歐史》則書軍變後嗣源入於魏，與在禮合。以其兵南，遣石敬瑭將三百騎為先鋒。嗣源至鉅鹿，掠馬三千以益軍。是明著其反逆之跡，可謂直筆。而其先本無欲反之意，則於《石晉紀》及《霍彥威傳》內見之。是又不沒其初念，以見其倉卒被逼，不同於郭威之自澶州入也。《漢隱帝紀》，帝密詔李洪義誅王殷，又詔郭崇誅郭威、王峻。而洪義不敢發，反以詔示威。威即召王峻、郭崇及諸將校至，曰：「君等當奉行詔書，斷予首以報天子。」……是郭威本志似尚能守臣節者。按《魏仁浦傳》，郭威得洪義所示密詔，即召仁浦於臥內，仁浦教威倒用留守印，更為詔書，令威誅諸將校，以激怒之。將校皆憤然效用，遂舉兵渡河。……《歐史》帝紀則直書郭威反。……隱帝既崩，郭威遣人迎湘陰公贇來即位。已而威至澶州，兵變入京。王峻聞贇已至宋州，慮左右變生，遣郭崇以七百騎往衛之。按《十國春秋》，崇至宋州，贇召見於樓上，判官董裔說贇曰：「崇瞻視舉措，必有異謀，不如殺之。」贇猶豫不決，崇遂幽贇於外館。是峻之遣崇，本欲害贇於途也，而本紀反云衛之，尤屬矛盾。《歐史》則直書王峻遣郭崇以七百騎逆贇於宋州，殺之。

《廿二史劄記》卷二十一「《薛史》亦有直筆」：

【C】《薛史》雖多迴護處，然是非亦有不廢公道者。列傳諸臣多與居正同仕前朝，否則其子孫亦有與居正同官於宋者。趙延壽子廷贊，仕宋為盧、延等州節度使，而《延壽傳》不諱其背晉附遼，求為遼太子之事。崔協子頌，仕宋為諫議大夫，而《協傳》直書任圜譏其沒字碑。符存審子彥卿，仕宋封魏王，而《存審傳》不諱其少時犯罪將就戮，以善歌得妓者救免之事。王繼宏子永昌，仕宋為內諸司使，而《繼宏傳》載其曾為高唐英將，唐英待之甚厚，後竟殺唐英自為留後，曰：「吾儕小人，若不因利乘便，何以得志？」尹暉子勳，仕宋為防禦使，而《暉傳》不諱其反戈推戴唐廢帝之事，傳贊並謂因倒戈而杖鉞，豈義士之所為？趙在禮孫延勳，仕宋歷岳、蜀二州刺史，而《在禮傳》載其在宋州貪暴，及移鎮，民相賀曰：「拔去眼中釘矣。」在禮聞之，怒，又乞留宋一年，每戶徵錢一千，號「拔釘錢」。後契丹入汴，索在禮貨財，在禮不勝憤，以衣帶就馬櫪自縊死。安審琦三子，皆仕宋為顯官，而審琦妾通於隸人，遂與

之通謀毆死審琦之事，傳中亦不諱。此足見其直筆，不以同官而稍有瞻徇也。

《廿二史劄記》卷二十一「薛居正《五代史》」：

【D】蓋《歐史》專重書法，《薛史》專重敘事，本不可相無。以四五百年久晦之書一旦復出，俾考古者得參互核訂，所以嘉惠後學，誠非淺鮮也。

【小結】此條抄自《廿二史劄記》卷二十一「《歐史》不專據《薛史》舊本」條、「《薛史》書法迴護處」條、「《薛史》亦有直筆」條、「薛居正《五代史》」條。A 段抄自「《歐史》不專據《薛史》舊本」條、B 段抄自「《薛史》書法迴護處」條、C 段抄自「《薛史》亦有直筆」條、D 段抄自「薛居正《五代史》」條。作偽方式有二。第一，點竄字句；第二，增加句子。